Solange die Menschen tanzen und singen und musizieren, solange es auf der Welt Konzertsäle und den Rundfunk gibt, solange wird George Gershwin auf dieser Welt anwesend sein. Er lebt fort als Teil der Weltmusik – kann es ein schöneres oder erfüllteres Leben geben?

Rouben Mamoulian,
1937

Eine Biographie in Bildern, Texten und Dokumenten von Jürgen Schebera

George Gershwin

Ich bin ein moderner Romantiker. Mein Volk ist das amerikanische; meine Zeit ist das Heute – Musik muß das Denken und Fühlen, den Atem der Zeit in sich tragen.

George Gershwin, 1931

Gustav Kiepenheuer Verlag

Edward Jablonski in Dankbarkeit
gewidmet

ISBN 3-378-00569-6

Erste Auflage
Gestaltung: Dietmar Kunz, Leipzig
Schrift: Linotype Centennial
Gesamtherstellung:
Offizin Andersen Nexö Leipzig GmbH
Printed in Germany

Einleitung

Aufgefordert, einen Beitrag für das Gershwin-Gedenkbuch zu schreiben, das Merle Armitage reichlich ein halbes Jahr nach dem Tod des Komponisten im Frühjahr 1938 veröffentlichte, faßte ein gleichfalls namhafter Broadway-Kollege, der Librettist und Songtexter Oscar Hammerstein II, seine Erinnerungen an George Gershwin in Versform. Sie beginnen mit den Zeilen:

»Unser Freund schrieb Musik.
Aus dieser Form schöpfte er
Heiterkeit der Sinne, Süße und Schönheit.
Und vierundzwanzig Stunden,
nachdem er gegangen war,
erfüllte seine Musik die Lüfte.«[1]

Gershwins Musik hat die Lüfte – nicht nur Amerikas – schon zu seinen Lebzeiten erfüllt. Und sie tut dies auch heute, knapp sechzig Jahre nach seinem Tod, mit unverminderter Schönheit, Süße und Heiterkeit der Sinne (um Hammersteins Epitheta zu »drehen«). Gegen Ende unseres Jahrhunderts ist die Popularität des Komponisten in aller Welt ungebrochen. Sowohl seine Arbeiten für den Konzertsaal (immer wieder mit ausschließlichen »Gershwin-Abenden« bedacht, welcher andere Komponist des 20. Jahrhunderts kann sich dessen erfreuen?) als auch die für das Musiktheater (nicht nur die Oper *Porgy and Bess*, sondern auch seine besten Musicals) sind »Dauerbrenner« des Repertoires der Orchester, Theater und der Schallplattenindustrie. Die alten Filme mit seiner Musik locken unverändert das Publikum in die Programmkinos. Seine Songs sind unverzichtbarer Bestandteil des weiten Felds von populärer Musik, Entertainment und

Jazz. Viele von ihnen sind längst zu Evergreens geworden. Denn Gershwin – so hat es Leonard Bernstein einmal formuliert – »war vor allem auch ein genialer Songkomponist. Seine Songs sind ein Teil unserer Sprache geworden, unseres unverwechselbaren Idioms, wenn man so will. Sie werden von den Menschen in aller Welt gesummt und gepfiffen, und die Menschen empfinden dabei ein Gefühl von Glück.«[2] Was kann einem Komponisten Schöneres widerfahren?

Die vorliegende Bildbiographie ist – nach dem frühen Versuch von Mingotti 1958 sowie der Rowohlt-Taschenbuchmonographie von Krellmann 1988 – eine Novität in der nicht gerade umfangreichen deutschen Gershwin-Literatur (mit ihrem Pionier Wolfram Schwinger). Im Zeitalter zunehmender visueller Kommunikation soll Leben und Werk von George Gershwin mittels einer großen Zahl von authentischen Fotos und Dokumenten lebendig werden, durch ein Maximum an zugänglichen Selbstaussagen, durch Stimmen seiner künstlerischen Gefährten und engen Mitarbeiter, durch Auszüge aus der zeitgenössischen Kritik. Wie in einem Film wird optisch dokumentiert und begleitend kommentiert – auf daß der Leser die Stationen des frühvollendeten Komponisten zu einem Gesamtbild zusammenfügen möge, zum Bild von George Gershwin.

Dieses Buch wäre nicht denkbar ohne den amerikanischen Gershwin-Kenner, -Forscher und -Biographen Edward Jablonski. Ich begegnete ihm zum ersten Mal 1984 bei einem kleinen Empfang in New York, den die Kurt Weill Foundation anläßlich des Erscheinens meiner ersten Weill-Biographie gab. Natürlich kannte ich seine Bücher über Gershwin; wie er meine Materialfunde zu Weill goutierte, bewunderte ich seinen Quellenfundus zu George und Ira Gershwin. Woher er all das habe? Und dann erzählte Jablonski die Geschichte seiner Beziehung zu Ira Gershwin. Als High School-Boy in Bay City, Michigan, hatte er begeistert Autogramme von Stars der Theater- und Musikszene gesammelt. Anfang der vierziger Jahre schrieb er auch eine diesbezügliche Bitte an Ira Gershwin. »Der Brief muß ihn in einer sentimentalen Stunde erreicht haben«, so Jablonski, »denn der Schüler bekam nicht nur sein Autogramm, sondern auch die Aufforderung, sich doch einmal zu melden.« Ersten Briefkontakten folgte dann die persönliche Begegnung, aus der sich im Laufe der Jahrzehnte, bis zu Iras Tod im Jahre 1983, eine enge Arbeitsfreundschaft entwickelte. Ira Gershwin überließ Jablonski eine große Menge an Fotos und Dokumenten, Fundament für dessen extensive Gershwin-Studien und Publikationen. »Wollen Sie sich das alles mal ansehen?« fragte er mich am Ende seines Berichts. Und so saßen wir am nächsten Abend das erste Mal in Jablonskis mit Büchern, Noten und Schallplatten vollgestopfter Wohnung in der 75th Street von Manhattan, unweit vom Lincoln Center und unweit von Gershwins einstigem Duplex in der 72nd Street. »Wollen Sie nicht in Deutschland ein ›picture book‹ über Gershwin machen? Ich überlasse Ihnen gern Material, ich möchte, daß auch die Menschen bei Ihnen, die

Gershwins Musik lieben, das alles ansehen können.« Mit diesem großherzigen Angebot entließ er mich spätnachts. Ich wollte. Mit Gershwin hatte ich mich schon viele Jahre befaßt.

Es folgten weitere Begegnungen mit Ed Jablonski, dessen Wissen ich weidlich abfragte, der mir die weiteren Recherchen in New York und Washington erleichterte und schließlich einen großen Teil der Vorlagen für die Abbildungen dieses Buches zur Verfügung stellte. Ich widme es ihm in Dankbarkeit.

Ich danke den Mitarbeitern des Periodical Department der New York Public Library, die mir all die Mikrofilme alter Jahrgänge der amerikanischen Presse heraussuchten; ich danke den Mitarbeitern der Theatre Arts Library im Lincoln Center, der Library of Congress in Washington und der Music Library der Yale University in New Haven. Dank geht an meine Freunde von der Kurt Weill Foundation for Music in New York für vielfältige Hilfe und Unterstützung. Dank auch an Mordecai und Irma Bauman in New York, die mir von den Gershwin-Aufführungen der dreißiger Jahre berichteten und Material aus ihrem persönlichen Archiv zur Verfügung stellten. Henry Marx in New York verdanke ich tiefgründige Einblicke in die Genesis von Gershwins bevorzugtem Medium – dem amerikanischen Musical.

Berlin, im Sommer 1994
Jürgen Schebera

Zwischen Brooklyn und Lower East Side

Eine Einwanderer-kindheit in New York

1898–1910

Die Geschichte der Gershwins beginnt im Rußland von Zar Nikolaus II., in der Hauptstadt Sankt Petersburg. Hier stand seit den sechziger Jahren des 19. Jahrhunderts Jakow (Jacob) Gershovitz im Dienst der zaristischen Armee. Als Artilleriemechaniker hatte er sich mit verschiedenen kriegerischen Erfindungen einen gewissen Namen gemacht. Wurden die Juden auch vom Zaren mit immer stärkeren Repressionen bedacht, für den Dienst in seiner Armee waren sie immerhin gut. Und wer gar fünfundzwanzig Jahre diente, der durfte dann jene bürgerlichen Freiheiten in Anspruch nehmen (etwa Zugang zu Gymnasium und Universität, freie Wahl des Wohnortes und Berufes), die den Juden sonst in Rußland verwehrt waren, was – im Verein mit der wachsenden Anzahl von Pogromen – ab etwa 1880 zu einer großen Auswanderungswelle führte.

1872 war bei den Gershovitz' ein Sohn zur Welt gekommen. Er erhielt den Namen Moishe. Nach dem Besuch der Volksschule hatte er in einer Schuhfabrik zu arbeiten begonnen. Mit achtzehn Jahren verliebte er sich in die vier Jahre jüngere Kürschnerstochter Rosa Bruskin. Die aber wanderte 1891 mit ihrer Familie in die USA aus. Was sollte Moishe nun tun? In Rußland konnte er es als Jude nur zu etwas bringen, wenn er – wie sein Vater – den fünfundzwanzigjährigen Dienst in der Armee auf sich nahm. Das wollte er nicht. Außerdem war seine Zuneigung zu Rosa keine Augenblickssache gewesen, er fühlte sich stark zu ihr hingezogen. Also beschloß Moishe 1892, gleichfalls den Weg in die Neue Welt anzutreten. Ein Onkel von ihm war bereits in New York, ein Schneider namens Grünstein – nun Greenstein –, der würde ihm schon dabei helfen, in dem fremden Land Fuß zu fassen. Und außerdem gab es dort ja noch seine Rosa.

Wir wissen nicht, auf welchem Weg Moishe Gershovitz nach New York kam, mit hoher Wahrscheinlichkeit aber war es der Weg der meisten russischen Juden jener Jahre: mit der Eisenbahn bis Königsberg und von dort weiter nach Hamburg, wo jüdische Hilfsorganisationen die Passage auf einem Dampfer der Hamburg-Amerika-Linie vermittelten.

So wird er sich also eines Tages im Jahre 1892 eingeschifft und dann nach vielen Tagen einer unruhigen Seereise endlich den großen Augenblick erlebt haben, wie ihn einer seiner Schicksalsgefährten 1888 schilderte: »Alle standen wir an Deck. Helena und ich standen eng beieinander, überwältigt vom Anblick des Hafens und der Freiheitsstatue, die plötzlich aus dem Nebel auftauchte. Ach, da stand sie – das Symbol der Hoffnung, der Freiheit, der Möglichkeiten! Sie hielt ihre Fackel hoch, um den Weg in das freie Land zu erleuchten, in das Asyl für die Unterdrückten aller Länder. Auch wir würden im generösen Herzen Amerikas einen Platz finden. Unsere Gefühle schlugen hoch, unsere Augen füllten sich mit Tränen.«[3]

Juden aus Rußland strömten um 1890 in immer stärkerem Maße nach den USA. Abraham Karp spricht in seiner materialreichen Studie zur jüdischen Einwanderung[4] von der dritten Phase (nach frühen Anfängen 1654–1830 und der Welle deutscher Juden 1830–1880) und nennt sie die »Flut aus Osteuropa«. Lebte noch 1850 in den USA gerade ein Prozent der jüdischen Weltbevölkerung (50 000), so waren es mit einer Million im Jahre 1900 bereits zehn Prozent. Und davon kam nahezu die Hälfte aus Rußland und konzentrierte sich natürlich in der sprunghaft wachsenden Stadt New York.[5]

Wie alle Einwanderer mußte auch Moishe Gershovitz zunächst die wenig angenehmen Prozeduren des amerikanischen Immigration Service durchlaufen – Registrierung, Gesundheitsüberprüfung, Befragung nach Verwandten oder Bekannten, nach den Arbeitsabsichten. Er wird nicht mehr den alten Einwandererkontrollpunkt Castle Garden an der Südspitze von Manhattan passiert haben (wo heute das New York Aquarium steht), sondern die roten Ziegelgebäude auf der Insel Ellis

Die 1883 eröffnete Brooklyn Bridge verband die beiden größten Einwandererbezirke der osteuropäischen Juden in New York, die Lower East Side Manhattans und Brooklyn. Auf solchem Sonntagsspaziergang über den Fußgängersteig können wir uns auch die Familie Gershovitz vorstellen. Aufnahme von 1903

Die Eltern Morris Gershovitz (1872–1932) und Rose Gershovitz, geb. Bruskin (1876–1948). Aufnahme von 1895, dem Jahr ihrer Eheschließung. Sie änderten den Familiennamen später in Gershvin, die Kinder nannten sich Gershwin.

Das Geburtshaus von George Gershwin in Brooklyn, 242 Snedicker Avenue. Schon sechs Wochen später zog die Familie wieder einmal um. Das Gebäude steht heute nicht mehr.

Gruppenfoto in einem Park von Brooklyn, 1900. Mutter Rose Gershovitz (r.) und ein Kindermädchen mit den Kindern (v. l.) Arthur, George und Ira.

Island, die im Frühjahr 1892 den Betrieb aufnahmen. (Heute beherbergen sie ein ausgezeichnet dokumentiertes Museum der amerikanischen Einwanderung, in dem man die Prozedur »hautnah« nachvollziehen kann.)

Bei der Registrierung wurde sein Vorname amerikanisiert – und Morris Gershovitz betrat den Boden der Stadt New York. Bald sollte er auch seinen Familiennamen amerikanisieren und sich Gershvin nennen. Jetzt aber suchte er zunächst »Greenstein, den Schneider«, denn dessen Adresse hatte er zwar unter die Hutkrempe gesteckt, sie war aber vom Wind an Bord des Schiffes weggetragen worden – wie sein Sohn Ira später gern erzählte.[6] Also machte sich Morris auf in die Lower East Side von New York, damals die »Judenstadt«, im Süden Manhattans am East River gelegen, wo 1883 die Brooklyn

Bridge eröffnet worden war, Verbindung zum zweiten großen Einwanderer-Stadtteil von New York. Morris sprach kein Wort Englisch, aber Jiddisch und Russisch waren in der East Side ebenso Muttersprachen. Nach einigem Umherfragen verwies man Morris nach Brooklyn, und dort traf er tatsächlich nach kurzer Zeit Greenstein, den Schneider. Eine erste Anstellung fand sich, und natürlich war auch bald der Kontakt zu Rosa – jetzt amerikanisiert Rose – Bruskin hergestellt.

Beide hatten kaum Assimilationsprobleme in New York, kamen sie doch nicht aus einem kleinen »Schtetl«, sondern aus der Metropole Sankt Petersburg, die es zwar an Größe mit New York nicht aufnehmen konnte, an städtischem Leben jedoch sehr wohl. So fand auch Morris Gershvin sehr bald Arbeit, erneut in der Schuhbranche – und am 21. Juli 1895 heiratete das Paar. Ein reichliches Jahr später, am 6. Dezember 1896, kam der erste Sohn zur Welt, Israel (Isadore), sehr bald nur noch amerikanisch Ira genannt (wobei der Spitzname »Izzy« lebenslang an Israel erinnerte). Es folgte am 26. September 1898 der zweite Sohn, Jacob (nach dem Großvater genannt, die Geburtsurkunde gibt den Familiennamen mit »Gershvine« an), amerikanisch George. 1900 folgte der dritte Sohn, Arthur, und im Dezember 1906, exakt zehn Jahre nach der Geburt Iras, die Tochter Frances.

In der Familie Gershvin ging es nicht streng orthodox zu, lediglich der Erstgeborene Ira erhielt die Bar Mitzwah. Es ging auch nicht sehr ruhig und beschaulich zu, denn Vater Morris war ein äußerst unternehmungslustiger Mann, der sich sehr rasch selbständig gemacht hatte und alle möglichen Aktivitäten startete, was jedesmal auch mit Wohnungswechsel verbunden war. Später erinnerte sich Ira: »Die meiste Zeit unserer Kindheit verbrachten wir in der Lower East Side von Manhattan, wo mein Vater die verschiedensten Unternehmen betrieb: Restaurants, russische und türkische Bäder, Bäckereien, einen Zigarrenladen, einen Billardsalon an der 42nd Street, wo heute Grand Central Station steht, ein Wettbüro auf der Pferderennbahn von Brighton Beach. Wir zogen ständig um. Wenn mein Vater ein Geschäft verkauft und ein neues begonnen hatte, zogen wir unweigerlich in die Nähe dieses Geschäfts. George und ich sind in der Erinnerung auf fünfundzwanzig verschiedene Wohnungen und Häuser gekommen, in denen wir während dieser Jahre gelebt haben.«[7]

Ira war in Manhattan zur Welt gekommen; als George das Licht der Welt erblickte, betrieb der Vater gerade ein Geschäft in Brooklyn. So befand sich also das Geburtshaus des späteren Komponisten gleichfalls dort, Snedicker Avenue Nr. 242. Das zweistöckige Gebäude (es steht heute nicht mehr) bot der Familie ausreichend Platz, es gab ein Kindermädchen; ein Zimmer im Obergeschoß konnte man sogar vermieten. Schon sechs Wochen nach der Geburt aber folgte wieder ein Wechsel nach Manhattan, die Familie bezog eine Wohnung in der Second Avenue Nr. 91, direkt über »Saul Birn's Phonograph Shop«. Hier erlebte George seine frühen Kindheitsjahre, geprägt vom pulsierenden

Lower East Side Manhattan, die damalige »Judenstadt« von New York. Hier, im pulsierenden Leben der Straßen und Märkte, verbrachte George seine frühen Kindheitsjahre. Aufnahme von 1905

Leben auf den Straßen der East Side, von den Märkten rund um die Mott Street. »Das Kindermädchen«, schreibt Edward Jablonski, »hatte sich sehr bald um die Youngster Arthur und Frances zu kümmern, so hatte der kleine George viel Freiheit. Er spielte, balgte sich, stiebitzte, lief Rollschuhe (er war der Rollschuh-Champion der Second Avenue) und wuchs in den Straßen auf. Diese waren in der noch automobilfreien Zeit Stätten der Sozialisierung.«[8] Von Musik war noch keine Rede, auch nicht, als George in die Public School Nr. 20 eingeschult wurde. In der Familie gab es keinerlei musikalischen Hintergrund. Später danach gefragt, sprach der Komponist von seinen »Prä-Piano-Tagen« und meinte: »Da kann ich wirklich nichts berichten, außer daß Musik mich überhaupt nicht interessierte und ich die meiste Zeit mit den Jungs auf der Straße verbrachte, Rollschuh lief und mir im allgemeinen selbst lästig war.«[9] Und er setzte sich durch auf der Straße: »Ich gehörte immer zu den Stärksten, doch das hinterließ natürlich auch seine Spuren. Ich kann mich nicht erinnern, jemals ohne kleine Verletzungen herumgelaufen zu sein. Damals hatte ich auch große Probleme mit meiner Nase, die hatte nämlich einmal einen Huftritt abbekommen.«[10] Eine Narbe über dem rechten Auge sollte ihn lebenslang an diese Kindheitsepisoden erinnern.

Ihren Vater bekamen die Kinder nicht häufig zu sehen, er war ganz von seinen Geschäften in Anspruch genommen. George charakterisierte ihn später als »das Leben leicht nehmenden, humorvollen Lebensphilosophen, der die Dinge nahm, wie sie eben kamen«. Um so mehr fühlten sich die Kinder zur Mutter hingezogen, einer »zielstrebigen und zweckbestimmten Frau. Sie kannte nur ein Ziel: Wir sollten eine solide Ausbildung erhalten. Wenn dann alles andere schiefgehen sollte, so könnten wir immer noch Lehrer werden.«[11]

Es war dann wieder die Straße, die dem Knaben einen ersten starken musikalischen Eindruck bescherte: »Eine meiner ersten definitiven Erinnerungen reicht zurück in die Zeit als Sechsjähriger. Ich stand vor einer ›Penny Arcade‹ in der 125th Street und lauschte den Klängen eines automatischen Klaviers, das Rubinsteins ›Melodie in F‹ klimperte. Der eigenartige Reiz dieser Musik ließ mich wie angewurzelt stehen. Bis heute kann ich diese Melodie nicht hören, ohne mich vor jener ›Arcade‹ in der 125th Street stehen zu sehen, barfuß, in Baumwollhosen, und gierig diese Musik in mich einsaugend.«[12].

Hatte er bisher Musik als eine Sache nur für »Sissys« und »Maggies« – Stubenhocker und Muttersöhnchen – angesehen, so änderte sich dies nun, auch bei den ersten Besuchen gemeinsam mit dem Bruder Ira in den »Nickelodeons«, den frühen Stummfilm-Kintöppen, wo ein Klavierspieler die Rührstücke auf der Leinwand begleitete.

Die Schule besuchte George nicht sehr begeistert und mit mäßigem Erfolg, während Bruder Ira als der »Studierte« galt und George oft zum Lernen anhielt. Dieser aber verbrachte inzwischen seine Zeit viel lieber mit einem Klassenkameraden in der 7th Street, bei dem ein Klavier im Wohnzimmer stand, auf dem George erste Übungen anstellte und das in den »Penny Arcades« Gehörte selbst zu spielen versuchte.

Bedingt durch einen neuerlichen Umzug, wechselte George 1908, als Zehnjähriger, in die Public School Nr. 25. Hier geschah es eines Tages, daß er auf dem Schulhof stand und durch das Fenster der Aula Violinklänge hörte. Sein Mitschüler Maxie Rosenzweig – er sollte später als Max

Wochenendausflug nach Coney Island, um 1910. Oben (v. l.) George und Arthur, unten (v. l.) Ira und eine Cousine

Rosen ein gefeierter Virtuose werden – spielte bei einem schuloffenen Musiknachmittag Dvořáks Ges-Dur-Humoreske. »Ich war zu der Sache nicht hingegangen, spielte lieber auf dem Hof Ball«, erinnerte sich George später, »doch jetzt stand ich wie gebannt, hörte zu und erlebte eine Offenbarung vollkommener Schönheit. Ich wollte den Burschen unbedingt kennenlernen, also wartete ich auf ihn. Es fing an, in Strömen zu regnen. Nach anderthalb Stunden war er immer noch nicht zu sehen. Er mußte wohl einen anderen Ausgang benutzt haben. Ich erkundigte mich, wo er wohnte, und ging sofort hin. Er war nicht zu Hause. Ich stellte mich den Eltern als Bewunderer ihres Sohnes vor. Sie zeigten sich amüsiert, und am nächsten Tag trafen wir uns.«[13]

Rasch entwickelte sich eine echte Freundschaft, wie George später erzählte: »Vom ersten Augenblick an waren wir dicke Freunde – machten gemeinsam Schulaufgaben, rangen gelegentlich miteinander – und sprachen bald endlos über Musik. Maxie eröffnete mir die Welt der Musik.«[14] Rosenzweig spielte ihm auf der Geige seine Lieblingsstücke vor und erzählte, was er von den großen Meistern der Musik wußte. Um so häufiger besuchte George nun auch den Klassenkameraden mit dem Klavier, um sich weitere Fertigkeiten auf dem Instrument anzueignen. Eines Tages glaubte er so weit zu sein, um Maxie Rosenzweig eine Probe seines Könnens vorzustellen. »Doch der war nicht sehr freundlich, was meinen Eifer betraf. Es kam ein kritischer Tag, da meinte er geradeheraus, ich sollte meine aufkeimenden Gedanken an eine eventuelle musikalische Laufbahn besser aufgeben. Er sagte: ›Du hast es nicht in dir, Georgie. Nimm mein Wort dafür, ich weiß es!‹«[15]

Rosenzweig sollte sich gründlich geirrt haben. Zunächst aber war der zehnjährige George ziemlich deprimiert, daß ihn sein bester Freund, der »Musiker«, so einschätzte. Und darüber ging auch die Freundschaft in die Brüche, Maxie verschwand aus seinem Leben. 1913 hat George dann noch einmal einen Violinabend Rosenzweigs besucht.[16]

George (l.) mit einem Cousin. Aufnahme um 1911

George überwand sehr bald sein Tief. Die Musik ging ihm nicht mehr aus dem Kopf, zog ihn viel stärker an als Ira, obwohl dieser nun ab 1908 bei einer Tante Kate Klavierstunden bekam – als zukünftiger Lehrer müsse er das Instrument beherrschen, meinte die Mutter. Zum Üben ging Ira ebenfalls in die Wohnung der Tante. Was die Mutter nicht wußte: Viel intensiver übte George, ohne Unterricht, bei seinem Klassenkameraden. Und bei seinen Streifzügen durch die Stadt waren es immer wieder die »Penny Arcades«, deren Musik ihn magisch anzog. Er sog die Melodien in sich auf, er lauschte dem Rhythmus und versuchte dahinterzukommen, wie die Stücke gebaut waren, die er da vom mechanischen Klavier hörte und die ihn zunehmend faszinierten.

Die Gershvins kaufen ein Klavier

Erste musikalische Studien

1910–1914

Rose Gershvin, immer auf standesgemäßes Ansehen der Familie bedacht, war seit einiger Zeit von Tante Kate auf den »unmöglichen Zustand« aufmerksam gemacht worden, daß Ira immer noch kein eigenes Instrument zum Üben hatte: »Das muß einfach sein!« Und so beschloß sie eines Tages im Jahre 1910, George war zwölf Jahre alt, nunmehr ein Klavier zu kaufen – gedacht für ihren Ältesten. Als das Instrument geliefert wurde, gab es einen kleinen Auflauf auf der Straße, denn man hievte es, da die Treppe des Hauses zu eng war, von außen hoch. Und es geschah etwas Unerwartetes, wie Ira später erzählte:

»Kaum war das Piano durch ein Fenster ins Wohnzimmer befördert worden, setzte sich George schon dran und spielte eine populäre Melodie des Tages. Ich erinnere mich, daß besonders seine linke Hand mir starken Eindruck machte. Ich hatte keine Ahnung, daß er überhaupt spielen konnte. Dann bekam ich heraus, daß er trotz seiner Rollschuhaktivitäten, der Kinderfeste, die er besuchte, und des häufigen Spielens auf der Straße (was gelegentlich mit einer blutenden Nase endete) Zeit gefunden hatte, auf dem Klavier eines Freundes in der 7th Street herumzuexperimentieren. Obwohl unser Klavier mit Blick auf meine Stunden gekauft worden war, entschied die Familie sehr bald, daß George wohl der geeignetere Schüler war.«

An dieser Stelle beginnt nun die musikalische Ausbildung. Hören wir weiter Ira: »Seine erste Klavierlehrerin war eine gewisse Miss Green, gleich in der Nachbarschaft. Sie paukte mit George Beyers ›Klavierübungen‹. Ihr folgte Mr. Goldfarb, ein aus Ungarn stammender ehemaliger Kapellmeister, der den Höhepunkt seiner Karriere längst überschritten hatte und nun Anfänger unterrichten mußte. Einst hatte er einen ›Theodore Roosevelt-Marsch‹ komponiert, seine einzige Liebe galt der Orchester- und Opernliteratur, seinen Schülern gab er bevorzugt Klavierfassungen von Opern-Ouvertüren auf.«[17]

Später erzählte George von seinen Erfahrungen bei Goldfarb in der Grand Street: »Er trug einen imposanten Schnurrbart, das Klavier spielte er mit großen theatralischen Gesten. Als erstes nahmen wir ein Heft mit Klavierbearbeitungen von großen Opernstücken durch. In sechs Monaten war ich bereits bis zur ›Wilhelm Tell‹-Ouvertüre fortgeschritten.«[18]

Zu dieser Zeit, wir schreiben 1912, George ist fast vierzehn Jahre alt und das Ende der Public School ist in Sicht, hat er wiederum eine musikalische Begegnung, die sich als sehr folgenreich erweisen soll. Die Public School Nr. 63, nicht weit von Georges Schule, hatte eine große Aula. Dort probte (und konzertierte auch manchmal) eine Orchestervereinigung begeisterter junger und auch älterer Leute, die sich gar nicht bescheiden Beethoven Society Orchestra nannte. Mit dem Pianisten Jack Miller wurde George nun bekannt, er durfte das Instrument in der Schule für seine Übungen benutzen und sogar einmal für Miller bei einem Konzert einspringen. In diesen Monaten beginnt er, regelmäßig Konzerte zu besuchen. Und Miller erzählt begeistert von seinem Klavierlehrer, der – so scheint es George – ein ganz anderes Format besitzt als sein Maestro Goldfarb. Wolle Miller ihn nicht dorthin empfehlen? Miller wollte.

Charles Hambitzer, Georges Klavierlehrer von 1912 bis 1918. Er führte Gershwin systematisch in die Musik ein.

So kommt es im Herbst 1912 zur Begegnung mit Charles Hambitzer, die entscheidend für den nachfolgenden Lebensweg des jungen George werden sollte. Hambitzer (1881 – 1918) war aus Milwaukee nach New York gekommen. Ein ebenso begabter Pianist wie einfühlsamer Lehrer, spielte er mehrere Instrumente, war Mitglied des Waldorf-Astoria Orchesters und hatte in der Upper West Side von Manhattan, nahe der Columbia University, ein »Teaching Studio« eröffnet. Hierher brachte Miller nun den jungen George. Dieser erinnert sich: »Ich rieb mir die Finger, dann stürzte ich mich in die ›Wilhelm Tell‹-Ouvertüre. Bis ich ans Ende kam, sagte Hambitzer kein einziges Wort. Dann fragte er nach meinem bisherigen Lehrer.« Und es folgte Hambitzers später oft kolportierter großer Ausspruch: »Wir sollten diesen Mr. Goldfarb aufspüren und erschießen – aber keinesfalls mit einem Apfel auf dem Kopf!«[19]

Hambitzer erkannte sofort, daß er hier einen äußerst begabten Jungen vor sich hatte. Er nahm George als Schüler an, und bald begann der regelmäßige Unterricht, in dem nun zum ersten Mal systematisch die großen Meister der Vergangenheit erschlossen wurden. Nach wenigen Wochen schon schrieb Hambitzer in einem Brief an seine Schwester: »Wenn irgendeiner meiner Schüler einen Platz in der Musik erobern wird, dann der neue. Der Junge ist ein Genie, ohne Zweifel; er ist verrückt nach Musik und kann den Beginn der Stunde kaum erwarten. Nicht einmal schaut er dann nach der Uhr. Er möchte, daß wir all dieses neue Zeug drannehmen, Jazz und was weiß ich. Doch ich lasse ihn noch nicht, wenigstens für eine Weile. Ich will sehen, daß er zunächst eine feste Grundlage in der klassischen Musik erhält.«[20]

Bei Hambitzer lernte George nun Bach und Beethoven kennen, Chopin und Liszt, dazu die Franzosen Debussy und Ravel, die zu dieser Zeit als äußerst modern galten. »Er machte mich harmoniebewußt«, erinnerte er sich später. »Bis zu diesem Zeitpunkt war Harmonie mir immer ein Geheimnis gewesen. Ich besaß nur eine Art instinktives Gefühl für die Tonkombinationen ... ohne ihre Struktur zu kennen.« Und weiter notiert er für diese Zeit, in der er seine Konzertbesuche wesentlich intensivierte: »Durch Hambitzer gewöhnte ich mir intensives Hören an. Ich lauschte so ernsthaft, daß ich regelrecht in die Musik eintauchte. Dann ging ich nach Hause und hörte das Ganze noch einmal aus dem Gedächtnis, setzte mich ans Klavier und wiederholte die Motive.«[21]

So intensiv er sich auch unter behutsamer Führung des neuen Lehrers den großen Meistern der Musik zuwandte, »dieses neue Zeug«, wie Hambitzer es nannte, ließ ihn dennoch nicht los. Es trieb ihn weiter in die »Penny Arcades«, er entdeckte die Musik von Jerome Kern und Irving Berlin, deren neueste Songs ihn faszinierten. Berlins Ragtime-Version von Mendelssohn Bartholdys »Frühlingslied« ließ ihn (nach einigen in den Notizbüchern hingekritzelten früheren Versuchen) erstmals zum Notenpapier greifen. 1913 komponierte George zwei Songs, darunter »Ragging the Träumerei« – offenbar Schumann als Ragtime (das Stück ist nicht erhalten).

Seit Herbst 1912 besuchte George die High School of Commerce. Rose Gershvin hatte beschlossen, daß der Sohn Buchhalter werden sollte, ein nach ihrer Meinung sehr chancenreicher Beruf inmitten der prosperierenden Geschäftswelt von New York. George fügte sich in sein Schicksal, lernte mehr recht als schlecht und lebte schon zu dieser Zeit nur für seine Musik. Den Sommer 1913 verbrachte er in einem Camp in den Bergen der Catskills, dort ergaben sich erste Möglichkeiten, am Piano

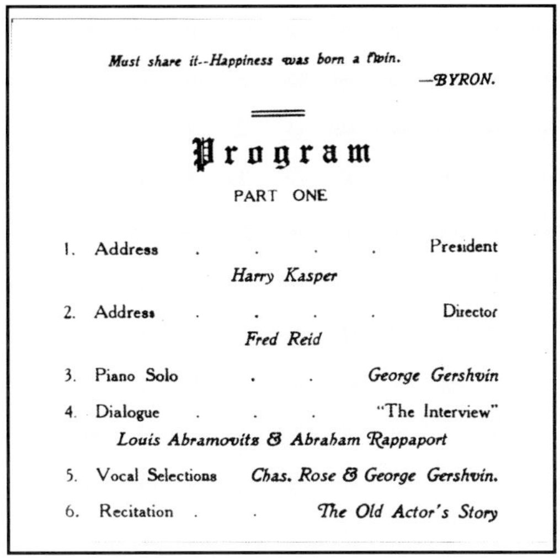

Must share it--Happiness was born a twin.
—*BYRON.*

Program

PART ONE

1. Address	. . . .	President
	Harry Kasper	
2. Address	. . . .	Director
	Fred Reid	
3. Piano Solo	. .	*George Gershvin*
4. Dialogue	. . .	"The Interview"
	Louis Abramovitz & Abraham Rappaport	
5. Vocal Selections		*Chas. Rose & George Gershvin.*
6. Recitation	. .	*The Old Actor's Story*

Der Fünfzehnjährige während der Sommerferien 1913 in den Catskills. Im Camp betätigte sich George erstmals als Pianist.

Der erste offizielle Auftritt als Pianist: Programm eines Abends im New Yorker Finley-Club, März 1914. Bei dem angeführten Piano-Solo handelte es sich um einen selbstkomponierten Tango.

aufzutreten. Im März 1914 fand sich sein Name erstmals gedruckt auf einem Programmzettel. Bruder Ira, inzwischen Student des City College of New York (doch wie sein Bruder mit den Gedanken bei anderen Dingen, vor allem seiner beginnenden literarischen Tätigkeit), hatte das jährliche Fest des Finley Club mit vorbereitet, der künstlerischen Vereinigung des Colleges, und George als Pianist in das Programm »geschmuggelt«. Und so folgte – nach zwei Begrüßungsansprachen – ein »Piano Solo von George Gershvin« (es handelte sich um einen selbstkomponierten Tango). Ob sich dieser Soloauftritt herumgesprochen hatte? Jedenfalls teilte wenige Tage danach ein Bekannter aus der Tin Pan Alley George mit, beim Musikverlag Remick sei eine Stelle als »Piano Pounder« frei, mit einem Wochengehalt von fünfzehn Dollar. Sei George interessiert? Dann könne er ein Vorspiel arrangieren. »Dies bedeutete auf jeden Fall Verbindung zum Musikgewerbe«, so

Edward Jablonski, »mochte es nun Kunst sein oder nicht. Und das war es, was George sich mehr als irgend etwas anderes wünschte. Mehr als einen High School-Abschluß oder ein Leben als Buchhalter oder eine Tätigkeit in den russisch-türkischen Bädern, die sein Vater gerade als Einkommensquelle entdeckt hatte.«[22]

So faßt der Fünfzehnjährige im April 1914 einen folgenschweren Entschluß: Wenn er diesen Job bei Remick bekommen kann, dann will er die High School verlassen und sich fortan ganz der Musik widmen. Der Bekannte bringt »den Jungen« zum Manager des Verlages, dieser zeigt sich zunächst abweisend angesichts des Alters und der fehlenden Erfahrungen des Kandidaten; das Vorspiel aber überzeugt ihn. Er bietet George die Stelle an, dieser sagt zu – ohne das Ganze vorher mit der Familie besprochen zu haben. Dies folgte nun, und er erzählte es später so: »Vater nahm die Entscheidung mit gewohntem Gleichmut hin. Doch Mutter war dagegen, daß ich Musiker werden wollte. Sie hatte anderes mit mir im Sinn, als daß ich lebenslang Klavierspieler mit fünfundzwanzig Dollar pro Woche sein sollte. Als ich aber fest blieb, zeigte sie nur wenig Widerstand gegen meine Entscheidung, die High School zu verlassen und einen Job als Klavierspieler bei Remick's anzunehmen.«[23]

Wir schreiben Ende April 1914. In nur vier Jahren ist aus dem Jungen, der die Musik einst als eine Sache für »Stubenhocker und Muttersöhnchen« verächtlich von sich gewiesen hatte, ein begabter und musikalisch gebildeter Pianist geworden, der dies nun zu seinem Beruf machen will.

Wie man Schlager an den Mann bringt

Piano Pounder in der Tin Pan Alley

1914–1917

Wie war das eigentlich zu einer Zeit, als das Radio noch nicht existierte, der Film noch stumm, an Fernsehen noch nicht zu denken war? Da selbst das Grammophon noch ein eher exklusives Medium war, Opernarien mehr goutierend als populäre Songs? Natürlich blühte schon damals das Geschäft mit der Unterhaltung, nur eben mit anderen Mechanismen. 1914 schrieb die »New York Times«: »Der Verbrauch an Songs ist in Amerika ebenso hoch wie der an Schuhen, und die Nachfrage wird auch ebenso fabrikmäßig befriedigt.«[24] Diese Fließbandproduktion, heute vorwiegend bei den Plattenfirmen konzentriert, übernahmen seinerzeit – nicht nur in den USA – auf »light music« spezialisierte Musikverlage, die Songtexter und -schreiber unter Vertrag hatten und, hart miteinander konkurrierend, wöchentlich Notenausgaben Dutzender neuer Schlager druckten. Nun mußte man nur noch dafür sorgen, daß diese auch in den Tanzpalästen, Varietés, Restaurants und Biergärten gespielt wurden – wobei viele der Musiker nicht einmal Noten lesen konnten. Und Schallplatten, geschweige denn Demo-Bänder, standen noch nicht zur Verfügung. Also beschäftigte jeder Verlag Klavierspieler (Piano Pounder) und Sänger (Song Plugger), die der in Frage kommenden Klientel – Orchesterleiter, Besitzer von Unterhaltungs-Etablissements, Musiker, Sänger – die neuesten Produkte demonstrierten und schmackhaft machten. Im eigenen Haus ebenso wie auf »Außendienst«, d. h. bei Besuchen der Kunden. Dies also war der Job, den Piano Pounder

Das Gebäude des Musikverlags Remick in der 28th Street von Manhattan. Hier befand sich seit etwa 1905 das Zentrum der »light music«-Branche, der aus den zahlreichen miteinander konkurrierenden Verlagshäusern dringende Lärm brachte der Straße die Bezeichnung Tin Pan Alley ein. Aufnahme um 1914, als Gershwin in den Verlag Remick eintrat.

George nun beim Verlag Jerome H. Remick & Company antrat, in der westlichen 28th Street. Hier hatte zu dieser Zeit eine Vielzahl von Musikverlagen ihren Sitz, aus allen Fenstern drang der Lärm von Klavieren und menschlichen Stimmen, so daß ein Journalist bei Beschreibung der kakophonischen Geräusche für die Straße den Begriff »Tin Pan Alley« geprägt hatte (also Zinnpfannen-Allee), der sich rasch einbürgerte. Heute findet man an dieser Stelle das Zentrum des New Yorker Blumenhandels.

Die »Verkaufsabteilung« bei Remick's präsentierte sich, wie auch bei den anderen Verlagen, als eine Etage mit sechs bis acht keineswegs schalldicht abgeteilten Kabinen, in denen die »Songhändler« ihres Amtes walteten und acht Stunden am Tag den hereinschneienden Kunden jeglicher Couleur die neuesten Produkte des Hauses demonstrierten. Später erinnerte sich George : »Jeden Tag um neun saß ich dort am Klavier und spielte jedem, der gerade kam, die gängigen Melodien vor. Neger kamen und verlangten, daß ich ihnen ›God Send You Back to Me‹ in sieben Tonarten vorspielte. Chorsängerinnen kamen, und ich spürte ihren Atem im Nacken. Einige der Kunden behandelten mich wie Dreck. Andere waren ganz reizend.«[25]

Doch es blieb nicht nur beim Dienst in der Kabine. Oft mußte George nach Coney Island oder Atlantic City fahren, um die Songs direkt bei den Kunden der Vergnügungszentren anzubieten. Das brachte einige Abwechslung, ebenso wie die »Kontrollbesuche« in Varietés oder Music Halls, bei denen er festzustellen hatte, welche Stücke von Remick's gerade gespielt wurden.

Die Arbeit als Piano Pounder war einerseits natürlich ermüdend und unbefriedigend, doch andererseits auch eine harte Schule. Nicht nur konnte George seine pianistischen Fertigkeiten trainieren, er lernte nun auch, entsprechend der Stimmlage seiner Kunden, Melodie und Begleitung in Windeseile zu transponieren. Und nicht nur das. »Hier bei Remick's lernte er, was beim Publikum ankam und was durchfiel«, schreibt Erma Taylor. »Er erkannte die Mängel der damaligen populären Musik, einer Musik, die zumeist von vergleichsweise unbedarften Klangschmieden geschrieben war, deren musikalische Fähigkeiten auf die Beweglichkeit eines Fingers beschränkt waren. Das war nicht Georges Vorstellung von Kompo-

sition; er wollte mehr, als nur die Melodie komponieren – auch die Harmonien, die Arrangements mußten bis zur letzten Note die seinen sein. So wurde er zusehends ruheloser.«[26]

Inzwischen hatte es sich in den einschlägigen Fachkreisen herumgesprochen, daß da bei Remick's ein sehr talentierter Piano Pounder am Werke war. So war es nicht verwunderlich, daß George Ende 1915 seine ersten Aufträge für die Einspielung von Piano Rolls bekam, den Lochbandrollen für die weit verbreiteten mechanischen Klaviere. Zumeist an Samstagen fuhr er nun zur Firma Standard Music Roll Co. in East Orange, New Jersey, und spielte hier zunächst gängige Songs nicht nur aus der Produktion von Remick's ein. »Diese frühen Piano Rolls« – so Edward Jablonski – »klangen unheimlich mechanisch, schlimmer noch als die Schellackplatten der Anfangszeit. Oft wurden nach der Aufnahme noch zusätzliche Töne in die Rolle eingestanzt, so daß das charakteristische Tremolo der ›Penny Arcade‹-Pianolas herauskam und sich das Ganze anhörte wie von einem Pianisten mit drei Händen gespielt.«[27]

Zur Zeit der ersten Aufnahmen amerikanisierte George seinen Namen weiter. Aus Gershvin machte er nun Gershwin – und dabei blieb es fortan. Auch Bruder Ira sollte es ihm in Kürze gleichtun. Ab etwa Anfang 1916 haben wir also von den beiden Gershwins zu sprechen.

Dem Medium Piano Roll ist George ein reichliches Jahrzehnt treu geblieben; er hat bis 1926 mehr als 125 Rollen eingespielt, zunehmend mit eigenen Komposi-

Als Piano Pounder im Außendienst in Atlantic City. Aufnahme um 1916

Im Mai 1916 verzeichnete der Katalog die ersten Music Roll-Einspielungen Gershwins, zunächst noch Songs anderer Komponisten. Bald sollten eigene folgen.

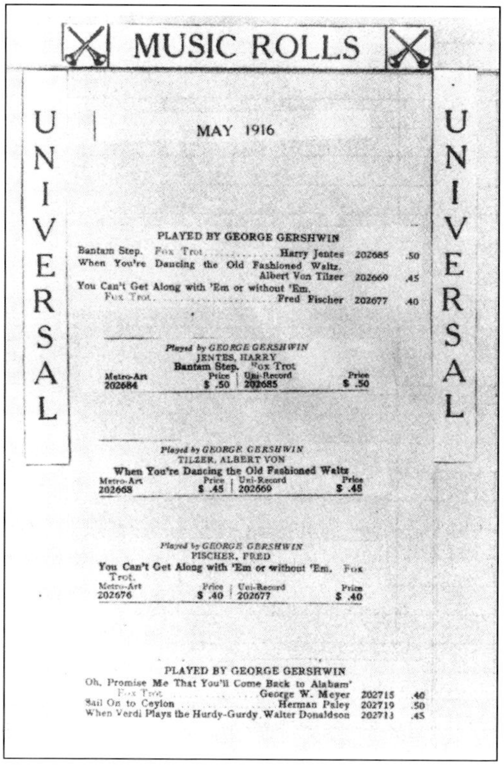

MUSIC ROLLS

UNIVERSAL

MAY 1916

PLAYED BY GEORGE GERSHWIN

Bantam Step. Fox Trot .... Harry Jentes 202685 .50
When You're Dancing the Old Fashioned Waltz. Albert Von Tilzer 202669 .45
You Can't Get Along with 'Em or without 'Em. Fox Trot .... Fred Fischer 202677 .40

Played by GEORGE GERSHWIN
JENTES, HARRY
Bantam Step. Fox Trot
Metro-Art 202684 Price $ .50 | Uni-Record 202685 Price $ .50

Played by GEORGE GERSHWIN
TILZER, ALBERT VON
When You're Dancing the Old Fashioned Waltz
Metro-Art 202668 Price $ .45 | Uni-Record 202669 Price $ .45

Played by GEORGE GERSHWIN
FISCHER, FRED
You Can't Get Along with 'Em or without 'Em. Fox Trot.
Metro-Art 202676 Price $ .40 | Uni-Record 202677 Price $ .40

PLAYED BY GEORGE GERSHWIN

Oh, Promise Me That You'll Come Back to Alabam' Fox Trot .... George W. Meyer 202715 .40
Sail On to Ceylon .... Herman Paley 202719 .50
When Verdi Plays the Hurdy-Gurdy. Walter Donaldson 202713 .45

tionen, und da die Technik sich im Verlauf der Jahre deutlich verbesserte, sind einige dieser Aufnahmen (inzwischen auf Schallplatten wiederveröffentlicht) heute interessante historische Dokumente.

Mit den Piano Rolls wurde der junge Mann weiter bekannt, außerdem konnte er damit sein Einkommen beträchtlich aufbessern. Viel mehr aber strebte er danach, nunmehr auch eigene Songs zu komponieren, mit denen er den großen Vorbildern Irving Berlin und Jerome Kern nachzueifern gedachte. Damit stieß er allerdings in seinem Verlag auf wenig Gegenliebe. Beobachtete man schon mißtrauisch, wie er in seiner Kabine mit den Remick-Songs umging, sie veränderte, verbesserte, paraphrasierte, so stieß er mit seiner Frage, ob man nicht auch einmal einen Song von ihm ins Programm aufnehmen wolle, auf entschiedene Ablehnung. »Sie sind hier als Piano Pounder angestellt, nicht als Komponist!« beschied ihn Manager Mose Gumble. Doch George hatte sich bereits als Songkomponist betätigt. Nach einem Text des ebenso jungen Tin-Pan-Alley-Kollegen Murray Roth war der Song »When You Want 'Em, You Can't Get 'Em« entstanden. Diesen spielte er eines Tages – entgegen allen Regeln von Remick's – in seiner Kabine einer bekannten Sängerin vor. Ihr mußte der Song gefallen haben, denn sie empfahl ihn der Konkurrenz, dem Verlag Harry Von Tilzer Music Publishing Company, bis vor kurzem noch Nachbar von Remick's und eben nach der 34th Street umgezogen. Der nahm den Song an.

Man schrieb den 1. März 1916, als George seinen ersten Vertrag für eine Komposition unterzeichnete. Für das stolze Honorar von einem (!) Dollar sowie einem viertel Cent pro verkauftem Exemplar der Notenausgabe. Textautor Roth war so clever, sich einen Vorschuß von fünfzehn Dollar auf die zu erwartenden Drucktantiemen auszahlen zu lassen. Greenhorn George lehnte dies ab, er wollte lieber erst eine größere Summe anwachsen lassen. »Nach einiger Zeit«, so erinnerte er sich später, »ging ich zu Von Tilzer und fragte nach meinem Honorar. Er zuckte die Schultern, dann gab er mir fünf Dollar. Und mehr habe ich nie von ihm bekommen.«[28]

Doch was tat das? Alsbald hielt George seinen ersten gedruckten Song in den

Händen, seine erste »sheet music«, wie man in Amerika solche Einzelausgaben nennt. Das beflügelte ihn natürlich, ließ ihn weiterkomponieren und von einer Komponisten-Karriere träumen. Dafür waren vor allem entsprechende Verbindungen nötig. Und auch hierfür erwies sich die Tätigkeit bei Remick's als nützlich, traf er doch dort zahlreiche bekannte oder noch unbekannte Leute, die mit dem Musik- und Theatergeschäft zu tun hatten, Georges Traum seit langem.

Darunter war bereits Ende 1915 ein junger Schauspieler, Sänger und Tänzer, der später zum wichtigen Gershwin-Protagonisten werden sollte – Fred Astaire. In seinen Erinnerungen blickte dieser 1959 zurück: »Damals pflegte ich regelmäßig zu den Verlagen zu gehen und nach neuem Material zu suchen. Bei Remick's traf ich George Gershwin, der dort als Klavierspieler neue Songs vorführte. Wir schlossen sofort Freundschaft. Er zeigte sich amüsiert über mein eigenes Klavierspiel und forderte mich häufig dazu auf. Ich hatte besonders mit der linken Hand eine Art von hinterherhinkender Anschlagtechnik entwickelt, das gefiel ihm sehr. Oft unterbrach er mich und sagte: ›Halt, Freddie, mach das noch einmal.‹ Ich erzählte ihm, wie sehr meine Schwester und ich uns wünschten, in einer Musical Comedy besetzt zu werden. Er wiederum wollte eben eine solche schreiben. Er sagte: ›Wäre es nicht phantastisch, wenn ich eine musikalische Show schreiben könnte, und ihr könntet darin auftreten?‹«[29] Doch so weit war es 1915/16 noch nicht.

Eine weitere Begegnung, aus der langdauernde Freundschaft entstand, führte George mit dem bei Remick unter Vertrag stehenden Komponisten Herman Paley zusammen. Der zwanzig Jahre Ältere hatte nach gediegener musikalischer Ausbildung und langjähriger Tätigkeit als Musiklehrer erst spät den Pfad der populären Musik eingeschlagen. Paley zeigte sich von Georges Klavierspiel beeindruckt und lud ihn bald regelmäßig in den literarisch-musikalischen Kreis seiner Familie ein, zu der neben seinem Bruder Lou Paley auch Nichte Mabel Pleshette (später Mabel Schirmer) gehörte. Diese erinnerte sich: »Eines Tages brachte mein Onkel George mit zu uns nach Hause. Er gehörte bald zum Familienkreis. Herman erkannte Georges kreative Gaben und nahm ihn unter seine Fittiche. Hermans Bruder Lou Paley war das literarische Mitglied der Familie.

Gershwins erster gedruckter Song erschien im März 1916 beim Verlag Harry Von Tilzer.

George und Lou wurden sofort enge Freunde, und Lou sollte bald darauf die Texte für mehrere Songs von George schreiben. Was für anregende Abende waren das! Herman und George bei gemeinsamen Übungen am Klavier, George und Lou gemeinsam Songs entwerfend ...«[30]

Ebenfalls in die Zeit bei Remick's fällt die Bekanntschaft mit dem Journalisten und Textdichter Irving Caesar, den Gershwin bei einem Vorspiel kennenlernte. Beide fanden Gefallen aneinander und begannen mit gemeinsamer Songproduktion. Wenige Jahre später, 1919, sollte ihnen mit »Swanee« ein riesiger Erfolg gelingen.

Knapp zwei Jahre nach seinem Eintritt bei Remick's war ihm die tägliche Routine des Piano Pounders nun eine Last, all seine Kräfte waren auf das Komponieren gerichtet. Ein Song war bereits gedruckt, verschiedene andere lagen in der Schublade. Wenn man doch wenigstens einen bei einer Broadway-Show unterbringen könnte! Dort gab es zwar festbeschäftigte Komponisten, doch es war durchaus üblich, auch Stücke anderer in die Produktionen einzugliedern. Wieder zusammen mit Murray Roth hatte George den Song »My Runaway Girl« geschrieben – der würde genau zu jener Art von Shows passen, die die mächtigen Produzenten J. J. und Lee Shubert im New Yorker Winter Garden präsentierten.

Es gelang George, über den Bürochef von Shuberts ein Vorspiel bei Sigmund Romberg zu erreichen, dem Hauskomponisten der Shuberts, der bereits mehr als zehn Shows für sie geschrieben hatte. Er empfing Gershwin und Roth in seiner Suite im Hotel Majestic, worauf sie ihm »My Runaway Girl« demonstrierten. Romberg zeigte sich vor allem von Georges Musik angetan, ging auf den Text nicht weiter ein und bot Gershwin (nicht Roth) die Mitarbeit bei der kommenden Shubert-Produktion *The Passing Show of 1916* an.

Daraufhin entwickelte George in den nächsten Wochen verschiedene Song-Ideen, die er Romberg bei mehreren Besuchen vorstellte. Dieser wählte schließlich eine Melodie aus und ließ den Textdichter der Show, Harold Atteridge, einen Text dazu schreiben. So entstand »Making of a Girl«, Gershwins erster Song in einer Broadway-Show, die ihre Premiere am 22. Juni 1916 im Winter Garden erlebte und immerhin 140mal lief. Man kann sich vorstellen, mit welchen Gefühlen George »seiner« ersten Broadway-Premiere beiwohnte! Die seit 1914 jährlich laufenden

Irving Caesar. Dem Journalisten und Songtexter begegnete Gershwin 1916 im Verlag Remick's. Es folgte eine mehrjährige Zusammenarbeit.

Passing Shows hatten allerdings mit der gerade erst entstehenden Musical Comedy noch nichts zu tun, sie waren »bunt zusammengewürfelte Sommerunternehmen vom Typ Extravaganza mit heute längst vergessenen Kompositionen von Sigmund Romberg«[31] – wir werden darauf zurückkommen.

Gershwins Song »Making of a Girl« erschien zugleich als Notenausgabe, seine zweite »sheet music« also.

Etwa zur gleichen Zeit wurde auch sein erstes Instrumentalstück veröffentlicht. Zusammen mit einem anderen Piano Pounder bei Remick's hatte er eine Klavierkomposition im Ragtime-Stil geschrieben, »Rialto Ripples«. Gershwin spielte sie im September 1916 auf Piano Roll ein, im Frühjahr 1917 entschloß sich der gestrenge Remick, das Werk seines Angestellten zu drucken.

Doch diesen interessierte das nicht mehr besonders stark. Wir schreiben März 1917, und Gershwin hatte seine zweite wichtige Entscheidung getroffen. Die erste, wir erinnern uns, betraf das Verlassen der High School und die Annahme des Jobs bei Remick's. Jetzt war ihm der Piano Pounder über geworden, und er kündigte kurzerhand seinen Job. Später meinte er dazu: »Der Lärm des populären Songs begann mir definitiv auf die Nerven zu gehen. Seine Töne begannen mich irgendwie unangenehm zu berühren. Oder vielleicht waren meine Ohren bereits auf neue Harmonien eingestimmt. Jedenfalls war ich inzwischen der unglücklichste Bursche bei Remick's. Etwas trieb mich fort. Wenn ich zurückblicke, so ist ganz klar, daß ich näher bei der Theatermusik sein wollte, bei Sachen, wie sie Jerome Kern schrieb. Also entschloß ich mich, nach mehr als zwei Jahren von Remick's wegzugehen.«[32]

Gershwin verließ – wie es Wolfram Schwinger sehr schön formuliert – »seine im doppelten Sinne enge Kabine bei Remick.«[33] Seine Lehrjahre waren beendet, nun sollten seine musikalischen Gesellenjahre folgen. Doch wo und wie? Als er in das Büro von Verlagsmanager Gumble trat und seine Kündigung bekanntgab, fragte ihn dieser, was er denn nun zu tun gedenke. »Ich weiß es nicht«, war die ebenso einfache wie ehrliche Antwort.

Auf dem Weg zum Broadway

Der aufstrebende Songkomponist

1917–1920

Mit dem Komponieren von Songs war vorerst der Lebensunterhalt nicht zu bestreiten – das hatten die finanziellen Erfahrungen mit den ersten gedruckten Noten deutlich gezeigt. Was konnte George noch? Klavierspielen, und zwar mittlerweile, wie nicht nur er meinte, recht gut. Also sah er sich nach Pianistenjobs um und fand auch bald einen. In einem Vaudeville-Theater der 14th Street suchte man einen »relief pianist«, also einen Mann, der das Publikum unterhielt, während das Orchester Pause machte. George nahm an und durfte auch bald innerhalb der Show einzelne Nummern begleiten. Das endete katastrophal, wie er später berichtete. Er spielte nach lediglich dahingekritzelten Noten, die Seiten waren vertauscht, und während einer Szene gerieten die Akteure und ihr Begleiter hoffnungslos auseinander. Gershwin: »Die Blicke des Komikers haben sich für immer in mein Gedächtnis eingegraben. Er brüllte mich von oben an: ›Wer hat dir eigentlich gesagt, daß du ein Klavierspieler bist?‹ Natürlich bekam er daraufhin einen Riesenlacher, und er setzte noch eins drauf: ›Du solltest besser das Schlagzeug malträtieren!‹ Ich hörte auf zu spielen, stand auf und verließ das Theater. Das war der schlimmste Augenblick meines Lebens.«[34]

Nun war er wieder ohne Job, sieht man von den gelegentlichen Piano Roll-Einspielungen ab. Im September 1917 konnte er kurzzeitig eine Sängerin begleiten, wie aus Iras Tagebuch hervorgeht: »War in Proctors 59th Street Theatre, um Rita Gould zu hören. Ihr Begleiter war kein anderer als George Gershwin, alias George Wynn (wie er sich auf dem Programmzettel nannte – J. S.). Er hatte auch ein Solo, ›Desertation Rag‹, das war aber zu lang und wurde am zweiten Abend durch ›California Sunshine‹ ersetzt.«[35]

Etwa zur gleichen Zeit suchte man für die Ziegfeld-Produktion *Miss 1917* am Century Theatre einen Probenpianisten. Die Musik stammte von keinem Geringeren als Victor Herbert und Jerome Kern, letzterer schon lange von George verehrt. Er bewirbt sich, wird angenommen und beginnt im September den Probenjob. »George arbeitet sehr hart«, notierte Bruder Ira im Tagebuch, »und er kommt in Kontakt mit berühmten Leuten.«[36] Zum ersten Mal ist er nun in eine richtige Broadway-Produktion involviert. »Kern war der erste Komponist«, sagte er später, »der mich bewußt werden ließ, daß die meiste populäre Musik von minderer Qualität war und daß Musical Comedy-Musik aus besserem Material gemacht sein konnte. Ich verfolgte Kerns Arbeit und studierte jeden seiner Songs. Ich leistete ihm das Tribut reiner Imitation, viele Sachen, die ich in dieser Periode schrieb, klangen, als stammten sie von Kern persönlich.«[37]

Während der Proben faszinierte er alle Beteiligten zum ersten Mal mit seiner Gabe, die Melodien am Klavier zu paraphrasieren, kunstvoll zu improvisieren und alle ringsumher in seinen Bann zu ziehen. Dieses Charisma sollte ihn ein Leben lang begleiten. Natürlich spielte er dabei auch seine eigenen Songs.

Miss 1917 wurde kein Erfolg. Das Branchenfachblatt »Variety« schrieb nach der Premiere am 5. November 1917 im New Yorker Century Theatre: »Die Aufführung begann schwach und endete noch schwächer. Diejenigen, die ihre Premierenkarten bezahlt hatten, waren leicht auszumachen. Sie blieben nämlich bis zum Ende.«[38]

Für Gershwin aber sollte die Produktion nicht ohne Folgen bleiben. Eine der Protagonistinnen, Vivienne Segal, war von dem Probenpianisten besonders beeindruckt gewesen. Als man eine Woche nach der Premiere von *Miss 1917* am spielfreien Sonntag mit einer Reihe begleitender Solokonzerte der Hauptdarsteller begann, vermittelte Miss Segal Gershwin als Klavierbegleiter. Bei ihrem eigenen Auftritt am 25. November nahm sie zwei Gershwin-

Max Dreyfus. Der einflußreichste Verleger der Tin Pan Alley nahm Gershwin im Februar 1918 in seinem Verlag T. G. Harms als Komponist unter Vertrag.

Songs in das Programm auf, die er zusammen mit Irving Caesar geschrieben hatte, »You-oo, Just You« und »There's More to the Kiss Than the X-X-X«. Besonders der erste kam so gut an, daß ein anwesender »Späher« von Georges altem Verlag Remick's ihn zur Publikation empfahl (der Druck erschien im Dezember 1917, im Juni 1918 wurde der Song in die Broadway-Show *Hitchy-Koo of 1918* aufgenommen).

Wichtiger aber: Der Manager von *Miss 1917* zeigte sich von Gershwins Songs so beeindruckt, daß er den jungen Komponisten beim wichtigsten Verleger der Tin Pan Alley empfahl, bei Max Dreyfus. Dieser, 1874 in Deutschland geboren, war als Vierzehnjähriger in die USA gekommen und hatte seine Karriere in der Tin Pan Alley 1895 als Piano Pounder und Arrangeur begonnen. 1903 trat er in den damals wenig bedeutenden Verlag T. G. Harms ein, den er einige Jahre später erwarb und innerhalb eines Jahrzehnts zum mächtigen Imperium ausbaute. Es war Dreyfus gewesen, der u. a. den jungen Jerome Kern entdeckt und gefördert hatte.

»Schauen Sie von Zeit zu Zeit bei mir herein und bringen Sie mir neue Songs!« Gershwin in der Tür zum Büro von Max Dreyfus. Aufnahme von Mitte 1918

Man schrieb Dezember 1917, als der gerade neunzehnjährige Gershwin mit einer Mappe voller Kompositionen zum Vorspiel bei Dreyfus erschien. Dieser erkannte sofort das Talent des jungen Mannes und bot ihm einen Vertrag als Komponist bei T. G. Harms an. Gegenstand: das Komponieren von Songs für den Verlag. Gehalt: wöchentlich fünfunddreißig Dollar, im Fall der Publikation pro Song fünfzig Dollar Vorschuß sowie entsprechende Tantiemen vom Verkauf. Keine Pflichten als Piano Pounder oder Song Plugger, Gershwin habe nur »gelegentlich vorbeizuschauen und neue Songs abzuliefern«, wie Dreyfus es formulierte.[39] Auch gegen gelegentliche Betätigung außerhalb des Verlages sei nichts einzuwenden.

Das war ein großzügiger Vertrag, und George unterschrieb überglücklich. Er war nun festangestellter Komponist beim bedeutendsten Verlag der Branche! Als »Dienstantritt« wurde Februar 1918 vereinbart, da George vorher noch eine Tournee als Klavierbegleiter zu absolvieren hatte, die sich schließlich bis in den März hinein ausdehnte. Mit der populären Vaudeville-Sängerin Louise Dresser trat er in New York, Boston, Baltimore und Washington auf (dort war am 4. März 1918 Präsident Woodrow Wilson unter den Zuhörern). Im Programm befanden sich keine eigenen Songs, doch wieder faszinierte der Pianist Gershwin sowohl die Sängerin wie auch das Publikum. Louise Dresser: »Ich wußte, daß George den Song ›My Gal Sal‹ (geschrieben vom Bruder des Schriftstellers Theodore Dreiser – J. S.) nicht mochte, aber, mein Gott, wie spielte er ihn! Bei unseren Auftritten gab es Momente, da vergaß ich beinahe den Text, weil ich genau zuhörte, wie Georgie versuchte, aus der platten Melodie ein schönes Stück Musik zu machen. Ich wäre nicht verwundert gewesen, hätte er eines Tages das Klavier zugeklappt und die Bühne verlassen. Ich hätte ihm das sogar nicht einmal sehr verübelt – doch dieser liebenswerte, schüchterne Bursche hätte so etwas nie getan.«[40]

Im März 1918 folgten weitere Engage-

B. F. Keith's Theatre
WASHINGTON, D. C.

WEEK BEGINNING MARCH 4, 1918

A
FREE PIPE ORGAN RECITAL
Before Every Performance, in the Promenade Lounge
L. E. MANOLY, Organist
THIS WEEK'S NUMBERS:
Ballad—"My Dreams" .... Lee
Overture—"William Tell" .... Rossini

B
B. F. KEITH'S THEATRE ORCHESTRA
C. FRED'K CLARK, Musical Director
OVERTURE AT 2 and 8 O'CLOCK
March—"Spirit of Loyalty" .... Osborn

C
Jack—WILLIAMS—Cora
VERSATILE ENTERTAINERS

D
FRITZ and LUCY BRUCH
'CELLO AND VIOLIN VIRTUOSI
Programme:
1—Duo—Serenade .... Schubert
2—'Cello Solo—Meditation from Thais .... Massenet
3—Violin Solo—Fantasy .... Fritz Bruch
Dedicated to Miss Lucy Bruch
4—Duo—Somewhere A Voice is Calling .... Tate

E
IMHOF, CONN & COREENE
In Their Very Newest Laugh
Entitled
"A PEST HOUSE"
Characters:
Michael Casey, a belated Peddler .... Roger Imhof
Hank Louder, an octogenerian Porter .... Hugh L. Conn
Violet Flower, the landlady's Daughter
Miss Marjorie, a Trained Nurse
.... Marcelle Coreene
SCENE—Interior of Rose's Hotel.

F
LOUISE DRESSER
IN SONG READINGS
George Gerchwin, Accompanist

Programmvorschau des Washingtoner Keith's Theatre für die zweite Märzwoche 1918. Sektion F kündigt einen Liederabend der bekannten Sängerin Louise Dresser an, am Klavier begleitet von George Gershwin. Unter den Zuhörern am 4. März 1918 war auch Präsident Woodrow Wilson.

ments als Probenpianist am Broadway, zunächst für die *Ziegfeld Follies of 1918* und danach für Jerome Kerns *Rock-a-Bye Baby* (mit Louise Dresser in der Hauptrolle). Mit der ersten Tryout-Vorstellung in Boston, am 8. April, war auch dieser Job beendet. Gershwin schrieb weiter Songs (mit Lou Paley und Irving Caesar als Autoren) und wartete darauf, daß irgend etwas mit ihnen geschehen würde. Doch bis jetzt war Dreyfus bei den Theatern nicht erfolgreich gewesen, und von Veröffentlichung war gleichfalls nicht die Rede.

Im März war allerdings bereits etwas »geschehen«, das erst ein reichliches Jahr später, dann allerdings mit der Kraft einer Eruption, Folgen zeigen sollte. Eines Tages saßen die beiden Freunde Gershwin und Caesar wieder einmal beim »Songschmieden« zusammen. Hören wir Caesar: »Zu dieser Zeit war gerade ein One-Step mit dem Titel ›Hindustan‹ sehr populär. Also sagte ich zu George : ›Warum schreiben wir nicht einen amerikanischen One-Step? Los, versuchen wir's.‹ Die Idee kam uns schnell, und in der damaligen Wohnung der Gershwins in der 144th Street entstand ›Swanee‹. Georges Vater hörte den Song als erster, er war gerade beim Kartenspiel mit Freunden ... Das Ganze war reine Inspiration gewesen, wir hatten nicht mehr als etwa 15 Minuten für ›Swanee‹ gebraucht.« [40 a]

Während der Proben für die *Ziegfeld Follies* im New Amsterdam Theatre spielte Gershwin seinen neuen Song, dazu »Come to the Moon«, eben entstanden zusammen mit Lou Paley. Regisseur Ned Wayburn zeigte sich angetan und versprach, beide Stücke in die große Show zur Eröffnung des Capitol Theatre aufzunehmen, das gerade gebaut wurde. Also wieder warten, aber immerhin ...

Im September druckte Dreyfus einen ersten Song von George, den die bekannte Vaudeville-Sängerin Nora Bayes bei einem »Plugging« im Verlag hörte (»Some Wonderful Sort of Someone«). Er gefiel ihr, sie wollte ihn in ihre nächste Show aufnehmen. Als sie dann Gershwin selbst am Klavier erlebte, schlug sie vor, er solle sie doch bei einigen Solo-Songs begleiten, die sie zusätzlich in die Show aufnehmen wolle. Dreyfus hatte nichts einzuwenden.

So begann eine Tournee mit Nora Bayes und ihrer Show *Ladies First*, in die auch der erste Song Eingang fand, den George nach einem Text von Bruder Ira geschrieben hatte, »The Real American Folksong«. Als Textautor erschien im Programm Arthur Frances (die Vornamen der beiden anderen Geschwister), denn, so Ira später: »Ich wollte mich nicht dem Verdacht aussetzen, meinen Weg in das Songgeschäft mittels der Reputation meines Bruders George zu beginnen.«[41] Ira sollte dieses Pseudonym noch für einige Jahre verwenden. Zu dieser Zeit verdiente er gerade sein Geld als Angestellter im türkischen Bad seines Vaters. Seit langem wollte er Schriftsteller werden. Sein Tagebuch gibt Auskunft, wie der spätere meisterliche Songtexter seines Bruders (und nach dessen Tod weiterer Komponisten, u. a. Kurt Weill) damals über seine ersten Versuche dachte, gleichzeitig erhalten wir Einblick in die Werkstatt der Gershwins. Im Juni 1918 heißt es:

»Das Schreiben von Songs für den Verbrauch der Musical Comedies (die ja noch in embryonalem Zustand sind) kann mir eine wichtige Praxis im angewandten Schreiben sein. Vielleicht kann ›Real American Folksong‹ tatsächlich in eine Kategorie aufsteigen, die wir Musical Comedy-Songs nennen wollen. Vielleicht. Anständig und gut und passend und zweifellos schön. Ich begann zunächst mit dem Refrain. Schrieb einen. Verwarf ihn. Schrieb einen anderen. Begann einen dritten. Warf alles in den Papierkorb. Dann endlich, nach verschiedenen sporadischen Anfängen, fand ich Worte, die mir gefielen … Nicht gut, nicht schlecht. Käme ein guter Rag als Musik hinzu, passabel. George gefiel es. So setzten wir uns ans Klavier, und George fing irgendwie an. Etwas klang gut, das hielten wir fest. Es war eine Melodie für die ersten beiden Verszeilen. Dies nun habend, fuhren wir fort, und George entwickelte die ganze Melodie nach legitimen oder illegitimen (wie man will) Regeln des Rag. Bald stand die Musik. Doch unglücklicherweise paßte einiges nicht mit dem Text zusammen, und nach weiteren 20 Versionen, nach Schwitzen, Plackerei und schwerer Arbeit, nachdem ich meinen Text wieder und wieder geändert hatte, war der heroische Kampf beendet.«[42]

Die Tryouts – Testaufführungen einer Show vor ihrer Broadway-Premiere – von *Ladies First* begannen in Trenton, New Jersey, dann ging es weiter nach Pittsburgh. Gershwin hoffte sehr, daß er auf dem Programmzettel nicht nur als Begleiter, sondern auch als Komponist der beiden aufgenommenen Songs erscheinen würde. Ein Brief an den Freund Max Abramson, Cousin der Paleys, gibt seine Stimmungslage wieder: »Wenn die Bayes das tut, so ist es nur recht und billig, und sie wird mir damit einen Dienst erweisen, den ich dringend brauche, um in den ausgewählten Kreis der Komponisten in New York zu gelangen … Diese Show gibt mir Selbstvertrauen und ist Ermutigung … Im Ernst, ich denke daran, selbst eine Show zu schreiben. Einen Versuch dazu werde ich unternehmen, wenn ich wieder in New York bin.«[43]

Bei den Tryouts in Pittsburgh saß eines Abends ein zwölfjähriger Junge im Parkett, selbst eifriger Klavierschüler, der später zum wichtigen Freund und Protagonisten der Musik von George Gershwin werden sollte – Oscar Levant. In seinen Erinnerungen schreibt er: »Im zweiten Akt erschien Nora Bayes dann allein auf der Bühne. Die Handlung der Show war unterbrochen, das Orchester schwieg, nur vom Klavier begleitet brachte sie einige spezielle Songs zu Gehör. Am Instrument saß George Gershwin. Noch nie hatte ich ein derart frisches, lebhaftes, unakademisches, völlig freies und erfindungsreiches Spiel gehört – jedoch in einem ganz bestimmten Rahmen, der ihren Gesang perfekt zur Wirkung brachte.«[44]

Noch während der Tryouts kam es zum Bruch zwischen der Diva und ihrem jungen Begleiter. Sie hatte sich schon mehrfach beklagt, Gershwin würde sie mit seinen gelegentlichen Improvisationen unsicher machen. Als sie gar verlangte, er solle doch den Schluß von »The Real American Folksong« verändern, dieser sei nicht wirkungsvoll genug, weigerte sich Gershwin. Auch die Vorhaltung, wesentlich berühmtere Broadway-Komponisten hätten ihren derartigen Wünschen stets entsprochen, konnte George nicht umstimmen. Als *Ladies First* schließlich Ende Oktober 1918 den Broadway erreichte, war der Bruch endgültig, Nora Bayes sang Gershwins Song nicht mehr, und dieser verließ die Show.

Zurück im Verlag T. G. Harms, machte ihn Max Dreyfus mit einem Mann bekannt, der äußerst enthusiastisch über eine von ihm geplante Broadway-Show sprach. Er hieß Edward B. Perkins, hatte in London eine Revue mit dem Titel *Half Past Eight* gesehen, die dort erfolgreich seit neun Monaten lief, und wollte diesen Erfolg nun am Broadway reproduzieren. Er habe bereits die Sänger und einige Artisten, nun brauche er einen Komponisten für die »amerikanische Version«. Der ansonsten eher bedächtige Dreyfus war beeindruckt, er schloß einen Verlagsvertrag mit Perkins und beauftragte Gershwin mit den nötigen Kompositionsarbeiten. Das ganze sollte ein Durchfall ersten Ranges werden. Gershwin komponierte an die fünf Songs, dann begannen die Proben. Im Vorfeld des ersten Tryouts in Syracuse, N. Y., entfaltete Perkins einen riesigen Presserummel, ließ

Am Schreibtisch im Verlag T. G. Harms. Aufnahme von 1918

Anzeigen drucken, die von einem »neuartigen Musical in zwei Akten« sprachen, von der »größten und besten Jazzband Amerikas« und einem »exzellenten Broadway-Chor«, den man erleben werde. Damit hatte Perkins den Mund viel zu voll genommen, denn nichts davon war auf der Bühne zu sehen. »Variety« titelte seine Besprechung am 11. Dezember lakonisch: »2-Dollar-Show ist nicht einmal die Kriegssteuer wert« (womit der Eintrittspreis ins Verhältnis zu den 40 Cent gesetzt wurde, die man in den USA bis zum Waffenstillstand vom November 1918 monatlich als zusätzliche Steuer zu entrichten hatte).

Wie es bei seiner ersten »eigenen« Show zuging, hat Gershwin später nicht ohne Sarkasmus beschrieben. Perkins zahlte – obwohl die erste Vorstellung sogar von einer Syracuser Organisation gekauft und daher alle Plätze besetzt waren – seinen Akteuren kein Geld aus, wie das normalerweise üblich war. So kam es bei der dritten und letzten Vorstellung dazu, daß einer den Auftritt verweigerte. Gershwin: »In diesem Moment tauchte ich zufällig hinter der Bühne auf, im blauen Anzug und unrasiert. Perkins stürzte auch mich zu: ›Sie müssen sofort auf die Bühne! Einer der Kerle weigert sich aufzutreten, es muß irgendwas passieren, während wir umbauen.‹ Ich sagte: ›Was soll ich denn tun?‹ Er sagte: ›Spielen Sie ein paar von Ihren Hits.‹ Ich antwortete: ›Das würde ich liebend gern tun, nur – ich habe keine Hits.‹ Doch ich ging auf die Bühne und spielte, vor spärlichem und völlig musikungewohntem Publikum, ein Medley meiner damaligen Melodien. Die Leute müssen das als äußerst seltsam empfunden haben. Ich kam zum Ende und ging ab – ohne daß sich auch nur eine Hand gerührt hätte … Es gab einen weiteren Zwischenfall. Angekündigt für die Show war ein Broadway-Chor. Den hatte Perkins aber nicht. So schlug ich, damals im reifen Alter von neunzehneinhalb Jahren, vor, man möge doch im Finale sämtliche Beteiligten in chinesischen Pyjamas auf die Bühne schicken, wobei sie große Schirme drehen sollten, die dem Publikum ihre Gesichter verbargen. Dann würden die Leute sagen: ›Ach, da ist ja der Chor!‹, und sie würden wenigstens die Vorstellung nicht vorzeitig verlassen. Was ich nicht bedacht hatte, war der Umstand, daß Perkins natürlich nur die allerbilligsten Schirme würde besorgen lassen. Und so geschah es, daß sich drei von ihnen nicht öffneten, was dem Publikum natürlich jegliche Illusion von einem Broadway-Chor nahm, als es dahinter bereits bekannte Gesichter erblickte.

Ich brachte irgendwie das Geld für die Rückfahrt nach New York zusammen, während die Show am Freitagabend abgesetzt wurde. Das war für mich eine lehrreiche Erfahrung. Aber dennoch – es war schon etwas, auf den Plakaten zu lesen: ›Musik von George Gershwin‹.«[45]

Im Herbst 1918 war der verehrte Lehrer Charles Hambitzer früh verstorben. Gershwin hatte den Unterricht bei ihm bis zum Sommer wahrgenommen, pianistisch, so schien ihm, konnte er jetzt nichts mehr dazulernen. Doch nach richtiger Komponistenausbildung strebte er, Harmonielehre, Kontrapunkt etc. Auf Anraten von Max Dreyfus nahm George ab Ende 1918 für einige Monate Unterricht bei dem Dirigenten Artur Bodanzky, nicht sehr befriedigend, wie wir annehmen dürfen, denn bereits im Sommer 1919 sah er sich nach einem neuen Lehrer um, den er schließlich in Edward Kilenyi finden sollte, einem aus Ungarn stammenden Dirigenten und Komponisten. Von August 1919 bis September 1921 nahm er bei diesem regelmäßig Stunden, und auch in den späteren Jahren folgten weitere Lehrer, da George seine nicht vorhandene systematische Ausbildung, seine theoretischen wie kompositionspraktischen Lücken stets nur zu bewußt waren. Schon im Herbst 1919 entstand als Ergebnis der Studien bei Kilenyi der Streichquartettsatz *Lullaby*, der erst postum 1967 durch das Juillard String Quartett uraufgeführt wurde.

Doch zurück zur Jahreswende 1918/19. Zu Georges frühen musikalischen Erfahrungen im »Schmelztiegel« New York kam nun eine weitere hinzu: Immer häufiger besuchte er jetzt Harlem, die »Negerstadt«, und studierte die Musik ihrer Einwohner, die großen Eindruck auf ihn machte. Im »Clef Club«, Zentrum der Musikszene von Harlem, begegnete er dem Komponisten und Bandleader James Reese Europe, er traf die wichtigsten Vertreter des »schwarzen« Ragtime jener Jahre, und er befreundete sich mit dem Komponisten und Arrangeur Will Vodery, der wenige Jahre später sein Mitarbeiter werden sollte. Hier in Harlem lernte er die Musik der amerikanischen Neger aus erster Hand kennen.

Sein Wunsch, endlich wirklich für den Broadway zu komponieren, erhielt neue Nahrung, als er im Frühjahr 1919 zu Max Dreyfus gerufen wurde und dort Irving Berlin vorfand, dessen Songs ihm ebenso wie die von Jerome Kern Vorbild waren. Berlin hatte zu Ehren der russischen Revolution einen »Revolutionary Rag« komponiert, den er in ordentliche Klaviernotation gebracht und bei Harms verlegt haben wollte. Gershwin war im Hause und wurde gerufen, um das Stück zunächst einmal in Berlins Rohfassung durchzuspielen. Irving Berlin: »Dreyfus zauberte diesen Knaben herbei. Er spielte. Ich konnte meine eigene Melodie kaum erkennen – aber es war brillant.« Dann stellte der »Knabe« einige seiner eigenen Songs vor und fragte den berühmten Kollegen, ob er nicht für ihn arbeiten könne, vielleicht als eine Art musikalischer Sekretär. Darauf antwortete Irving Berlin: »Warum für einen anderen arbeiten, wenn man selbst solche Sachen kann. Junge, bleib dabei und komponiere deine eigenen Songs!«[46]

Berlin und Gershwin blieben einander freundschaftlich verbunden, später schrieb George: »Irving Berlin war der erste, der den amerikanischen Song von seiner abscheulichen Sentimentalität befreite; ihm verdanken wir die ersten Keime eines wirklich amerikanischen musikalischen Idioms.«[47]

Im März 1919 schrieb die Zeitschrift: »American« einen Wettbewerb zur Schaffung einer neuen amerikanischen Nationalhymne aus. Erster Preis: 5000 Dollar. Gershwin beteiligte sich mit dem Song »O Land of Mine, America« (nach dem Text seines Verlagskollegen Michael O. Rourke). Er wurde in der Zeitschrift abgedruckt,

erhielt aber keinen Preis. (Und auch der Gewinner vermochte »The Star-Spangled Banner« nicht den Rang abzulaufen.)
Und dann »geschah« tatsächlich etwas. Hören wir Gershwin: »Jede Karriere braucht einen glücklichen Umstand für ihren Start. Mein glücklicher Umstand kam 1919, als man mich mit Alex Aarons zusammenbrachte, einem netten jungen Mann, der einiges Geld mit dem Verkauf von eleganter Kleidung verdient hatte und dies jetzt in die Produktion einer Show investieren wollte. Ich war zu dieser Zeit zwanzig Jahre alt, und der Songtexter Arthur Jackson brachte uns zusammen. Nachdem Aarons einige meiner Melodien gehört hatte, engagierte er mich als Komponisten für seine erste Show *La-La-Lucille!* Das war äußerst mutig von ihm, denn ich war damals noch sehr unerfahren und hatte noch keine einzige vollständige Partitur geschrieben.«[48]

Doch Aarons war instinktiv von Gershwin überzeugt, dessen wichtigster Produzent er bis zum Jahre 1933 bleiben sollte. In seinen Erinnerungen hat Ira Gershwin Aarons' Begeisterung beschrieben: »Alex lief mit wenigstens zwanzig Melodien von George im Kopf herum, die dieser ihm vorgespielt hatte, für die aber noch keine

Gershwins erste eigene Broadway-Show war 1919 *La-La-Lucille!* Szenenfoto der Aufführung mit der Hauptdarstellerin Marjorie Bentley

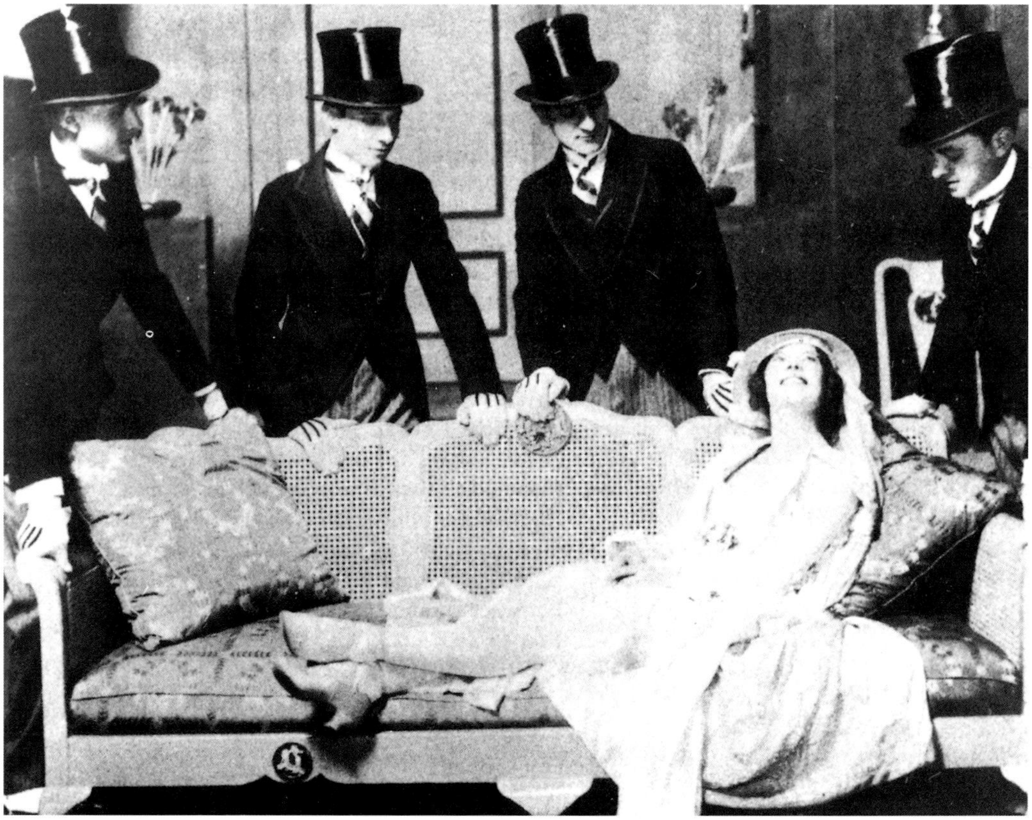

Texte existierten. Also konnte er sie auch nicht beim Titel nennen. Doch er wußte sich auszudrücken, wenn er sie immer und immer wieder hören wollte. Dann sagte er zu George, indem er summte: ›Spiel mir die, die so geht.‹ Oder: ›Bitte die, die nach Zwiebel schmeckt.‹ Oder: ›Weißt du, die, die mich an die Staten Island-Fähre erinnert.‹ Und so weiter.«[49]

Arthur Jackson brachte einen zweiten, bereits erfahrenen Songtexter ins Team, B. G. (»Buddy«) DeSilva, mit dem Gershwin künftig eng zusammenarbeiten sollte. Zu dritt schufen sie nun die musikalischen Nummern für *La-La-Lucille!* In die Produktion fügte Gershwin auch zwei bereits vorhandene Songs ein, eine später häufig geübte Praxis, da er stets darauf bedacht war, seine sämtlichen Produkte zu gegebener Zeit auch zu »verarbeiten«. Wie bei allen diesen frühen Broadway-Produktionen – wir werden darauf zurückkommen – war das Buch ziemlich läppisch. Die Handlung drehte sich um Liebeslust und Liebesleid eines New Yorker Zahnarztes namens Smith, dessen Tante ihm zwei Millionen Dollar vererbt unter der Bedingung, daß er sich von seiner geliebten, von der Tante aber gehaßten Frau Lucille scheiden läßt. Natürlich wird von den beiden eine Geschichte inszeniert, die sowohl die Bestimmungen des Testaments erfüllt als auch am Schluß ihre Verbindung aufrechterhält.

Mit den beiden älteren umfaßte die Partitur insgesamt zwölf Songs von Gershwin sowie verschiedene verbindende Musiken. Sie entsprach noch ganz dem Standard von 1919. Die Tryouts von *La-La-Lucille!* begannen am 12. April in Boston. Der junge Kritiker J. B. Atkinson (schon bald darauf als Brooks Atkinson einflußreicher Theaterkritiker der »New York Times«) schrieb tags darauf im »Boston Transcript« zur Musik, sie sei »lebhaft und voller überraschender Details, harmonisch sehr befriedigend.« Auch die New Yorker Premiere am 26. Mai im Henry Miller Theatre wurde ein Erfolg, die Aufführung lief einhundertviermal, ehe sie Ende August wegen eines Streiks abgesetzt werden mußte. Die Kritik lobte und nannte *La-La-Lucille!* »bei weitem die beste der heutigen Musical Comedies.«[50] Zur Musik meinte ein Blatt: »Die Songs eines neuen jungen Komponisten, George Gershwin, sind sehr melodiös, wenn auch in gewisser Beziehung negativ, da sie die Handlung aufhalten.«[51] Als ob es in dieser Handlung etwas »aufzuhalten« gab!

Max Dreyfus jedenfalls zeigte sich beeindruckt vom Erfolg seines jungen Komponisten und druckte sieben der Songs aus dem Stück als »sheet music«.

Im Oktober 1919 stand nunmehr die Eröffnung des Capitol Theatre, des neuesten und größten Kinopalastes der Stadt, mit einer großen Bühnenschau bevor. Wir erinnern uns: Regisseur Ned Wayburn hatte vor anderthalb Jahren versprochen, zwei Songs von Gershwin in diese Show zu integrieren, »Swanee« (Text: Irving Caesar) und »Come to the Moon« (Text: Lou Paley). Dies geschah nun. Als die *Capitol Revue* am 24. Oktober über die Bühne ging, erklang zunächst »Swanee« (dazu erschien ein riesiges Ballett mit kleinen elektrischen Lämpchen an den Schuh-

Gershwins erster Hit: Das Branchenblatt »Variety« feierte am 20. Februar 1920 auf der Titelseite *Swanee* als den »größten Song von Al Jolson«.

spitzen), und dann auch »Come to the Moon«. T. G. Harms hatte beide Songs gedruckt, sie lagen zum Verkauf bereit. Doch seltsam: Es stellte sich kein großer Erfolg ein, weder während der Show noch danach am Verkaufstisch.

Gershwin wollte das ganze bereits als neuen Flop abbuchen, da geschah das Wunder. Zusammen mit Buddy DeSilva besuchte er eines Abends eine Party für den bereits damals legendären Entertainer Al Jolson (der bei Anbruch der Tonfilmära 1927/28 mit den beiden Streifen *The Jazz Singer* und *The Singing Fool* weltberühmt werden sollte). Jolson war bereits seit einem Jahr mit seiner erfolgreichen Show *Sindbad* auf Tournee gewesen und machte gerade in New York Station. Natürlich setzte sich Gershwin im Verlauf der Party ans Klavier und spielte u. a. »Swanee«.

Gershwin und Al Jolson zur Zeit der ersten Erfolgswelle von *Swanee*, Frühjahr 1920

Jolson, mit dem sicheren Gespür des Routiniers, war elektrisiert und entschied augenblicklich, den Song in seine laufende Show im Winter Garden aufzunehmen. Im Januar 1920 ließ er eine Schallplattenaufnahme folgen. Der Erfolg war überwältigend. Das etwas sentimentale Lied mit »dem Schwung seiner Melodie, dem überraschenden Tonartwechsel zwischen Vers und Refrain, dem Humor sowie seinem Mutterbezug im Text« (Jablonski) wurde innerhalb weniger Wochen zum Hit. »Variety« verkündete mit riesigen Lettern auf der Titelseite: **Al Jolsons größter Song**, auf der Rückseite war zu lesen: **Der Hit der Hits**. Noten und Schallplatten verkauften sich zu vielen Zehntausenden, erstmals verdienten die beiden Autoren Gershwin und Caesar richtig Geld mit einem Song (Gershwin an die 10 000 Dollar im ersten Jahr, damals eine sehr große Summe).

»Die ›Swanee‹-Explosion fand statt, als Gershwin bereits über solide Erfahrungen im Musikgeschäft und auch im musikalischen Theater verfügte. Sie versetzte ihn nun in die Lage, unter den Angeboten auszuwählen; sie machte seinen Namen bedeutend genug in der Branche, so daß nun auch Produzenten, an deren Namen zu denken er bisher nicht gewagt hätte, an ihn herantraten. Mit Dreyfus als fester Rückendeckung war Gershwin nun bereit für den Broadway. ›Swanee‹, sein lautester Tin-Pan-Alley-Song, sollte ihn aus der Alley herausführen.«[52].

Broadway I: Erste Erfolge und neue Wege

Von den *George White's Scandals* zu *Lady, Be Good!*

1920–1924

Heute gilt das Zauberwort »Broadway« längst auch als Synonym für jenes typisch amerikanische Genre musikalischen Theaters, das in den USA Musical Play, hierzulande kurz Musical genannt wird und mit dem wir heute so reife Werke wie Bernsteins *West Side Story*, Lerner/Loewes *My Fair Lady* oder Kander/Ebbs *Cabaret* verbinden.

Zu den Wegbereitern und ersten Meistern des Genres gehörten George und Ira Gershwin. Sie begannen ihre Arbeit für den Broadway in der »Vorzeit« des Musicals. Zum Verständnis der Situation, in die sie ihre Werke »hineinschrieben«, sei hier im groben Raster die Entwicklung skizziert.

»Das amerikanische Musiktheater hat keine Tradition, aber es hat eine wild bewegte und aufregende Vorzeit«, schreibt Joachim Sonderhoff.[53] 1844 wurde in New York »Palmo's Opera House« (mit einem französischen Ballettgastspiel), 1883 das »Metropolitan Opera House« (mit Gounods *Faust*, französisch gesungen) eröffnet – bis in die dreißiger Jahre unseres Jahrhunderts gab es praktisch keine amerikanische Oper, beschränkte sich der Betrieb der großen Häuser auf die Reproduktion europäischer Werke und Aufführungsstile.

Von der Oper also gingen keine Einflüsse auf die Entwicklung einer amerikanischen Form von Musiktheater aus. Deren Quellen und Ursprünge sind vielmehr im Unterhaltungsbetrieb des 19. Jahrhunderts zu suchen. Er wurde bestimmt von der »Burlesque«, dem »Vaudeville« (manchmal auch »Variety« genannt) und der »Extravaganza« – allesamt Mischformen, in denen sich derber Humor, Tanzdarbietungen, Zirkus- und Varietéelemente mit Gesang vereinten. Ein erster Serienerfolg war 1866 *The Black Crook*, ein »unglaublich lächerliches musikalisches Melodram«.[54] Zur gleichen Zeit feierte auch die um 1850 entstandene »Minstrel Show« ihre ersten Triumphe. Ihre Beliebtheit hielt bis über die Jahrhundertwende an, ihr Prinzip bestand darin, daß sich weiße Akteure als Neger präsentierten (denen die Bühne noch versperrt war), die Gesichter schwarz gefärbt, mit dick geschminkten Lippen und Perücken – und solchermaßen ihre Witze, Sketchs sowie Gesangs- und Tanznummern aufführten. Da all dies ungeheuer primitiv vonstatten ging, geriet die »Minstrel Show« zur Diskriminierung der Neger schlechthin.

Das erste Jahrzehnt des 20. Jahrhunderts konstituierte neue Formen. Aus Europa eingewanderte Komponisten (der Ire Victor Herbert, der Tscheche Rudolf Friml) entwickelten mit der »Light Opera« eine amerikanische Version der Operette. George M. Cohan kreierte 1904 mit *Little Johnny Jones* die »Musical Comedy«, und Florenz Ziegfeld schuf mit seinen ab 1907 jährlich produzierten »Follies« jene Form der amerikanischen Revue, die ihre Höhepunkte in den zwanziger Jahren erleben sollte.

All diese Arten musikalischer Unterhaltung – obwohl die Stars ihnen großen Zulauf sicherten, von dem Komiker W. C. Fields über den Sänger Al Jolson bis zu dem jungen singenden und tanzenden Paar Fred und Adele Astaire – hatten zwei entscheidende Mängel: Sie bestanden aus lose aneinandergereihten Einzelnummern, es fehlte ihnen eine durchgehende Handlung, ein literarisch ausgearbeitetes Buch; gleichermaßen zusammengewürfelt waren die musikalischen Nummern (in der Hauptsache Songs), die oft von mehreren Komponisten stammten und entsprechend dem Repertoire bzw. den Neigungen der Hauptdarsteller und Produzenten ausgesucht wurden.

Das traf auch auf die frühen Musical Comedies zu, die sich nur durch eine sehr lose, oftmals läppische Handlung partiell von den populären Revuetypen unterschieden. Brooks Atkinson schreibt über die Entwicklung von 1910 bis zur Mitte der zwanziger Jahre: »So stagnierte die damals übliche ›musical show‹ länger als ein Jahrzehnt.«[55] Innovationen fanden hingegen bei den verwendeten Songs statt, vor allem durch die beiden Komponisten Jerome Kern und Irving Berlin, die das Schlager- und Operettenmuster durchbrachen, den Songs erstmals ein amerikanisches Idiom gaben und – wichtiger noch – ihnen erstmals eine dramaturgische Funktion einräumten. Kern 1917: »Es ist meine feste Überzeugung, daß die musikalischen Nummern die Handlung eines Stückes tragen, die singenden Personen charakterisieren sollten. Songs müssen zur Handlung und Stimmung eines Stückes passen.«[56]

Musical Comedies wie Kerns *The Girl from Utah* (1914), *Oh, Boy!* (1917) oder *Sally* (1920); wie Berlins *Stop! Look! Listen!* (1915), *The Century Girl* (1916) oder *The Canary* (1918) präsentierten diesen neuen Songtyp – sie beeinflußten die nächste Generation der Broadway-Komponisten wie George Gershwin, Richard Rodgers und andere. Noch immer aber haperte es mit der Handlung, mit wirklich theatergerechten Libretti.

George und Ira Gershwin sollten 1924 mit *Lady, Be Good!* einen Höhepunkt der Musical Comedy markieren. Und sie sollten maßgeblich daran beteiligt sein, daß das Genre Ende der zwanziger Jahre endgültig »erwachsen« wurde und von nun an als Musical Play einen wirklichen Beitrag Amerikas zum musikalischen Welttheater darstellte.

Auf der Erfolgswelle von »Swanee« dahingleitend, meldete sich Gershwin eines Tages im Frühjahr 1920 bei dem Produzenten George White, der 1919 beschlossen hatte, den jährlichen *Follies* des mächtigen Florenz Ziegfeld eine Konkurrenz entgegenzusetzen, die *George White's Scandals of 1919*. Das Unternehmen war erfolgreich gewesen, so daß White gleichfalls die jährliche Fortsetzung ins Auge faßte. Gershwin kannte ihn von der Produktion *Miss 1917* her und fragte nun, ob er nicht die Musik für die *Scandals of 1920* schreiben könne. White verpflichtete ihn als Komponisten – der Erfolg sollte ihm recht geben, der Vertrag wurde verlängert, bis 1924 sollte George nun die jährlichen *Scandals* musikalisch gestalten, was ihm erstmals eine wichtige Stellung am Broadway einbrachte. Freilich waren auch die *Scandals* zunächst nichts anderes als gängige Revuen, doch sie wurden von Fachwelt wie Kritik beachtet, und der Komponist konnte auch manchmal experimentieren, wie wir 1922 sehen werden. Insgesamt aber waren seine Songs (immerhin wurden bis 1924 nicht weniger als 34 gedruckt) dem Revuecharakter angepaßt, nur wenige überlebten ihren Anlaß. »Gershwins Verbindung mit White war wichtig nicht wegen der Songs, die er für ihn schrieb, sondern weil er dadurch sicher sein konnte, daß sein Name über fünf Jahre am Broadway leuchtete«, schreibt Edward Jablonski.[57] Die Tatsache, daß er nun endgültig aufgenommen war in den erlauchten Zirkel, fand im Dezember 1920 ihren formellen Ausdruck: Gershwin wurde zum Mitglied der einflußreichen ASCAP (American Society of Composers, Authors and Publishers) gewählt, der Spitzenorganisation für die Musikbranche.

Die *George White's Scandals of 1920* hatten am 7. Juni 1920 im Globe Theatre

Von 1920 bis 1924 komponierte Gershwin die Musik für die jährlichen Revueserien der *George White's Scandals.* Einzelausgabe eines Songs von 1920 im Verlag Harms

Einzelausgabe eines frühen Songs von George und Ira Gershwin (der noch unter dem Pseudonym Arthur Frances schrieb), eingefügt in die Broadway-Show *The Sweetheart Shop*, 1920

Premiere, die Revue lief danach einhundertvierunddreißigmal, durchaus ein mittlerer Erfolg. Gershwin hatte die Songs nach Texten von Arthur Jackson geschrieben. Auch eine bereits erprobte Praxis wurde in diesem Jahr fortgesetzt, der Versuch, Songs in anderen Produktionen unterzubringen. Das gelang 1920 dreimal, auch mit einem Song, zu dem Bruder Ira den Text geliefert hatte (»Waiting for the Sun« in *The Sweetheart Shop*, Premiere am 31. August).

Dann sollte wieder ein Flop folgen. Der Produzent von *Sweetheart Shop* verpflichtete George und Ira für seine nächste Produktion *A Dangerous Maid*, eine Musical Comedy nach einem gerade erfolgreichen Unterhaltungsroman. Zum ersten Mal schrieben die Brüder nun sämtliche Songs für eine Theaterproduktion. Doch offenbar war das Publikum an manchen Stellen von Iras Ambitionen überfordert (der Text des Songs »Boy Wanted« z. B. enthielt Anspielungen auf Nietzsche und Freud), da an die gängige platte Unterhaltung gewöhnt. *A Dangerous Maid* jedenfalls fiel bei den Tryouts in Atlantic City und Pittsburgh durch und erreichte den Broadway nicht.

Am 11. Juli folgte im Liberty Theatre die Premiere der *George White's Scandals of 1921*, mit einer Laufzeit von über drei Monaten erneut erfolgreich. Wie 1920 hatte Gershwin die Songs zusammen mit Textautor Arthur Jackson geschrieben. Mittlerweile hatte George ein Notizbuch angelegt, in dem er alle musikalischen Augenblickseinfälle festhielt, um sie bei späterer Gelegenheit weiter auszuarbeiten. Und er war weiter bestrebt, sich theoretisches Rüstzeug anzueignen. So besuchte er im August die musikalischen Sommerkurse der Columbia University, wo der Komponist Rosseter G. Cole »Musikalische Romantik des 19. Jahrhunderts« und »Grundzüge der Orchestrierung« unterrichtete.

Die meiste Zeit als Komponist verbrachte Gershwin am Klavier, dort flogen ihm die Ideen zu, dort pflegte er zu sitzen und zu improvisieren, wann immer es ging. Die sechs Gershwins wohnten zu dieser Zeit in der 110th Street. Wie George dort musikalisch arbeitete, hat später der Librettist S. N. Behrman geschildert: »Ich lernte ihn bei seiner Familie kennen. Für mich, der ich selbst beim Schreiben einer Postkarte gezwungen bin, sämtliche Türen zu schließen und das Telefon abzustellen, der ich absolute Stille brauche, war es ein andauerndes Wunder, daß Gershwin im einzigen Wohnzimmer arbeiten konnte, während andere Familienmitglieder sowie zahlreiche Verwandte und Besucher kamen und gingen, herumsaßen, sich auf das Klavier lehnten, redeten und Geschichten erzählten. Ich habe ihn in dieser Umgebung ernsthaft komponieren sehen. Nur manchmal murmelte er etwas von nötiger Abgeschiedenheit. Wenn er dort am Klavier saß und zu spielen begann, spürte ich augenblicklich die Neuheit der Musik, seinen Humor, und vor allem die enorme Vitalität, die von ihm ausging. Der Raum bekam quasi frischen Sauerstoff; jeder fühlte ihn, jeder konnte ihn atmen.«[58]

Gershwin war jetzt 23 Jahre alt, ein sehr gut aussehender junger Mann, der, obwohl oft unrasiert erscheinend, nun zunehmend die Aufmerksamkeit der Frauen auf sich zog, die er – aufgehender Stern des Broadway – auf zahlreichen Partys und Gesellschaften kennenlernte. Auch dort pflegte er unweigerlich auf das im Raum stehende Klavier zuzusteuern, zu improvisieren und seine neuesten Songs vorzustellen. Das war der wichtigste Teil seines Lebens. Als ihm seine Mutter einmal den Rat gab, doch auf den Partys nicht so oft und so lange Klavier zu spielen, war die entwaffnende Antwort: »Mum, das Problem ist: Wenn ich nicht spiele, dann fühle ich mich einfach nicht wohl!«[59]

Neben zahlreichen offiziellen Einladungen, die er nun erhielt, neben dem Haus von Emily und Lou Paley, das er weiterhin regelmäßig besuchte (jetzt auch häufig mit Bruder Ira, der 1926 die Schwester der Gastgeberin, Leonore, heiraten sollte), wurde eine weitere Bekanntschaft rasch zum Mittelpunkt seines »social life«: das Apartment von Jules Glaenzer in der Park Avenue. Dieser war Repräsentant des Pariser Juwelenimperiums Cartier's in New York und bat regelmäßig die Prominenz der Stadt zu sich, zu der nun auch George Gershwin gehörte – und zwar häufig als Mittelpunkt der Party, wenn er sich nämlich unweigerlich ans Klavier setzte und alle Anwesenden mit seinem Charisma verzauberte. Und auf diesen Partys ergaben sich oft auch Gelegenheiten für den Komponisten Gershwin. Von einer solchen hat er später erzählt:

»Eines Tages war ich gerade im Büro meines Verlegers Max Dreyfus, als Buddy DeSilva hereinschneite. Er sagte mehr im Scherz zu mir: ›George , laß uns doch einen Hit schreiben!‹ Ich antwortete: ›O. k.!‹, setzte mich ans Klavier und begann ein Thema zu spielen, das mir gerade einfiel. Buddy hörte kurze Zeit zu und sagte: ›Oh, mach das noch einmal.‹ Damit hatte er gleichzeitig den Titel für den Song gefunden: ›Do It Again.‹ Kurze Zeit darauf gab mein Freund Jules Glaenzer, einer der berühmtesten Gastgeber auf zwei Kontinenten, eine seiner üblichen Partys. Man höre, wer alles da war: Paul Whiteman (ein Bandleader, der wenige Jahre später eine entscheidende Rolle in Gershwins Laufbahn spielen sollte – J. S.), John McCormack (ein berühmter Tenor), Charlie Chaplin, Georges Carpentier, ein französischer Boxer, der gerade für seinen bevorstehenden Kampf gegen Jack Dempsey trainierte – und (aus der Broadwayszene –

J. S.) die Duncan-Sisters, Nora Bayes, Zez Confrey, Fred und Adele Astaire, Alex Aarons, Marilyn Miller, Noël Coward, Vincent Youmans, Florenz Ziegfeld und Irene Bordoni. Also eine typische Glaenzer-Party. Ich spielte meinen neuesten Song ›Do It Again‹, worauf Irene Bordoni aufgeregt durch den ganzen Raum zu mir gelaufen kam und rief: ›Diesen Song muß ich haben!‹ Selbstredend bekam Irene, was sie wollte, und sie sang den Song in einer Show mit dem Titel *The French Doll*.«[60]

Die Produktion hatte am 20. Januar 1922 Premiere, und »Do It Again« wurde zum ersten Gershwin-Erfolg dieses Jahres. Am gleichen Abend öffnete sich der Vorhang für die Musical Comedy *For Goodness Sake*, in die drei Songs von George und Ira Eingang fanden. Die übrige Musik stammte von William Daly, mit dem Gershwin im Umkreis der Produktion bekannt wurde. Zwischen beiden entstand eine enge Arbeitsfreundschaft, Daly, der auch dirigierte, sollte später die musikalische Leitung mehrerer Gershwin-Musicals und -Konzerte übernehmen.

Dann begann die Arbeit für die *Scandals of 1922*, aus zwei Gründen bemerkenswert. Zum einen entstand dafür der erste große Song-Hit, den George und Ira gemeinsam schrieben (»Stairway To Paradise«), zum anderen, wichtiger noch, konnte George den Produzenten davon überzeugen, in die Revue etwas Neues und absolut Ungewöhnliches zu integrieren – einen Opern-Einakter, noch dazu einen, der im Milieu von Harlem spielte.

Das nun paßte genau zu der gerade in New York ausgebrochenen Entdeckung der »black culture«, einer »Harlem Renaissance«, in der nicht nur der gerade gefeierte Jazz (oder was man dafür hielt) en vogue war, sondern auch bildende Kunst und Literatur von Schwarzen. Gemeinsam mit Buddy DeSilva begann Gershwin die Arbeit an dem ambitionierten Projekt mit dem Titel *Blue Monday*. Innerhalb von nur fünf Tagen entstand die etwa halbstündige Komposition, sein Freund Will Vodery aus Harlem übernahm die Orchestrierung (was sich Gershwin zu dieser Zeit noch nicht zutraute).

Blue Monday spielt in einem düsteren Souterrain-Café von Harlem, nahe der 135th Street, und erzählt eine (ziemlich knapp skizzierte und kaum sozial motivierte) Dreiecksgeschichte. Joe und Tom sind Rivalen in der Liebe zu dem Mädchen Vi. Als Joe zu einem Besuch seiner Mutter fährt (dies aber nicht sagt, um in der rauhen Umgebung nicht der Sentimentalität geziehen zu werden), schürt Tom bei Vi die Eifersucht und erklärt, Joe sei bei einer anderen. Als dieser einige Tage später ins Café zurückkommt, wird er von Vi in einer großen Eifersuchtsszene erschossen. Kurz darauf erfährt sie die Wahrheit und bricht zusammen.

Gershwins Partitur enthält bereits ausdrucksvolle melodische Einfälle, Arien im klagenden Blues-Stil, auch ein Spiritual des sterbenden Joe. Doch echte musikdramatische Erfahrung hatte er natürlich 1922 noch nicht, so daß das Werk in seiner etwas holprigen Verbindung von Arien und Rezitativen unorganisch wirkt. Nicht zu übersehen aber ist schon zu diesem Zeitpunkt das tiefe Eindringen in das

Porträtaufnahme von 1923

ursprüngliche Idiom der »schwarzen« Musik.

Und das Publikum, gekommen, eine der gängigen Revuen zu sehen, war natürlich mit einer derartigen »Unterbrechung« restlos überfordert. *Blue Monday* lief in der Premiere der *George White's Scandals of 1922* am 28. August, am nächsten Tag entfernte Produzent White den Einakter aus der Show.

Der Großteil der Kritiker reagierte verständnislos. So hieß es etwa in der »World« vom 29. August.: »Der kläglichste, dümmste und unglaublichste Nigger-Sketch, der wahrscheinlich jemals verbrochen wurde.« Das war sicher zu Teilen auch ein rassistisches Verdikt, doch das Gros aller Rezensionen war eindeutig negativ. Nur ein Kritiker aus New Haven – später oft von Gershwin zitiert – erkannte offenbar das Neue, das an diesem Abend über die Bühne gegangen war: »White und sein Team haben uns die erste wirkliche amerikanische Oper gegeben, einen Einakter mit dem Titel *Blue Monday*. Hier finden wir endlich eine Handlung aus dem amerikanischen Leben, auf populäre Weise in Musik gesetzt, jeweils zum richtigen Moment Jazz, sentimentalen Song, Blues verwendend und neue, freie Rezitative im Ragtime-Stil. Gewiß, manches war noch unreif, doch insgesamt sehen wir das erste Aufschimmern einer neuen amerikanischen Art von musikalischer Kunst.« Und dann folgte ein Schlußsatz, der den Komponisten vielleicht über die Absetzung des Einakters hinwegtröstete: »Diese Oper wird noch in hundert Jahren imitiert werden.«[61]

Orchesterleiter Paul Whiteman – seine Band begleitete die diesjährigen *Scandals* – war von Gershwins Opernerstling sehr angetan, ungeachtet des Mißerfolgs. Er sollte Gershwins Einakter später (mit dem neuen Titel *135th Street* und einer neuen Orchestration) 1925 und 1936 zweimal konzertant aufführen. Danach geriet das Werk in den Schatten von *Porgy and Bess* und erlebte, fast zwei Jahrzehnte in Vergessenheit, erst 1953 ein Revival im Fernsehen.

Wesentlich größeren Erfolg in der Produktion von 1922 hatte der Song »Stairway to Paradise« – Treppe ins Paradies – von George und Ira (der immer noch unter dem Pseudonym Arthur Frances schrieb). Hören wir den Komponisten: »Unser Song trug den Untertitel ›Mit einer neuen Stufe jeden Tag‹. Und wenn du das Wort Stufe verwendest, so bedeutet dies, daß dir der Produzent genau das gibt – Stufen. Mr. White, Mr. Ziegfeld, Mr. Wayburn – alle lieben sie Stufen. Und zu Recht: Ist das doch die einzige Möglichkeit, ein ganzes Ballett, einen ganzen Chor auf einmal sichtbar zu machen. ›Stairway‹ wurde in der Revue vom Orchester Paul Whiteman gespielt. Ich werde nie vergessen, wie ich Whiteman zum ersten Mal mit unserem Song hörte. Paul brachte ihn mit einer Verve zum Leben, die mich fast überwältigte. Eigentlich sollte ein anderer Song, ›I Found a Four Leaf Clover‹, den Höhepunkt der Show markieren. Aber es gab kein Halten für ›Stairway to Paradise‹, nachdem Whitemans Bläser sich seiner angenommen hatten. Zwei große gewundene Treppen umgaben das auf der Bühne spielende Orchester, die hoch ins Paradies führten, oder, besser, zum Schnürboden. Mr. White hatte fünfzig seiner schönsten Girls in schwarzes Leder gekleidet, das die Strahlen der Scheinwerfer perfekt reflektierte. Sie tanzten auf den Treppen, brauchten sich aber nicht sehr anzustrengen, denn Pauls Mannen allein brachten das Auditorium in Bewegung.«[62]

Reichlich anderthalb Jahre später sollte Whiteman Gershwin über Nacht weltberühmt machen, wir kommen darauf zurück.

Es folgte im Herbst 1922 gemeinsame Arbeit mit William Daly an einer neuen Produktion, die allerdings kein Erfolg werden sollte. Und das lag wieder einmal am Buch, an einer dümmlich-burlesken Story, die auf dem Lande spielte und die Städter zu verspotten versuchte. Da konnten auch Gershwins und Dalys Songs nichts retten. *Our Nell* hatte am 4. Dezember Premiere und kam nur auf knapp vierzig Vorstellungen.

Doch das kümmerte den Komponisten wenig. Hatte er doch eben einen Revue-Auftrag aus London erhalten und bereitete sich auf seine erste Auslandsreise vor. Ende Februar 1923 bestieg er das Schiff, und bereits bei der Ankunft in Southampton wurde klar, warum man den gerade Vierundzwanzigjährigen beauftragt und über den großen Teich geholt hatte. »Eine lustige Sache ereignete sich gestern«, berichtete er Bruder Ira in einem Brief am nächsten Tag, »die mich riesig freute und schon bei der Ankunft sehr glücklich machte. Das Schiff hatte in Southampton angelegt, und alle Passagiere standen mit ihren Pässen und Landekarten in der Reihe. Als ich einem der Männer am Tisch meinen Paß reichte, studierte er ihn, blickte auf und fragte: ›George Gershwin, der Komponist von *Swanee*?‹ Das haute mich für einen Moment um. Weißt du, es kam so unerwartet. Natürlich bestätigte ich, der Komponist zu sein, und dann fragte er, was ich jetzt schreiben würde etc. etc. Kann es eine schönere Ankunft geben?«[63] In der Tat war »Swanee« seit vielen Monaten in England populär, »London hörte nicht auf, danach zu tanzen«, wie eine Zeitung schrieb.[64]

Gershwin hatte seine Notizbücher mit Songeinfällen mitgebracht, dazu verschiedene schon fertige, aber in New York nicht verwendete Stücke, in nur drei Wochen entstand gemeinsam mit dem Londoner Textdichter Clifford Grey die Musik für *The Rainbow*. Die Premiere am 3. April im Londoner Empire Theatre sorgte zusätzlich für Schlagzeilen, da mitten in der Vorstellung ein Komiker, dessen Rolle während der Proben gestrichen worden war, erzürnt die Bühne betrat und eine flammende Rede an das Publikum hielt, des Inhalts, welchen Schaden die britische Bühne durch »diese Amerikaner« erleide. Danach lief die Revue zur Freude der Londoner mehr als drei Monate und ohne weitere Störungen.

Kurz nach der Premiere flog Gershwin auf Einladung von Jules Glaenzer für drei Wochen nach Paris. Das war damals, als der Fluglinienverkehr gerade erst begonnen hatte, natürlich eine Attraktion. Allerdings geriet die Maschine über dem Kanal in stürmisches Wetter, und George wurde

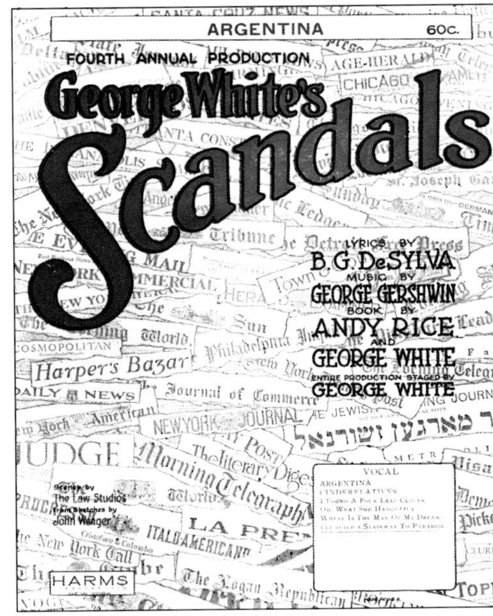

Song-Einzelausgabe aus den *Scandals* von 1923

ziemlich luftkrank. In Paris verlebte er bewegte Tage, absolvierte das übliche touristische Programm und sog die Impressionen der französischen Hauptstadt in sich ein, zusammen mit Buddy DeSilva, der ihn begleitete, und seinem großzügigen Gastgeber Glaenzer, in dessen luxuriöser Wohnung in der Rue Malakoff Gershwin natürlich bei mehreren Partys herumgereicht wurde.

Am 28. April bestiegen George und Buddy in Marseille das Schiff und fuhren zurück nach New York, wo die nächsten *Scandals* vorzubereiten waren. In gemeinsamer Arbeit mit den Textdichtern De Silva, Goetz und MacDonald entstanden insgesamt zwölf Songs. Premiere der *George White's Scandals of 1923* war am 18. Juni im Globe Theatre, mit 168 Aufführungen erreichte die Produktion den größten Erfolg seit 1919.

Im Herbst des gleichen Jahres kündigte sich ein Ereignis an, das Gershwins Songs über den Broadway-Horizont hinaus Gewicht und Anerkennung bringen sollte. Die Mezzosopranistin Eva Gauthier war zu dieser Zeit die bedeutendste und zugleich gefeiertste Konzertsängerin New Yorks. Sie veranstaltete jährlich im Frühjahr und Herbst zwei große Liederabende, bei denen sie neben klassischem Repertoire auch stets neueste zeitgenössische Kompositionen vorstellte. Dabei wurde sie von Carl van Vechten beraten, einflußreicher Musikkritiker der »New York Times« und eine der Zentralfiguren der amerikanischen Kunstszene der zwanziger Jahre. Er hat später berichtet:
»Eines Tages bat mich Eva Gauthier, immer auf der Suche nach neuen Dingen, ihr Vorschläge für das Herbstprogramm 1923 zu machen. ›Warum nicht eine Gruppe amerikanischer Lieder?‹ fragte ich. Sie zeigte wenig Interesse. ›Jazzinspirierte Songs‹, spezifizierte ich meinen Vorschlag. Ihre Miene hellte sich auf. Als wir uns wiedertrafen, hatte sie meine Idee akzeptiert und bat nun um Empfehlung eines Musikers, der sie dabei begleiten und durch das Abenteuer führen könne. Nur ein Name kam von meinen Lippen, George Gershwin, dessen Kompositionen ich bewunderte und dessen pianistische Fähigkeiten ich kannte.«[65]

Und so geschah es. Bei ihrem Liederabend in der Aeolian Hall (damals neben der Carnegie Hall New Yorks zweiter großer Konzertsaal, das Gebäude in der 43rd Street steht heute nicht mehr) sang Eva Gauthier neben Liedern von Purcell,

Bellini und Perucchini, neben zeitgenössischen Stücken aus Deutschland (Hindemith), Österreich (Schönberg) und Frankreich (Milhaud) erstmals auf dem »seriösen« Konzertpodium auch fünf Songs von populären Broadway-Komponisten: je einen von Jerome Kern und Irving Berlin sowie drei von George Gershwin (»Innocent Ingenue Baby«, »Stairway to Paradise« und – natürlich – »Swanee«). Man schrieb den 1. November 1923, als Gauthiers ständiger Begleiter Max Jaffe nach den ersten beiden Liedgruppen die Bühne verließ und George Gershwin am Flügel Platz nahm. Sein Lampenfieber (er selbst sprach immer vom »composer's stomach«, also Magendrücken) war sicher riesengroß, doch als er zu spielen begann, war davon nichts zu merken. Das Publikum reagierte begeistert, so daß Gauthier und Gershwin »Do It Again« zugeben mußten.

Nicht die USA-Erstaufführung eines Stücks aus Schönbergs *Gurreliedern* stand im Mittelpunkt der Kritiken am nächsten Tag, sondern die Gruppe amerikanischer Songs. In der »World« schrieb Deems Taylor: »Das Publikum zu beobachten machte mindestens ebenso großen Spaß wie den Songs zuzuhören. Man war von Anfang an gefangengenommen und gab sich alsbald völlig den verlockenden Rhythmen unserer ureigenen amerikanischen Musik hin … Nachdem die Gruppe der Songs verklungen war, brach ein Riesenjubel los, so daß Miss Gauthier Mr. Gershwins unvergleichliches ›Do It Again‹ als Zugabe sang. Selbst dann aber war das Publikum noch nicht zufrieden, und sie mußte das Stück ein zweites Mal singen.«

Taylor schilderte auch ihren Begleiter: »Sie kam auf die Bühne, gefolgt von einem großgewachsenen, schwarzhaarigen Mann, der weit entfernt war von der kühlen Routine jener, für die ein Auftritt auf dem Podium der Aeolian Hall etwas Gewohntes darstellt. Er trug ein kleines Bündel sheet music unter dem Arm, mit leuchtend schwarzen und gelben Titelblättern. Das Auditorium begann Zeichen von Entspannung zu zeigen; dies versprach amüsant zu werden …«[66]

Ein Kritiker ging besonders auf Gershwins Begleitung ein: »Mit wechselnder

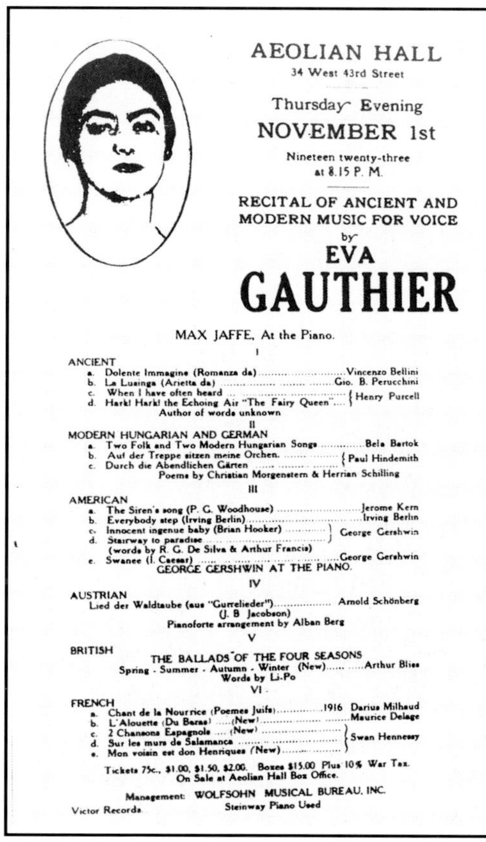

AEOLIAN HALL
34 West 43rd Street

Thursday Evening
NOVEMBER 1st
Nineteen twenty-three
at 8.15 P. M.

RECITAL OF ANCIENT AND MODERN MUSIC FOR VOICE
by
EVA
GAUTHIER

MAX JAFFE, At the Piano.

I

ANCIENT
a. Dolente Immagine (Romanza da) .... Vincenzo Bellini
b. La Lusinga (Arietta da) .... Gio. B. Perucchini
c. When I have often heard .... } Henry Purcell
d. Hark! Hark! the Echoing Air "The Fairy Queen" .... }
Author of words unknown

II

MODERN HUNGARIAN AND GERMAN
a. Two Folk and Two Modern Hungarian Songs .... Bela Bartok
b. Auf der Treppe sitzen meine Orchen. .... } Paul Hindemith
c. Durch die Abendlichen Gärten .... }
Poems by Christian Morgenstern & Herrian Schilling

III

AMERICAN
a. The Siren's song (P. G. Woodhouse) .... Jerome Kern
b. Everybody step (Irving Berlin) .... Irving Berlin
c. Innocent ingenue baby (Brian Hooker) .... } George Gershwin
d. Stairway to paradise .... }
(words by R. G. De Silva & Arthur Francis)
e. Swanee (I. Caesar) .... George Gershwin
GEORGE GERSHWIN AT THE PIANO.

IV

AUSTRIAN
Lied der Waldtaube (aus "Gurrelieder") .... Arnold Schönberg
(J. B Jacobson)
Pianoforte arrangement by Alban Berg

V

BRITISH
THE BALLADS OF THE FOUR SEASONS
Spring - Summer - Autumn - Winter (New) .... Arthur Bliss
Words by Li-Po

VI

FRENCH
a. Chant de la Nourrice (Poemes Juifs) .... 1916 Darius Milhaud
b. L'Alouette (Du Baras) .... (New) .... Maurice Delage
c. 2 Chansons Espagnole .... (New) .... } Swan Hennessy
d. Sur les murs de Salamance .... }
e. Mon voisin est don Henriques (New) .... }

Tickets 75c., $1.00, $1.50, $2.00. Boxes $15.00 Plus 10% War Tax.
On Sale at Aeolian Hall Box Office.

Management: WOLFSOHN MUSICAL BUREAU, INC.
Victor Records. Steinway Piano Used

Programmzettel eines Liederabends von Eva Gauthier in der New Yorker Aeolian Hall, 1. November 1923. Neben Liedern von Bartok, Hindemith, Schönberg und Milhaud erklangen im dritten Teil erstmals Broadway-Songs auf dem Konzertpodium (von Jerome Kern, Irving Berlin und George Gershwin), dabei wurde die Sängerin von Gershwin am Klavier begleitet.

Rhythmik gab er den Songs unterschiedlichen Charakter, versah sie mit einem geschmeidigen und markanten Kontrapunkt, setzte Pausen und Akzente, brillierte mit Kadenzen, gestaltete voller Ausdruck jene Passagen, da die Stimme der Sängerin schwieg.«[67]

Reichlich drei Monate später sollte George wieder in der Aeolian Hall am Konzertflügel sitzen – wie es dazu kam, schildert das nächste Kapitel.

Jetzt hatte er kaum Zeit, sich des Erfolges zu freuen, denn die nächste Broadway-Show wartete bereits auf ihn. Zusammen mit Buddy DeSilva schrieb er die Songs für *Sweet Little Devil*, das am 21. Januar 1924 im Astor Theatre Premiere hatte und knapp vier Monate lief. Erneut mit DeSilva entstanden danach die Songs für die *George White's Scandals of 1924*, Premiere am 30. Juni im Apollo Theatre. Diesmal kam die Produktion sogar auf 192 Vorstellungen, Gershwin aber verlängerte seinen Vertrag mit White nicht. Er verabschiedete sich von den *Scandals*, die für ihn eine wichtige Zwischenstation gewesen waren. Sie hatten ihm zu weiterer Theaterpraxis verholfen, zugleich aber auch deutlich gemacht, daß innerhalb des verbrauchten Genres von revueartigem musikalischem Theater keine Innovation möglich war.

Song-Einzelausgabe aus den *Scandals* von 1924. Auf dem Titelblatt die Hauptdarstellerin Winnie Lightner

Im Juli startete Gershwin zu seiner zweiten England-Reise. Nach dem Erfolg vom letzten Jahr hatte er erneut den Auftrag für eine Theaterproduktion erhalten. Mit ihm reiste Produzent Alex Aarons, der für den Spätherbst zusammen mit Partner Vinton Freedley in New York ein neues Musicalprojekt vorbereitete, *Black-eyed Susan*. Gershwin war dafür bereits verpflichtet, jetzt wollte Aarons für die Hauptrollen Fred und Adele Astaire engagieren, die in London ihren endgültigen Durchbruch geschafft hatten und seit einem reichlichen Jahr Triumphe feierten. Dort angekommen, bezogen das Ehepaar Aarons und George eine geräumige und luxuriöse Wohnung. Bevor die Arbeit begann, hatte Gershwin drei Wochen Erholungszeit vor sich, die er nach Kräften nutzte. Unter den vielen Besuchern der Gesellschaften, die Aarons veranstaltete, war auch Prinz George, Herzog von Kent. Das Mitglied der königlichen Familie schenkte Gershwin ein Foto mit der Widmung »Von George für George«, das fortan einen Ehrenplatz in den wechselnden Wohnsitzen des Komponisten erhalten sollte.

Die Londoner Produktion hatte den Titel *Primrose* und präsentierte eine ziemlich theatergerechte Story, mit vielen historischen und aktuellen Anspielungen. George hatte verschiedene gemeinsam mit Ira geschriebene Songs mitgebracht, weitere entstanden nun mit dem begabten Londoner Textdichter Desmond Carter. Mehr noch: *Primrose* wurde die erste »durchkomponierte« Theaterarbeit Gershwins. Zusätzlich zu den schließlich neunzehn Songs entstanden Vorspiele für die drei Akte, Zwischenspiele und eine ausgedehnte Ballettmusik. Zum ersten Mal auch wurde Gershwins Musik als komplette Partitur veröffentlicht, zusätzlich zu den Einzelausgaben verschiedener Songs. Die Premiere von *Primrose* am 11. September 1924 im Londoner Winter Garden Theatre wurde ein großer Erfolg, die Produktion erreichte insgesamt 255 Vorstellungen.

Unmittelbar nach der Premiere fuhr das Team Aarons/Gershwin nach New York zurück, um mit der Arbeit an dem geplanten Astaire-Musical zu beginnen. Für das Buch war *Primrose*-Autor Jack Bolton zusammen mit einem Londoner Ko-Autor verpflichtet worden, alle Songtexte sollten von Ira Gershwin stammen.

Wir stehen an einer Wende von Gershwins Theaterarbeit. Erstmals sind sich Produzent, Buchautor, Komponist, Songtexter und Hauptdarsteller einig in dem Bestreben, den ebenso konventionellen wie abgenutzten *Follies, Scandals* und albernen Komödien eine wirkliche Musical Comedy entgegenzusetzen. Der ursprünglich ins Auge gefaßte Titel wird geändert, das Stück heißt nun *Lady, Be Good!*

Erzählt wird die Geschichte eines Geschwisterpaares aus Rhode Island, Dick und Susie Trevor. Sie sind Sänger und Tänzer (ganz den Astaires auf den Leib geschrieben), leben in bescheidenen Verhältnissen. Das Stück beginnt damit, daß sie die Miete nicht bezahlen können und aus ihrer Wohnung exmittiert werden. Im nächsten Bild tauchen sie bei einer bekannten reichen Witwe auf, um als Entertainer auf einer Party etwas Geld zu verdienen. Was sie nicht wissen: Ebendiese Witwe ist in Dick verliebt, hat den Rauswurf aus der Wohnung veranlaßt und hofft nun, Dick irgendwie für sich zu gewinnen. Der ist schon fast bereit dazu und will seine Freundin Shirley aufgeben. Das redet ihm seine Schwester aus. Nächste Szene ist ein elegantes Hotel, neue Figuren tauchen auf: ein Mann, an den Susie ihr Herz verliert, und ein Millionär, der sich an die Witwe heranmacht. Das letzte Bild, in einem Yachtklub spielend, bringt die Auflösung aller Verwicklungen. Happy End: die vierfache Ankündigung einer Heirat (viertes Paar sind ein cleverer Rechtsanwalt und eine etwas dubiose Dame).

Die Geschichte besitzt zwar keinen besonderen Tiefgang, ist aber geschickt gebaut und flott erzählt. Und: Sie schafft Räume für die Musik. In der Partyszene agiert ein Duo am Klavier, im Hotelbild wie im Yachtklub spielt eine Band auf der Bühne. Hinzu kommen die Songs der Brüder Gershwin, die in Text und Musik aus einem Guß sind – und mit dem Titelsong »Lady, Be Good!« sowie mit »Fascinating Rhythm« zwei frühe Gipfelpunkte im Schaffen des sich nun fest formierenden

Teams George/Ira markieren. Ein weiterer heute weltberühmter Song, »The Man I Love«, war ebenfalls für *Lady, Be Good!* entstanden, wurde aber während der Proben ausgeschieden, aus Zeitgründen, da die Aufführung zu lang geriet.

Dies ist der rechte Moment, um noch einmal in die Werkstatt der beiden zu blicken. »Ira verstand George, George verstand Ira«, schreibt Merle Armitage. »George wurde von Ira inspiriert und ermutigt. Es war eine Partnerschaft, eine Brüderschaft, und es war Teamwork der seltensten Art, wenn die beiden zusammenarbeiteten.«[68] Wie das bei »Fascinating Rhythm« funktionierte, haben beide Brüder später erzählt. Zunächst George: »Die ersten acht Takte habe ich in London komponiert … Zurück in New York, spielte ich das Thema meinem Bruder Ira vor. Dessen Reaktion war: ›Um Gottes willen, George, was für einen Text soll ich denn zu einem Rhythmus wie diesem erfinden?‹ Dann fügte er hinzu: ›Aber es ist ein faszinierender Rhythmus.‹ Ich fand, das war der perfekte Titel für den Song – ›Fascinating Rhythm‹.«[69] Ira berichtet weiter: »Es war wirklich ein vertrackter Rhythmus, und ich brauchte mehrere Tage, ehe ich mich für ein Reim-Schema entschieden hatte. So faszinierend erschien mir ›Fascinating Rhythm‹ als Titel gar nicht, aber erstens sang sich das tatsächlich fließend und reibungslos, und zweitens – ich fand keinen besseren. Das Reim-Schema war a, b, a, c – a, b, a, c. Als ich bis zur achten Zeile gekommen war, zeigte ich George die Verse. Sein Kommentar war: Die 4. und 8. Zeile müßten einen zweisilbigen Reim haben, meiner war nur einsilbig. Ich protestierte, und singend demonstrierte ich ihm, daß die beiden letzten Noten dieser Zeilen gleichwertig waren, mir also einen Spondeus ermöglichten. Das sah George jedoch nicht so, und wir stritten einige Tage darum. Schließlich mußte ich kapitulieren und die Textzeilen so schreiben, wie sie heute bekannt sind (›I'm all a-*quiver*/ Just like a *flivver*‹). Georges Hauptargument war, daß der Dirigent auf jeden Fall den Abschlag auf die letzte Note setzen würde, auch wenn beim Singen die *beiden* letzten Noten gleich erschienen – und daher sollte ich besser den Doppelreim verwenden.«[70]

»Diese Art von Geben und Nehmen, von gleicher und unterschiedlicher Meinung, von Vorschlag und Gegenvorschlag war von nun an charakteristisch für ihre Zusammenarbeit bis 1937« – so Edward Jablonski.[71]

Doch zurück zur Produktion von *Lady, Be Good!* Die Gershwins waren auf den meisten Proben anwesend. Gemeinsam mit dem Regisseur, dem Choreographen und den beiden Hauptdarstellern Fred und Adele Astaire wurden noch zahlreiche Veränderungen vorgenommen. Astaire hat in seinen Erinnerungen berichtet, daß George ihm sogar half, einen komplizierten Tanzschritt zu finden, mit dem das Paar im Finale abgehen sollte. Nach den Tryouts in Philadelphia folgte die Premiere am 1. Dezember 1924 im Liberty Theatre. Sie wurde zum großen Erfolg, immer wieder mußten sich die Astaires, das Klavierduo Phil Ohman/Victor Arden (sie sollten noch mehrfach in Gershwin-Musicals mit-

Uraufführung *Lady, Be Good!*, New York, 1. Dezember 1924. Fred und Adele Astaire in der Szene mit dem Gershwin-Song »Swiss Miss«

wirken) und der Komponist dem Publikum zeigen. Am nächsten Tag schrieb die »New York Times«: »George Gershwins Partitur ist exzellent. Sie enthält, wie man erwarten konnte, viele glückliche Winke für weise Kapellenleiter der bevorstehenden Winter-Tanzmonate, dazu eine Anzahl von Melodien, denen sich auch ein unmusikalischer Geist schwer wird entziehen können. Die Songtexte von Ira Gershwin (er hatte sein Pseudonym nun abgelegt – J. S.) sind durchgängig gut, in manchen Momenten exzellent.«

An anderer Stelle hieß es: »Gershwin schrieb die Musik – und das heißt, sie ist äußerst melodiös, lebendig und fröhlich. Vieles davon geht einem nicht mehr aus dem Kopf.«[72] *Lady, Be Good!* sollte länger als ein Jahr laufen, auch die darauf folgende Produktion in London 1926 gestaltete sich triumphal.

Wir schreiben Ende 1924. Gershwin hatte nun die ausgetretenen Pfade des Broadway verlassen und war neue Wege gegangen, indem er die Musical Comedy »aufpolierte« und zu neuer Höhe erhob. »Zwar bedeutete dies noch keine grundsätzlich neue *Struktur*, noch nicht den Schritt zum Musical Play ... (doch) *Lady, Be Good!* stellt über weite Strecken einen Klassiker der Musical Comedy gegen Mitte der zwanziger Jahre dar«, urteilt Stanley Green.[73]

Das Jahr 1924 markierte nicht nur den eigentlichen Start des Musical-Komponisten Gershwin, es hatte ihn auch zum gefeierten Protagonisten einer ganz neuen jazzinspirierten sinfonischen Musik gemacht.

»Eine Art musikalischen Kaleidoskops von Amerika«

Rhapsody in blue und die Eroberung des Konzertpodiums

1924–1927

Während der Begegnungen mit Paul Whiteman im Umkreis der *Scandals of 1922* hatte der Orchesterleiter vage davon gesprochen, er werde Gershwin eines Tages um eine Komposition bitten. Dieser hatte höflich zugesagt, worauf beide Männer wieder an ihre Arbeit gingen und Gershwin nichts weiteres hörte.

Der 1890 in Denver geborene Whiteman wurde in den frühen zwanziger Jahren in New York als »King of Jazz« gefeiert – was freilich ein Mißverständnis war, denn der ursprüngliche Jazz (wie ihn etwa zur gleichen Zeit Fletcher Henderson oder Louis Armstrong mit ihren Bands praktizierten) war beim Orchester Paul Whiteman nicht zu hören; dieses spielte vielmehr populäre Songs und Tanzmusik, allerdings in raffinierten Arrangements (die meist vom Pianisten Ferde Grofé stammten und Jazzinstrumente einbezogen) sowie mit erstklassigen Solisten. »Whitemans Beziehung zum Jazz war mehr herbeigeredet als wirklich vorhanden«, schreibt John Wilson rückblickend.[74]

Doch das Orchester war ungeheuer populär, Whiteman ein vermögender Mann und darauf bedacht, endlich auch Anerkennung in »seriösen« Musikkreisen zu finden. So entwickelte er im Herbst 1923 den Plan eines experimentellen Konzerts, das ganz der populären amerikanischen Musik vorbehalten sein und diese auf das Podium der ehrwürdigen Aeolian Hall bringen sollte. Neben bereits bekannten Stücken sollten auch neue Kompositionen erklingen. Whiteman gewann große Namen für sein Vorhaben, das er als »Experi-

Das Orchester Paul Whiteman. Aufnahme von 1924

ment« deklarierte und mit dem »geprüft« werden sollte, ob das New Yorker Konzertpublikum einen ganzen Abend mit ausschließlich amerikanischer Musik »durchstehen« würde. Unter den Komponisten, die er daraufhin ansprach, war auch Gershwin. Er solle ein »Jazzkonzert« für Klavier und Orchester schreiben und selbst als Solist auftreten, meinte Whiteman, ohne bereits Termine zu nennen. Gershwin stimmte vage zu und ging wieder an seine sonstigen Arbeiten – das Projekt hatte ja Zeit.

Um so erschrockener muß er gewesen sein, als er spätabends am 3. Januar 1924 beim Billardspiel mit Buddy DeSilva plötzlich durch Bruder Ira unterbrochen wurde, der mit der Morgenausgabe der »Tribune« vom folgenden Tag hereingestürmt kam. Dort war zu lesen:

»Was ist amerikanische Musik? Mitglieder eines Komitees, das diese Frage für das Paul-Whiteman-Konzert am 12. Februar in der Aeolian Hall entscheiden wird, sind u. a. Sergej Rachmaninow, Jascha Heifetz, Efrem Zimbalist und Alma Gluck. Den Vorsitz hat Leonard Liebling, Herausgeber des ›Musical Courier‹. George Gershwin arbeitet bereits an einem Jazzkonzert, Irving Berlin schreibt ein synkopenreiches Tonpoem, und Victor Herbert arbeitet an einer Amerikanischen Suite.«

Es blieben also bis zum angekündigten Konzert nur knappe sechs Wochen! Hören wir George Gershwin:

»Plötzlich kam mir eine Idee. Es hatte soviel Gerede über die Begrenztheit des Jazz gegeben, ganz zu schweigen von den fundamentalen Mißverständnissen bezüglich seiner Wirkungsweise. Jazz, so hieß es, müsse sich an strikte Zeitmaße halten. Er habe sich an Tanzrhythmen zu orientieren. So beschloß ich, wenn möglich, diese irrigen Auffassungen mit einem kräftigen Schlag zum Schweigen zu bringen. Von diesem Ziel inspiriert, begann ich mit der Komposition. Ich hatte keinen festen Plan, keine Struktur, der meine Musik folgen mußte. Sehen Sie, die *Rhapsody* begann mit einer Absicht, nicht mit einem Plan. Ich arbeitete einige Themen aus, doch genau in diesen kritischen Tagen mußte ich nach Boston fahren, zur Premiere von *Sweet Little Devil*. Es war im Zug, mit seinem stählernen Rhythmus, mit seinem Geratter, das so oft stimulierend auf einen Komponisten wirkt (ich höre ständig im Zentrum des Lärms Musik), daß ich plötzlich die komplette Konstruktion der *Rhapsody* hörte – sie sogar auf Notenpapier vor mir sah –, vom Beginn bis zum Ende. Es kamen mir keine neuen Themen in den Sinn, doch ich arbeitete in Gedanken bereits an meinem thematischen Material und versuchte, die Komposition als Ganzes zu denken. Ich hörte sie als eine Art musikalischen Kaleidoskops von Amerika – unseres riesigen Schmelztiegels, unseres unvergleichlichen nationalen Schwungs, unseres Blues, unserer aufregenden Metropolen. Zu der Zeit, da ich in Boston ankam, verfügte ich über einen definitiven Ablauf des Stückes, bestimmt durch seine aktuellen Inhalte. Das Mittelthema fiel mir dann plötzlich ein, wie das bei meiner Musik oft der Fall ist. Das war in der Wohnung eines Freundes, gerade als ich aus Boston zurückgekommen war. Ich muß wohl ziemlich viel unterbewußt komponieren, wie man das nennen könnte, und dies ist ein Beispiel dafür. Eine meiner notorischen Schwächen ist das Klavierspiel auf Partys. Und als ich nun bei diesem Freund spielte, ohne einen Gedanken an die *Rhapsody*, hörte ich mich urplötzlich ein Thema spielen, das wohl schon in meinem Inneren herumgegeistert war und nun nach draußen wollte. Sofort, als es meinen Fingern entfloß, spürte ich: Das war es. Innerhalb einer Woche nach der Rückkehr aus Boston hatte ich dann die Rohstruktur der *Rhapsody in blue* zusammen.«[75]

Der Titel stammt übrigens von Bruder Ira. George wollte das Werk ursprünglich *American Rhapsody* nennen. Als Ira von einer Ausstellung mit Whistler-Gemälden heimkam (deren Titel wie »Arrangement in grau und schwarz« oder »Nachtstück in schwarz und gold« ihm imponiert hatten) und *Rhapsody in blue* vorschlug, war George sofort einverstanden.

Innerhalb von reichlich drei Wochen entstand die Komposition, inmitten des Trubels der Gershwinschen Wohnung in der 110th Street. George notierte eine Fassung für zwei Klaviere, die Orchestrierung übernahm Ferde Grofé im »fliegenden Einsatz«, wie er sich erinnert: »Ich lebte praktisch in diesen Wochen mit den Gershwins, denn ich kam täglich vorbei und holte mir die neuesten Seiten von Georges Meisterwerk ab. In einem kleinen Hinterzimmer stand das Klavier, auf dem die *Rhapsody* Gestalt annahm.«[76]

Anfang Februar war die Orchestrierung beendet, und es begannen die Proben im tristen Vormittagsambiente des Nachtklubs Palais Royal, wo das Orchester Paul Whiteman gerade auftrat. Es wurde um zehn Musiker verstärkt; bereits zu den Proben waren Kritiker geladen. Einer von ihnen schrieb später: »Durch die halb aufgezogenen Jalousien strömte das kalte, blasse Licht eines ungemütlichen Februarvormittags in den Raum. Am ersten Probentag waren die Orchesterstimmen noch nicht fertig. Am nächsten Tag spielte Gershwin die *Rhapsody* zweimal mit dem Orchester durch, auf einem sehr schlechten Klavier. Trotzdem hatte ich nach dem Anhören nicht den geringsten Zweifel, daß dieser junge Mann von fünfundzwanzig das beste Stück ernsthafter Musik geschrieben hatte, das jemals in Amerika entstanden war.«[77]

Diskussion der Partitur von *Rhapsody in blue*, kurz vor der Uraufführung (v. l.): Musikkritiker Deems Taylor, Orchestrator Ferde Grofé, Paul Whiteman, die Schauspielerin Blossom Seeley und Gershwin

Dann kam der Tag des Konzerts, der 12. Februar 1924. Obwohl es zu ungewöhnlicher Nachmittagsstunde stattfand, war die Aeolian Hall restlos ausverkauft. Whiteman hatte für Publicity gesorgt. Er erinnert sich: »Ein sehr gemischtes Publikum war gekommen: Leute vom Vaudeville, Konzertmanager, Tin-Pan-Alley-Größen, Komponisten, Konzert- und Opernstars, Backfische, Neugierige.«[78] Unter den Berühmtheiten sah man neben Rachmaninow, Heifetz, Fritz Kreisler und Leopold Stokowski auch Walter Damrosch, den Chefdirigenten des New York Symphonic Orchestra.

Das umfangreiche Programm bestand aus elf Abteilungen, in denen sich Vokal- und Instrumentalstücke ablösten. Nach sinfonischen Bearbeitungen bekannter Melodien von Irving Berlin (VII, darunter »Alexander's Ragtime Band«), Victor Herberts *Suite of Serenades* (VIII) und Bearbeitungen standardisierter Tanzrhythmen (IX) folgte als vorletzter Programmteil die *Rhapsody in blue* mit Gershwin als Solist. Bis dahin war im Saal kaum Bewegung gewesen, ja Langeweile hatte sich zusehends breitgemacht. Doch nun war das Auditorium bereits nach dem einleitenden Klarinettenglissando wie elektrisiert, Spannung kam auf, die in Begeisterung überging und sich am Schluß in fast explosionsartigem Beifall entlud. Dieser galt dem Werk ebenso wie dem Solisten. Der Dirigent Serge Kussevitzky

Ankündigung des Konzerts »Ein Experiment in moderner Musik« in der New Yorker Presse. Hier erfolgte am 12. Februar 1924 die Uraufführung der *Rhapsody in blue*.

schrieb über den Pianisten Gershwin: »Ich erinnere mich an ihn am Flügel auf dem Konzertpodium. Wer Gershwin jemals seine *Rhapsody in blue* spielen hörte, wird diesen Eindruck niemals vergessen. Die ebenso schwebende wie stürmende Brillanz und Virtuosität, die rhythmische Präzision seines Spiels waren unglaublich; seine perfekte Leichtigkeit und Ausgeglichenheit ohne Beispiel; sein dynamischer Einfluß auf das Orchester und das Publikum elektrisierend.«[79]

Die *Rhapsody* ist – entgegen Whitemans Ankündigung – kein »Jazzkonzert«, sie ist eher einer Lisztschen Rhapsodie vergleichbar, ganz in romantischer Tradition stehend. »Amerikanisch« wird sie durch ihre bluesgetränkten Harmonien und die jazzinspirierte Rhythmik. Sie ist der geniale Wurf des Fünfundzwanzigjährigen, musikalischer Wesensausdruck Amerikas schlechthin. Er sagte später dazu: »In der *Rhapsody* habe ich versucht, unsere Lebensart auszudrücken, das Tempo unseres modernen Lebens mit seiner Hast, seinem Chaos, seiner Vitalität. Nicht versucht habe ich, definitiv beschreibende Tonbilder zu malen. Ich betrachte die *Rhapsody* eher als Verkörperung von Gefühlen, als daß sie ganz bestimmte Szenen des amerikanischen Lebens in musikalischer Form präsentiert.«[80]

Paul Whiteman dirigierte die Uraufführung. Später bekannte er: »Irgendwo in der Mitte der Partitur begann ich zu heulen. Als ich dann wieder zu mir kam, war ich elf Seiten weiter, und bis zum heutigen Tag kann ich nicht sagen, wie ich dazwischen dirigiert habe.«[81]

Die führenden Musikkritiker New Yorks mochten in den spontanen Jubel des Publikums nicht einstimmen. Sie bescheinigten Gershwin zwar übereinstimmend großes Talent, monierten aber gleichzeitig gewisse formale Mängel seiner *Rhapsody*. Der einflußreiche Olin Downes z. B. schrieb in der »New York Times« vom 13.Februar1924: »Diese Komposition zeigt außergewöhnliches Talent, und sie zeigt einen jungen Komponisten mit Zielen, die weit über das Werk hinausreichen, kämpfend mit einer Form, von deren Meisterung er noch weit entfernt ist.« Hier beginnt eine Diskussion, die sich mit den weiteren Orchesterwerken Gershwins fortsetzen sollte: Mit akademischen kompositorischen Maßstäben gemessen (das wußte er selbst am besten, wie seine lebenslangen Versuche zeigen, sich auf diesem Gebiet zu vervollkommnen), bot die *Rhapsody in blue* gewiß Ansatzpunkte zur Kritik. Dagegen stand ihre stürmische Originalität, stand die intuitive und überschäumende Musikalität des Komponisten.

Dreißig Jahre später sollte Leonard Bernstein dazu bemerken: »Die *Rhapsody* ist ja eigentlich keine Komposition im akademischen Sinne. Sie ist eine Kette selbständiger Abschnitte, zusammengefügt mit einer dünnen Paste von Leim und Wasser. Komponieren ist ja etwas ganz anderes als Melodien schreiben. Ich finde, daß die Themen oder Melodien, oder wie man sie nennen will, in der *Rhapsody* großartig sind – inspiriert, gottgegeben … Sie sind harmonisch perfekt, ideal proportioniert, klar, reich, bewegend. Die Rhythmen sind immer richtig. Immer ist da ›Qualität‹, wie auch in seinen besten Musical-Melodien … Ich glaube, seit Tschaikowski hat die Welt keinen inspirierteren Melodiker gesehen als Gershwin. Doch mit dem *Komponisten* ist das eine andere Sache. Denn die *Rhapsody in blue* ist keine Komposition in dem Sinne, daß alles, was darin geschieht, zwangsläufig oder beinahe zwangsläufig geschieht. Man kann Teile daraus entfernen, ohne daß das Ganze beschädigt wird, es wird eben nur kürzer. Man kann sogar Teile austauschen, neue Kadenzen einfügen, man kann das Werk nur auf dem Klavier spielen und was noch alles – aber es bleibt immer die *Rhapsody in blue*.«[82]

Auf Tournee mit *Rhapsody in blue*, Mai 1924. Der Pianist Gershwin repetiert für den abendlichen Auftritt.

Die Fassung der Uraufführung wurde noch zweimal von Grofé umorchestriert, 1926 und 1942, jedesmal für größeres Orchester. Heute erklingt in den Konzertsälen meist nur noch die Fassung für Sinfonieorchester von 1942.

Doch zurück ins Jahr 1924. Der sensationelle Erfolg der Uraufführung führte zu drei Wiederholungen, im März nochmals in der Aeolian Hall und dann am 21. April (und nochmals im November) in der Carnegie Hall, womit Gershwin erstmals auch das Podium von New Yorks wichtigstem Konzertsaal betrat. Im Mai folgte eine Tournee durch mehrere Großstädte der USA – überall mit ebenso begeisterten Reaktionen des Publikums wie in New York. Im Juni spielten Whiteman und Gershwin das Werk auf Schellackplatten ein (eine noch »akustische« Aufnahme, der 1927 die zweite, »elektrische« folgen sollte). Dann aber hatte der Komponist und Pianist

Gershwin mit dem Erstdruck der *Rhapsody in blue*, Ende 1924

der *Rhapsody in blue* wieder Theaterverträge zu erfüllen – die *George White's Scandals of 1924* riefen, darauf folgten *Primrose* und *Lady, Be Good!*, das auf dem Feld des Musicals einen ebenso großen Erfolg bedeutete wie die *Rhapsody* auf dem Konzertpodium. Es beginnt das »Doppelleben« des George Gershwin, das er durchaus als solches empfand, wobei er in den Folgejahren nicht einmal daran dachte, etwa eine Seite dieses Doppellebens aufzugeben. Nein, er bemühte sich vielmehr, seinen Standard in beiden Bereichen – Musiktheater und Konzertsaal – ständig zu erhöhen.

Zu Beginn des Jahres 1925 hatte Gershwin die erste Begegnung mit einem der gefeiertsten Komponisten seiner Zeit – Igor Strawinsky. Dieser war zu seiner ersten Konzerttournee in den USA eingetroffen (als Dirigent eigener Werke), nach dem Eröffnungskonzert in der Carnegie Hall am 8. Januar gab es eine große Party ihm zu Ehren. Die Gastgeberin Hoyt Wilborg hatte natürlich auch Gershwin eingeladen, den »American composer«. Anwesend war auch der Pianist Lester Donahue, der später berichtete: »›Hoytie‹ bestand auf der Idee, daß Gershwin und Strawinsky zusammen improvisieren müßten. Nach ziemlicher Überzeugungsarbeit wurden die beiden ungewollten Opfer, einander fremd bis zu diesem Abend, am Flügel plaziert, umgeben von einer illustren Zuhörerschaft. Fred und Adele Astaire waren da, und verschiedene Mrs. Vanderbilts warteten auf einen besonderen Moment der Musikgeschichte. Schaljapin stand väterlich-gütig vor dem Instrument, die Arme zum Dirigieren erhoben. Die beiden großen Meister des Rhythmus musterten sich einen Moment lang wie Preisboxer im Ring und begannen dann energisch zu spielen.«[83]

Später sollte Gershwin Strawinsky noch mehrfach treffen. Olin Downes hat überliefert, wie George – mittlerweile sehr wohlhabend durch seine Erfolge – dabei eines Tages die Frage stellte, ob Strawinsky ihm nicht Kompositionsunterricht geben wolle. »Wieviel verdienen Sie im Jahr?« war die Gegenfrage des berühmten Kollegen. Als George ihm die Summe von annähernd 100 000 Dollar nannte, stellte Strawinsky nüchtern fest: »Dann denke ich, Sie sollten lieber mir Unterricht geben!«[84] Strawinsky hat später diese Episode bestritten.

Das Frühjahr 1925 brachte – gemäß dem nun begonnenen »Doppelleben« als Komponist – zwei neue Aufträge. Da war zunächst wieder eine Musical Comedy, *My Fair Lady* (bei den Tryouts umbenannt in *Tell Me More*), für die George nach Texten von Ira und DeSilva im Februar/März ein Dutzend Songs komponierte. Das Buch allerdings war erneut ziemlich schwach, das Ganze blieb eine Gelegenheitsarbeit.

Wesentlich gewichtiger war, daß Walter Damrosch die New York Symphonic Society davon überzeugt hatte, einen Kompositionsauftrag an Gershwin zu vergeben. Im April unterschrieb dieser den Vertrag für ein Klavierkonzert, das im Dezember in der Carnegie Hall uraufgeführt werden sollte.

Bevor George an die Komposition gehen konnte, stand jedoch zunächst seine zweite Europareise auf dem Programm. In

Um dem Trubel in der Familienwohnung zu entfliehen, mietete sich Gershwin 1925 von Zeit zu Zeit im New Yorker Whitehall-Hotel ein. Das Foto zeigt ihn während der Kompositionsarbeit am *Concerto in F*, Sommer 1925.

Ende August 1925 kauften die Gershwins ein vierstöckiges Haus in der 103rd Street. Im Erdgeschoß stellten George und Ira eine Tischtennisplatte auf. Foto vom Herbst 1925

London wurde parallel zur New Yorker Produktion von *Tell Me More* (Premiere am 13. April) die britische Aufführung vorbereitet, außerdem sollte er Eva Gauthier bei einer Londoner Wiederholung ihres Liederabends vom Herbst 1923 begleiten.

So reiste Gershwin Mitte Mai nach London. Am 22. trat er zusammen mit Eva Gauthier auf, am 26. folgte die Premiere von *Tell Me More*, das sich – ungeachtet der läppischen Handlung – als sehr erfolgreich erweisen sollte. Auf Einladung seiner alten Freundin Mabel Pleshette, die inzwischen den Musikverleger Schirmer geheiratet hatte, folgte dann Anfang Juni ein weiterer Abstecher nach Paris, ehe George Ende des Monats nach New York zurückkehrte.

Hier wollten die Produzenten Aarons und Freedley mit einer neuen Musical-Produktion an den Erfolg und gehobenen Standard von *Lady, Be Good!* anknüpfen – das neue Projekt sollte *Tip-Toes* heißen. Außerdem war es allmählich Zeit für die Komposition des Klavierkonzerts. Da er zudem Songkompositionen für eine »russische Operette« mit dem Titel *Song of Flame* angenommen hatte, standen ein »heißer« Sommer und Herbst bevor. Hinzu kam, daß er sich in der Familienwohnung der 110th Street immer schwerer konzentrieren konnte. So mietete er sich im Juli im nahegelegenen Whitehall Hotel ein, um ungestört komponieren zu können. Hier begann er mit der Arbeit an seinem *Concerto in F*, die im August auf Einladung von Ernest Hutcheson von der Juillard School of Music in dessen Sommerhaus in Chautauqua, nahe dem Eriesee, ihre Fortsetzung fand. Dort vollendete Gershwin den 1. Satz seines Konzerts – das er diesmal auch selbst orchestrieren wollte.

Ein wichtiges Ereignis im Leben der Familie Gershwin folgte im Spätsommer: George und Ira kauften das vierstöckige Haus Nr. 316 West 103rd Street, nahe dem Riverside Drive am Hudson River gelegen. Hier war nun endlich ausreichend Platz für alle vorhanden. Im Erdgeschoß lagen die Küche und ein großes Billardzimmer (das zum Tischtennisraum umfunktioniert wurde), der erste Stock beherbergte neben den Räumen für die Eltern das Speisezimmer sowie einen sehr großen Wohnraum, in dem die zwei Steinway-Flügel für George und Ira Platz fanden und wo sehr bald die berühmten »Gershwin-Partys« stattfinden sollten. Im zweiten Stock lebten die beiden jüngeren Geschwister Arthur und Frances, das dritte Geschoß war Ira vorbehalten (nach der Heirat 1926 zog

Im Juli 1925 widmete das Nachrichtenmagazin »Time« seine Titelstory dem Komponisten. Die Bildunterschrift auf dem Cover lautet: »George Gershwin – er macht den Blues zur Rhapsodie.«

auch seine Frau Leonore ein), und im vierten Stock befand sich Georges Reich: Arbeitszimmer, Schlafzimmer sowie ein großes Musikzimmer mit dem dritten Konzertflügel des Hauses. Hier war nun auch endlich Platz für die schönsten Stücke seiner Gemäldesammlung: George hatte, mit recht beachtlichem Talent, zu malen begonnen, außerdem hatte er auch in Paris sein Herz für die französischen Impressionisten entdeckt und einige Bilder u. a. von Monet und Utrillo erworben – damals noch bezahlbar.

Der Herbst war angefüllt mit gleichzeitiger Arbeit am Klavierkonzert, an *Tip-Toes* und den Stücken für *Song of Flame*. Anfang Oktober schloß George die Komposition des *Concerto in F* ab, die nächsten vier Wochen waren der Orchestrierung gewidmet, die er am 10. November beendete. Da er in dieser Tätigkeit noch unerfahren war, engagierte er vor Beginn der offiziellen Proben ein Orchester und veranstaltete Mitte November im Globe Theatre eine Testaufführung, zu der er den Uraufführungsdirigenten Walter Damrosch und einige Kritiker einlud. Am Pult stand Gershwins Freund William Daly, im Ergebnis des Durchlaufs wurden verschiedene Änderungen vorgenommen.

Sein *Concerto in F* hat Gershwin selbst beschrieben: »Der erste Satz benutzt den Charleston-Rhythmus. Er ist schnell und pulsierend, verkörpert den jungen und enthusiastischen Geist des amerikanischen Lebens. Er beginnt mit einem rhythmischen Motiv, das die Pauken vorgeben, unterstützt von weiteren Schlaginstrumenten, sowie mit einem Charleston-Motiv, das von den Fagotten, Hörnern, Klarinetten und Violinen eingeführt wird. Das Hauptthema wird vom Fagott angekündigt. Später führt das Klavier ein zweites Thema ein.

Der zweite Satz (›das eigentliche Wunder des Konzerts‹, so Wolfram Schwinger[85]), hat einen poetischen, notturnoähnlichen Ton. Er benutzt die Atmosphäre dessen, was man heutzutage als amerikanischen Blues bezeichnet, doch in einer reineren Form, als dieser für gewöhnlich behandelt wird.

Der Schlußsatz kehrt zum Stil des ersten Satzes zurück. Er ist eine rhythmische Orgie, ungestüm beginnend und dieses Tempo bis zum Schluß beibehaltend.«[86]

Wie schon bei der *Rhapsody in blue* widersprach Gershwin der Kategorisierung seines *Concerto in F* als »Jazzkon-

Zu Gast im Sommerhaus des Direktors der Juillard School of Music, Ernest Hutcheson, in Chautauqua, nahe dem Eriesee. Aufnahme vom August 1925. Gershwin (hintere Reihe, 2. v. l.) und Hutcheson (sitzend, Mitte) im Kreis von Juillard-Studenten

zert«: »Einige Leute gehen so weit, meinem Konzert das Jazzlabel aufzudrücken. Ich habe lediglich versucht, gewisse Jazzrhythmen zu verwenden, jedoch mehr oder weniger im Rahmen sinfonischer Linien.«[87]

Die Uraufführung am 3. Dezember 1925 in der Carnegie Hall geriet erneut zum Triumph für den Komponisten und Pianisten Gershwin. Und erneut schloß sich die Musikkritik diesem Jubel nicht ungeteilt an. Es gab heftige Kontroversen. Während ein Teil der Rezensenten wiederum formale Mängel monierte (Olin Downes etwa schrieb in der »New York Times«, die klassische dreisätzige Form sei Gershwin nicht angemessen, er habe sie nicht bewältigt, die Orchestrierung gar sei weder »Fisch noch Fleisch, geschweige denn besonders genießbar – und dies in der Tat gilt auch größtenteils für den Charakter der ganzen Komposition«), traf der Kritiker der »World« genau den Punkt: »Gershwin ist die Gegenwart, mit all seiner Kühnheit, Impertinenz, seiner fiebrigen Freude an Bewegung, seinem Gleiten in rhythmisch-exotische Melancholie. Er schreibt ohne den geringsten Anflug von Selbstgefälligkeit. Und hier zeigt sich der Genius, denn George Gershwin ist ein instinktiver Künstler, der das Talent zur richtigen Behandlung des Rohmaterials besitzt, mit dem er beginnt; ein Talent, das man auch durch lebenslanges Studium von Kontrapunkt und Fuge nicht erwerben kann, wenn es nicht angeboren ist.«

Gershwin selbst hat zu dem Widerspruch zwischen enormem Erfolg seiner sinfonischen Arbeiten und anhaltendem Einwand seitens der akademischen Kritik

Mit dem Chefdirigenten des New York Symphony Orchestra, Walter Damrosch, beim Durchgehen des *Concerto in F*, kurz vor der Uraufführung.

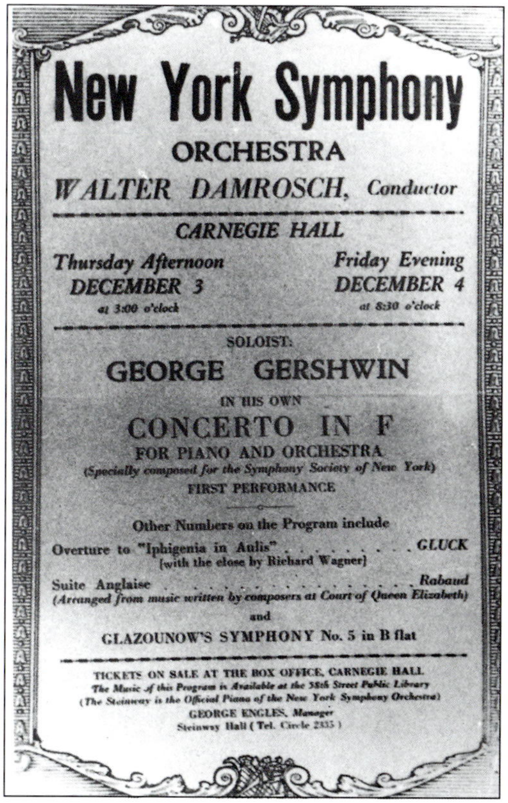

Programmzettel der Uraufführung des *Concerto in F* in der New Yorker Carnegie Hall, 4. Dezember 1925. Auf dem Programm standen außerdem die Ouvertüre zu »Iphigenie in Aulis« von Gluck und die 5. Sinfonie von Glasunow.

später bemerkt, und wir dürfen das als Credo des Komponisten betrachten: »Ich glaube fest daran, daß die große Masse des Publikums weitaus mehr Geschmack und Verstand besitzt, als ihr gemeinhin zugeschrieben wird. Nicht nur auf dem Gebiet der Musik übrigens, sondern was die Künste generell betrifft. Nicht die Meinung der wenigen Spezialisten macht ein Kunstwerk groß, darüber entscheidet letztendlich das Urteil eben jener großen Masse.«[88]

Wie schon bei der *Rhapsody in blue* führte der Uraufführungserfolg des *Concerto in F* zu zwei Wiederholungen in New York (im Januar 1926) sowie zu einer Tournee in mehrere Großstädte, darunter Washington, Philadelphia und Baltimore (Anfang Dezember 1925).

Inzwischen war auch die nächste Theaterarbeit produktionsreif. Aarons und Freedley hatten das erfolgreiche Team von *Lady, Be Good!* verpflichtet, also Guy Bolton und Fred Thompson für das Buch sowie Ira und George Gershwin für die Musik. Und wieder kam ein schwungvolles Ganzes heraus, ohne besonderen Tiefgang zwar, aber dafür musikalisch aus einem Guß.

Tip-Toes erzählt die Geschichte eines Vaudeville-Trios mit Namen »Die drei K's«, eine junge Tänzerin (genannt »Tip-Toes«, Zehenspitzen) nebst ihren beiden Onkeln. Das Trio sitzt ziemlich mittellos in Palm Beach, Florida, wo das Mädchen als reiche Erbin ausgegeben und auf Fang tatsächlich reicher Männer ausgeschickt wird. Dabei begegnet sie dem millionenschweren jungen Leimfabrikanten Steve, beide finden Gefallen aneinander. Steve aber will zuerst prüfen, ob das Mädchen nur hinter seinem Geld her ist. Er veranstaltet eine große Party an Bord seiner Yacht, in deren Verlauf er verkündet, alles hier gehöre einem Freund, er sei nur Gast und selbst keineswegs vermögend. Die beiden Onkel verlassen entsetzt das Schiff, Tip-Toes aber gesteht Steve nun ihrerseits die Maskerade der reichen Frau – und offenbart ihm zugleich ihre Liebe. Der Millionär ist gerührt, schließt Tip-Toes in seine Arme, beide werden heiraten.

Die Premiere von *Tip-Toes* fand am 28. Dezember 1925 im New Yorker Liberty Theatre statt; mit knapp 200 Aufführungen sollte sich der Erfolg von *Lady, Be Good!* wiederholen.

Bereits am nächsten Abend stand Gershwin erneut im Rampenlicht: In der Carnegie Hall führte Paul Whiteman den Opern-Einakter von 1922 konzertant auf, nun unter dem Titel *135th Street*. Um die »Gershwin-Serie« komplett zu machen, folgte am 30. Dezember die Premiere der Operette *Song of Flame*, zu der George einige Nummern beigetragen hatte, ohne daß die Musik insgesamt seine Handschrift trug.

Im Frühjahr 1926 fuhr George zum dritten Mal nach Europa. Für die britische Produktion von *Lady, Be Good!*, wieder mit den beides Astaires in den Hauptrollen, waren verschiedene Änderungen und Ergänzungen vorzunehmen. Inzwischen genoß der Komponist am Londoner Piccadilly ebensolchen Ruf wie daheim am Broadway, so daß er nach seiner Ankunft im März gefeierter Gast auf zahlreichen Gesellschaften war. Sein Komponistenfreund

Nach über einjähriger Aufführungsserie in New York startete *Lady, Be Good!* im April 1926 in London. Szenenfoto mit Fred Astaire inmitten der Chorus-Girls

Fred und Adele Astaire in London, 1926. Foto mit Widmungen für Gershwin. Adele: »Für George, den ich mehr als irgendjemand auf der Welt bewundere – in Liebe.« Fred: »Für George – Adele hat für mich gesprochen.«

Ankündigung von Song-Einzelausgaben in London, Mai 1926

Vernon Duke schrieb dazu: »Er war der Liebling von Mayfair. Man überschüttete ihn mit Einladungen, und Gershwin nahm sie voller Freude an, denn er liebte es, sich für Leute, die ihn liebten, ans Klavier zu setzen. Mit seinem superben Spiel eroberte er London im Sturm …«[89]

Am 29. März war die Tryout-Premiere von *Lady, Be Good!* in Liverpool. Die Zeit bis zur Londoner Premiere nutzte Gershwin für einen erneuten Abstecher zu Bob und Mabel Schirmer in Paris. Hier sprach er erstmals von seiner Absicht, ein Stück über Paris zu komponieren, und spielte den Freunden auch ein erstes Thema vor. Auf einem Foto für Mabel hielt er einige Noten dieses Themas fest und schrieb darunter: »An American in Paris« – was die weitverbreitete Legende entkräftet, die Idee zu dieser Komposition sei ihm spontan 1928 während seines Aufenthaltes in der Stadt gekommen.

Zurück in London, erlebte Gershwin am 12. April die Aufführung eines Balletts nach seiner *Rhapsody in blue* und drei Tage später die umjubelte Premiere von *Lady, Be Good!* Auch Produzent Aarons war anwesend. Ihm gelang es während dieser Tage, die umworbene Darstellerin Gertrude Lawrence für die nächste geplante Musicalproduktion in New York zu verpflichten – sie sagte zu, als sie den Namen des Komponisten hörte: George Gershwin.

Dieser war Anfang Mai wieder in New York. Hier begegnete er einer Frau, die für die nächsten elf Jahre, bis zu Gershwins frühem Tod, seine engste Freundin und künstlerische Weggefährtin werden sollte: der Pianistin und Komponistin Kay Swift, damals verheiratet mit dem Finanzmann J. P. Warburg. Die beiden kannten sich bereits flüchtig seit dem Herbst 1925, als Gershwin bei einer Gesellschaft unter den Gästen im Hause Warburg gewesen war. Jetzt aber entwickelte sich eine tiefe Beziehung zwischen George und Kay – ganz anders als die nicht wenigen eher flüchtigen Affären, die er bisher mit dem anderen Geschlecht erlebt hatte. 1934 sollte sich Kay schließlich offiziell von ihrem Ehemann trennen, zur Heirat mit George kam es jedoch nicht. Dies tat der Beziehung zu Kay aber keinen Abbruch. Der musikalische »workoholic« Gershwin war nun eben nicht für die Ehe geschaffen.

Kay Swift hat später ihren Eindruck von George zur Zeit ihrer Begegnung im Mai 1926 so beschrieben: »Er und seine Musik waren eins – er war genauso wie seine Musik. Sein Gesicht, seine Persönlichkeit, die Blicke, die Bewegungen: alles so, wie man es nach seiner Musik erwartete. Ich habe das bei keinem anderen Menschen außer George in dieser Weise erlebt.«[90]

Die gefeierte Gertrude Lawrence in der Titelrolle von *Oh, Kay!*, November 1926

Es war reiner Zufall und hatte mit seiner neuen Gefährtin nichts zu tun, daß das neue Musicalprojekt von Aarons/Freedley schließlich (nach den ersten beiden Varianten *Mayfair* und *Cheerio*) den Titel *Oh, Kay!* erhielt. Noch ehe das Buch von Guy Bolton und P. G. Wodehouse, die in England daran arbeiteten, fertig war, begannen George und Ira im September mit der Arbeit an den Songs. (Vorher war der Komponist im Juli/August nochmals nach London gereist, um dort Schallplattenaufnahmen von *Tip-Toes*-Songs zu überwachen.) Mit »Fidgety Feet« und »Someone to Watch Over Me« gelangen zwei besonders erfolgreiche Nummern. Dann war auch das Buch endlich fertig, und die Proben mit Gertrude Lawrence konnten beginnen.

Song-Einzelausgabe aus *Oh, Kay!*, Dezember 1926

Oh, Kay! ist eine witzige Geschichte aus den Jahren der Prohibition. Ein verarmter

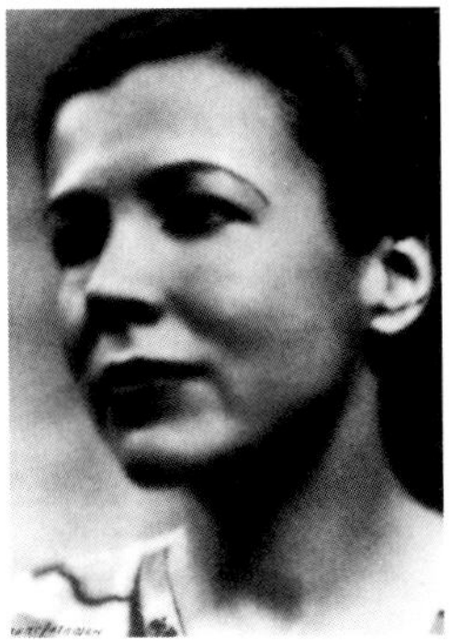

Kay Swift, ab Mai 1926 die engste Freundin und künstlerische Weggefährtin Gershwins. Aufnahme vom Anfang der dreißiger Jahre

englischer Herzog und seine Schwester Kay schmuggeln auf ihrer Hochseeyacht regelmäßig Alkohol in die USA, nach Long Island. Als die Schnapsjäger auf ihre Spur kommen, nimmt Kay eine Stellung als Hausmädchen bei dem reichen Playboy Jimmy Winters an. Der Keller seines Hauses – was er nicht weiß – dient seit langem als illegales Schnapslager und wird von seinem Butler Shorty verwaltet, einem der Abnehmer des Herzogs und seiner Schwester, des nunmehrigen Hausmädchens. Nach einer ganzen Reihe von Verwicklungen kommt, was kommen muß: Der reiche Playboy Jimmy und Kay verlieben sich, werden heiraten, und alle Probleme haben sich damit gelöst.

Erstmals gelangte damit ein vieldiskutiertes Phänomen der Zeit auf die Bühne der Musical Comedy, die 1920 eingeführte und nun im sechsten Jahr ihre Blüten treibende Prohibition. Und das auf witzige, teils äußerst ironische Weise, verbunden mit einer der bisher geschlossensten Partituren Gershwins (die wieder mehrere glänzende Nummern für das Klavierduo Ohman/Arden enthielt) und mit einer großartigen Gertrude Lawrence in der Titelrolle. Der Erfolg war vorprogrammiert. Schon während der Tryouts in Philadelphia ab 18. Oktober jubelte das Publikum, die New Yorker Premiere am 8. November im Imperial Theatre wurde zu Gershwins bisher größtem Broadway-Erfolg, der 256 Aufführungen folgen sollten. Brooks Atkinson sprach am folgenden Tag in der »New York Times« von »einer exzellenten Arbeit der kreativsten Künstler auf dem Feld der musikalischen Unterhaltung« und bezeichnete *Oh, Kay!* als »im höchsten Maße köstlich und erfrischend.«

Während der Probenphase von *Oh, Kay!* hatte Gershwin einen 1925 erschienenen Roman gelesen, *Porgy* von Du Bose Heyward. Der schien ihm wie geschaffen als Vorlage für eine Oper (die er nach dem wenig erfolgreichen Einakter von 1922 unbedingt eines Tages schreiben wollte). Er nahm Kontakt mit dem Verlag auf, und da Heyward sich gerade in der Gegend aufhielt, wurde ein Treffen in Atlantic City vereinbart. Dort erklärte der Autor dem Komponisten, daß bereits an der Dramatisierung des Romans gearbeitet werde und daher eine musikalische Umformung gegenwärtig noch nicht möglich sei. Gershwin akzeptierte dies und meinte, es würde ohnehin noch längere Zeit brauchen, ehe er soweit sei, eine Oper in Angriff nehmen zu können. Heyward: »Wir verabschiedeten uns mit dem Beschluß, daß wir eines Tages, wenn wir beide dafür bereit sein würden, eine Opernversion meines einfachen Negerbettlers aus den Straßen von Charleston anfertigen würden.«[91]

Der Dezember des Jahres 1926 brachte eine weitere Uraufführung. Wie 1923 Eva Gauthier, so hatte jetzt die bekannte Altistin Marguerite d'Alvarez für einen Liederabend populäre Songs ausgewählt und Gershwin um die Begleitung gebeten. Dieser hatte zugesagt und außerdem der Bitte entsprochen, für den Abend doch auch ein neues Werk für Klavier zu schreiben. So erklangen am 4. Dezember im großen Saal des Hotels Roosevelt in New York erstmals fünf *Préludes für Klavier*, von denen er später drei veröffentlichte.

Die wirkungsvollen kleinen Stücke (in der Folge schnell – langsam – schnell) gehören seitdem zum Repertoire vieler bedeutenden Pianisten. Das erste steht in B-Dur, das dritte in Es-Dur. Dazwischen, als »Seele der kleinen Präludienfolge« (Schwinger), steht ein wunderbar getragenes Blues-Prélude in cis-Moll. Der Abend brachte noch eine weitere Novität: Gemeinsam mit Isidore Gorin spielte Gershwin zum ersten Mal seine Fassung der *Rhapsody in blue* für zwei Klaviere, entwickelt aus der Originalkomposition.

Darauf folgte ein wohlverdienter Urlaub, den Gershwin im Januar 1927 mit Skilaufen in Kanada und im Februar mit Hochseefischen in Florida verbrachte. Im März stand eine Aufführung des *Concerto in F* in Cincinnati auf dem Programm, es dirigierte Fritz Reiner. Und es kündigten sich gleich zwei neue Theaterprojekte an. Produzent Edgar Selwyn wollte ein Buch von George S. Kaufman komponiert haben, und das Team Aarons/Freedley plante (nach den Erfolgen *Lady, Be Good!*, *Tip-Toes* und *Oh, Kay!*) erneut ein Musical mit den beiden Astaires.

Damit wollten sie ihr gerade im Bau befindliches neues Alvin Theatre am Broadway eröffnen.

Um ungestört arbeiten zu können, mieteten George und Ira für die Monate April bis Juni ein Farmhaus in Ossining, im Westchester County nahe New York. Dort begannen sie zunächst mit der Arbeit an George S. Kaufmans Libretto *Strike Up the Band*. Das war ein ganz neuartiger, politischer Musical-Stoff, eine streitbar-pazifistische Antikriegsgeschichte – jedoch für

Lustige Sommerpose für den Fotografen: die Produzenten Alex Aarons (l.) und Vinton Freedley, in der Mitte Gershwin. Aufnahme vom Juli 1927

das Jahr 1927, als die »roaring twenties« sich auf ihrem Höhepunkt befanden, als von Depression noch keine Rede war, sondern Lebenslust, ja Lebensgier vorherrschten, eine hoffnungslos »antiquierte« Angelegenheit. Obwohl die Gershwins mit Feuereifer arbeiteten, ihnen eine Reihe glänzender Songs gelangen, fiel das Stück bereits bei den Tryouts in Philadelphia im September durch, worauf Produzent Selwyn die Broadway-Aufführung absagte. Politische Satire und ernsthafte Probleme waren offenbar derzeit nicht gefragt. Selwyn aber war von der Qualität des Buches wie der Musik überzeugt. Er legte *Strike Up the Band* nicht im Archiv unter »Mißlungenes« ab, sondern kam reichlich zwei Jahre später – unter nun gänzlich veränderten gesellschaftlichen Vorzeichen – wieder auf das Stück zurück.

Im Frühjahr 1927 auf der Ossining Farm, wohin sich George und Ira zur gemeinsamen Arbeit zurückgezogen hatten.

Werbezettel für die Tryout-Aufführungen in Philadelphia, September 1927

Wir werden noch ausführlich darauf eingehen.

Noch vor Beginn der Proben zu *Strike Up the Band* hatte Gershwin im Sommer ein großes Erlebnis gehabt und einen weiteren Triumph gefeiert – bei seinem ersten Auftritt im New Yorker Lewisohn Stadium (einem heute nicht mehr vorhandenen Football-Stadion an der Amsterdam Avenue, zwischen 136th und 138th Street, das jährlich im Juli/August zur Freilicht-Konzertarena für das New York Philharmonic Orchestra umfunktioniert wurde). Der Dirigent Willem van Hoogstraten hatte ihn eingeladen, am 26. Juli 1927 den Solopart in der *Rhapsody in blue* zu übernehmen, und 18 000 (!) Zuhörer zeigten sich begeistert.

Das neue Aarons/Freedley-Projekt *Smarty* sah anfänglich nach einem Mißerfolg aus. Zwar waren den Gershwins wiederum einige bemerkenswerte Songs gelungen, doch das ziemlich verworrene Buch erwies sich bereits bei den ersten Tryouts als Hemmnis, daran konnten auch Fred und Adele Astaire nichts ändern. Die ersten Vorstellungen von *Smarty* fanden im Oktober in Philadelphia statt, das Publikum reagierte äußerst reserviert. Ira Gershwin: »Es sah wie ein neuer Mißerfolg aus. Daraufhin verlängerten wir die Tryouts und arbeiteten sechs Wochen wie die Wahnsinnigen an dem Stück, Tag und Nacht. Darsteller wurden ausgewechselt, Texte umgeschrieben, Songs ausgetauscht

Plakat für die Londoner Produktion, Herbst 1928

Szenenfoto aus *Funny Face*, November 1927. Fred Astaire mit (v. l.) Betty Crompton, seiner Schwester Adele und Gertrude McDonald

»'S Wonderful« aus *Funny Face* gehört zu den besten Songs von George und Ira Gershwin. Hier die erste Notenausgabe, November 1927

und Musiken verändert.«[92] Und das Stück bekam den neuen Titel *Funny Face*, unter dem es schließlich am 22. November 1927 als Eröffnungspremiere des Alvin Theatre (heute Neil Simon Theatre) herauskam – und mit 244 Aufführungen zum nicht mehr erwarteten großen Erfolg wurde. Der Kritiker der »World« verwies auf die beiden Hauptsäulen dieses Erfolges, als er schrieb: »Ich weiß nicht, ob George Gershwin auf die Welt gekommen ist, um Rhythmen für die Füße von Fred Astaire zu schreiben oder ob Astaire das Licht der Welt erblickte, um zu demonstrieren, wie Gershwins Musik wirklich getanzt werden kann.«

Anders als bei den drei vorangegangenen Aarons/Freedley-Produktionen war diesmal die ziemlich dürftige Handlung um zwei Paare, einen Haufen Juwelen und einige dunkle Gestalten lediglich ein Gerüst für die Gesangs- und Tanznummern von Fred und Adele Astaire sowie dem Ballett. Und diese Gershwin-Nummern garantierten schließlich den Erfolg, an erster Stelle der Ohrwurm »'s wonderful« mit seiner griffigen Refrainmelodie und Iras prägnantem »'s wonderful – 's marvellous – 's paradise«, von dem man nur schwer wieder loskommt. Ebenso große Würfe waren »My One and Only«, »He Loves and She Loves« und das urkomische »The Babbitt and the Bromide«.

Nach der Premiere war keine Zeit zum Ausruhen, denn die Gershwins hatten zugesagt, Songs für eine Produktion des mächtigen Florenz Ziegfeld zu schreiben, die sehr operettenhafte Show *Rosalie*. Der Großteil der Musik stammte von Sigmund Romberg, die Gershwin-Songs nahmen

Song-Einzelausgabe zu *Rosalie*, Januar 1928. Auf dem Titelblatt die Darstellerin der Titelrolle, Marilyn Miller

sich eher wie Fremdkörper aus – doch das Publikum goutierte die romantische Liebesgeschichte zwischen einer europäischen Prinzessin auf Amerikareise und einem Lieutenant der US-Army. Nicht zu sprechen von den 50 Ziegfeld-Girls, die das Ganze umrahmten. *Rosalie* kam am 10. Januar 1928 im New Amsterdam Theatre heraus und lief länger als ein Jahr.

George und Ira aber beschlossen, nun eine Pause einzulegen und gemeinsam eine ausgedehnte längere Europareise zu machen, diesmal ohne jede berufliche Verpflichtung.

Während einer Probe zu *Rosalie*, Dezember 1927 (v. l.): der Pianist Jack Donahue, Gershwin am Klavier, Sigmund Romberg, der Ko-Komponist des operettenhaften Stückes, Hauptdarstellerin Marilyn Miller und Produzent Florenz Ziegfeld

Gershwin in Europa oder *Ein Amerikaner in Paris*

1928

Mitte Februar 1928 erschien in der Zeitschrift »Musical America« ein Beitrag über Gershwin. Darin hieß es: »Der Jazz-Komponist von *Rhapsody in blue* und anderen Erfolgen hofft, noch vor dem Ende dieses Sommers … ein Ballett *An American in Paris* zu vollenden … Mr. Gershwin wird Anfang März nach Europa reisen. Nach Besuchen in London und Paris plant er, ein Haus in Südfrankreich zu mieten, wo er arbeiten und studieren will – bei wem und was, weiß er noch nicht.«[93]

Zweierlei wird hier deutlich: Gershwin hatte zu diesem Zeitpunkt bereits mit der Arbeit am *American* begonnen, und er hoffte, in Frankreich seine Kompositionsstudien fortzusetzen.

Einem der dafür ins Auge gefaßten berühmten Musiker sollte er, quasi als Ouvertüre zu seiner Reise, noch vor der Abfahrt aus New York begegnen. Die Sängerin Eva Gauthier lud Gershwin zu einer Party am 7. März 1928 ein, die sie zu Ehren des 53. Geburtstages von Maurice Ravel gab. Der Franzose war gerade zu einer viermonatigen Konzerttournee in den USA eingetroffen. Als die Gauthier ihn nach besonderen Wünschen fragte, hatte Ravel darum gebeten, Gershwin zu treffen und eine von dessen Musical Comedies sehen zu können. Letzteres war mit einem Besuch von *Funny Face* realisiert worden. Und am Abend des siebten März begegneten sich dann die beiden Komponisten persönlich. Eva Gauthier: »Nach dem Essen spielte Gershwin die *Rhapsody* und dann fast sein ganzes Repertoire, wobei er sich völlig verausgabte. Es war ein unvergeßlicher Abend – diese Begegnung der zwei bedeutendsten Komponisten des Tages, der Jüngere gerade dabei, den Gipfel des Ruhms zu erklimmen, der Ältere bereits dort angekommen. Was Ravel erstaunte, war die Leichtigkeit, mit der George auch die größten technischen Schwierigkeiten meisterte, sein geniales Zusammenführen komplizierter Rhythmen und seine melodische Begabung.«[94]

Natürlich fragte Gershwin seinen berühmten Kollegen, ob er ihm nicht in Paris Unterricht geben könne. Dieser lehnte ab – mit der später vielzitierten Äußerung: »Warum wollen Sie ein zweitklassiger Ravel werden, wenn Sie doch ein erstklassiger Gershwin sind?«[95] Er gab ihm statt dessen eine Empfehlung für Nadia Boulanger mit auf die Reise.

Am 11. März bestiegen George, Bruder Ira und dessen Gattin den Dampfer »Majestic«, der sie zunächst nach Southampton bringen sollte. Von dort ging es weiter nach London, wo man am 16. März eintraf und eine Woche verbrachte. Sightseeing stand auf dem Programm, wieder natürlich verschiedene Abendgesellschaften und ein Besuch von *Oh, Kay!*, dessen Aufführungsserie gerade zu Ende ging. Mit der Hauptdarstellerin Gertrude Lawrence war Gershwin inzwischen freundschaftlich verbunden.

Am 25. März reisten die Gershwins nach Paris weiter, wo man bis Anfang Juni im Hotel Majestic Quartier bezog. In Georges Suite war ein Klavier aufgestellt worden, da er ja zu arbeiten gedachte, und zwar an seinem *American in Paris*. Gershwin

Geburtstagsparty für Maurice Ravel (am Klavier), New York, 7. März 1928. Stehend (v. l.): Dirigent Oscar Fried, die Gastgeberin Eva Gauthier, Dirigent Tedesco di Napoli und Gershwin

wurde in Paris als berühmter Musiker empfangen, auf Schritt und Tritt begleiteten ihn die Melodien seiner *Rhapsody in blue*, zahlreiche Musiker besuchten ihn im Hotel, und natürlich war er wieder Stargast auf abendlichen Empfängen, wo er sich nur zu gern bitten ließ, ans Klavier zu gehen.

Einer seiner ersten Besuche führte ihn zu Nadia Boulanger, der »grande dame« der französischen Musik, Lehrerin vieler junger Komponisten, auch vieler Amerikaner, etwa Aaron Copland, Virgil Thomson oder Walter Piston. Doch auch Boulanger lehnte es – trotz Ravels Empfehlung – ab, ihm Unterricht zu geben, besonders nachdem er ihr vorgespielt hatte. Er sei Gershwin, ein originäres Talent, das keinen streng akademischen Unterricht brauche und dem sie nichts beizubringen habe.

Ebenfalls schon in der ersten Woche ging Gershwin mit seiner Freundin Mabel Schirmer auf eine spezielle Einkaufstour – er wollte eine Anzahl jener typischen Pariser Taxihupen kaufen, die ihm bei vorangegangenen Besuchen in der Stadt so imponiert hatten und deren Klang er im *American* einsetzen wollte. Mabel führte ihn in eine spezielle Autohandlung, und glücklich brachte George mehrere seiner neuen »Instrumente« ins Hotel zurück.

Jetzt war auch endlich Zeit für das touristische Pflichtprogramm. Vom Besuch des Eiffelturms notierte Ira in seinem Tagebuch: » George und ich reihten uns in die lange Schlange ein, und nach 15 Minuten fanden wir uns im Aufzug wieder, zusammen mit etwa 50 Menschen, die Mehrzahl Franzosen, dazu etwa ein Dutzend

Abreise nach Europa, 11. März 1928. George, Ira und dessen Gattin Leonore an Bord des Dampfers »Majestic«

In London schenkte Gertrude Lawrence Gershwin diese Porträtzeichnung mit der Widmung: »Für George im Rampenlicht vom Teufel selbst. Alle guten Wünsche.«

In Berlin traf Gershwin am 24. April 1928 mit Kurt Weill zusammen. 1935 begegneten sich beide in New York wieder, während einer Probe zu *Porgy and Bess*. Gemeinsam mit Ira Gershwin schuf Weill in den USA ab 1940 zwei Musicals und einen Film. Porträtaufnahme von Lotte Jacobi, 1928

Berlin, Potsdamer Platz. Vor der berühmten »Normaluhr«

Deutsche … Ich war noch nie auf einem so hohen Bauwerk gewesen (22 Stockwerke in New York waren mein Rekord), und es war einzigartig. Ich hatte Angst, bis ans Geländer vorzutreten, und George hatte ähnliche Probleme mit seinem Magen. Der Ausblick war natürlich großartig. Wir gingen ringsherum, lästerten über unsere Angst und waren sehr beeindruckt. Nach etwa fünf Minuten hatten wir uns dann an die Höhe gewöhnt und lehnten uns sogar über das Geländer … Dann wieder mit dem Aufzug bis zur Zwischenstation, von wo aus wir zu Fuß hinunterstiegen … Etwa 38 lange Treppen, mein Gott, die Beine zitterten, als wir endlich wieder unten auf der Straße standen.«[96]

Am 31. März besuchten die Gershwins eine Aufführung der *Rhapsody*; man spielte eine Fassung für zwei Soloklaviere und Orchester. Der Komponist war höchst unzufrieden und verließ sofort nach Schluß den Saal. Doch, so schrieb Ira im Tagebuch: »Als ich Wiener (einen der beiden Solisten – J. S.) in den Saal starren und zum Dirigenten hin gestikulieren sah, wußte ich, sie wollten George auf dem Podium haben. Also holte ich ihn eilig zurück, er wurde nach oben gebeten und vom Publikum gefeiert.«[97] Wenige Tage später mußte Gershwin auch noch eine – ebenso unbefriedigende – Ballettfassung der *Rhapsody in blue* über sich ergehen lassen.

Am 22. April reisten die Gershwins für eine Woche nach Berlin. Hier traf George am 24. April mit Kurt Weill zusammen, besuchte einen Klavierabend von Josie Rosanska im Bechstein-Saal und besichtigte

Wien, Café Sacher, 29. April 1928. An der Wand (v. l.): Ira, Leonore und George, neben ihm der Operettenkomponist Emmerich Kálmán

die Sehenswürdigkeiten der deutschen Hauptstadt. Dabei durfte dann auch ein Foto vor der berühmten »Normaluhr« am Potsdamer Platz, damals das Nervenzentrum der Metropole, nicht fehlen. Am 26. April folgte ein Ausflug nach Potsdam und Sanssouci, zu den Stätten der Preußenkönige.

Es schloß sich eine Woche Wien an, wo man am 28. April eintraf. Hier hatte Gershwin zahlreiche »musikalische« Begegnungen. Gleich am ersten Nachmittag bat ihn der Operettenkomponist Emmerich Kálmán ins Café Sacher – wo die Kapelle bei seinem Eintritt ein Thema aus der *Rhapsody in blue* anstimmte. Am nächsten Tag stellte ihn Kálmán dem Schriftsteller Ferenc Molnár vor. Und dann ging es mit einigen Bekannten zu einem Heurigenabend nach Grinzing. Richard Simon schrieb darüber: »Als wir in das Lokal kamen, spielte man dort natürlich Wiener Walzer. Ich konnte sehen, wie George das Wasser im Munde zusammenlief. Nicht nur das Orchester spielte die Melodien, nein, alle im Saal summten mit. George hatte ursprünglich nicht mitgehen wollen. Er fühlte sich nicht sonderlich, war nicht rasiert und wollte etwas arbeiten. Doch wir hatten ihn schließlich in ein Taxi gedrängt, und nun, da er nur einige Minuten hier war, waren Magen, Rasur und Arbeit völlig vergessen.«[98]

Zufällig war auch Pianistenfreund John Donahue in der Stadt, er begegnete Gershwin in der Wiener Staatsoper während einer Aufführung von Ernst Kreneks damals als »Jazzoper« gefeiertem Sensationserfolg *Jonny spielt auf*. Donahue erinnerte sich später: »Ich stellte während der Pause im Foyer ziemlich laut fest, eine richtige Jazzoper könne nur einer schreiben, nämlich George Gershwin. Darauf meinte jemand hinter mir: ›Oh, Yeah.‹ Ich drehte mich um und erblickte George, Ira und Leonore Gershwin. Nach der Vorstellung aßen wir zusammen im Hotel Bristol und sahen uns in der darauffolgenden Woche des öfteren … George arbeitete, wann immer möglich, auch in Wien an *An American in Paris*, zunächst unter lautem Protest der Bewohner der Nebenräume des Hotels, ehe diese dann erfuhren, wer ›diesen schrecklichen Lärm‹ machte und selbst gelegentlich vorbeischauten … Eines Nachmittags waren wir bei der Witwe des Walzerkönigs Johann Strauß Sohn zum Tee eingeladen. Das war eine faszinierende alte Dame, voll von Anekdoten über ihren Mann, über Rubinstein, Liszt, Tschaikowski und viele andere große Musiker. Wir fragten mit angehaltenem Atem nach Brahms, doch sie bedauerte, seine Musik sei für ihren Geschmack zu modern … Bevor wir gingen, versuchte sie, uns für eine enorme Summe die Originalpartitur der *Fledermaus* zu verkaufen, was wir dankend ablehnten.«[99]

Begegnung mit Franz Lehár. Der »Operettenkönig« schenkte George zum Abschied ein Foto mit der Widmung: »Meinem lieben Freund und Kollegen Mr. Gershwin zur Erinnerung an eine gemütliche Plauderstunde in Wien, am 3. Mai 1928.«

Am 3. Mai folgte ein Mittagessen mit Franz Lehár, der damals gerade an seiner neuen Goethe-Operette *Friederike* arbeitete. Am Nachmittag dann traf Gershwin mit Alban Berg zusammen, dem Schüler Schönbergs und Repräsentanten der Zweiten Wiener Schule. »Der Wiener Atonalist und der amerikanische Rhapsodist fanden Gefallen aneinander« – so Edward Jablonski[100] –, und zwei Tage später sollte für George ein großes Erlebnis folgen. Er wurde in die Wohnung des berühmten Geigers Rudolf Kolisch gebeten, der mit seinem Quartett Bergs *Lyrische Suite* in der ursprünglichen Streichquartettfassung spielte. Auch Alban Berg war wieder anwesend und schenkte Gershwin beim Abschied ein Foto mit Widmung und einer notierten Zeile aus dem Quartett. Vorher hatte man den Gast aus Amerika noch ans Klavier gebeten, Berg zeigte sich entzückt, »doch plötzlich hörte George auf zu spielen; es schien ihm nicht passend, nach dem feierlichen Quartett Show-Melodien, ja sogar die *Rhapsody* zu spielen. Doch Berg ermutigte ihn fortzufahren, und bemerkte: ›Mr. Gershwin, Musik ist Musik.‹«[101]

Foto mit Widmung von Alban Berg: »Mr. George Gershwin zur freundlichen Erinnerung an den 5. Mai 1928 und an Alban Berg« sowie einer notierten Sequenz aus der *Lyrischen Suite*

Am 7. Mai fuhr George allein nach Paris zurück, Ira und seine Frau machten einen Abstecher nach Ungarn; man wollte sich dann später in Paris wiedertreffen und gemeinsam nach New York zurückkehren. George war sehr gespannt – stand doch ein Auftritt seiner Schwester Frances bevor. Diese hatte in den zurückliegenden Jahren eine Karriere als Sängerin begonnen, war 1927 in einer Broadway-Revue aufgetreten und sollte 1930 Leopold Godowsky heiraten, Sohn eines Pianisten und Erfinder auf dem Gebiet der Fototechnik.

Jetzt war sie im Pariser Nachtklub »Des Ambassadeurs« in einer Cole-Porter-Revue angekündigt. Bei der Premiere am 10. Mai war George anwesend und konnte sich über den Erfolg seiner Schwester freuen.

Es folgten weitere wichtige Begegnungen: am 12. Mai erneut mit Igor Strawinsky, dann mit Darius Milhaud (der reichlich zehn Jahre später, im USA-Exil, mit deutlichem Bezug auf Gershwin *Un Français à New York* komponieren sollte), am 30. Mai mit Sergej Prokofjew und einen Tag später mit dem Pianisten Vladimir Horowitz. Dazwischen lag weitere intensive Arbeit am *American in Paris*.

Am 29. Mai traf sich die Pariser Musikwelt im »Théâtre National de l'Opéra« bei der europäischen Erstaufführung von Gershwins *Concerto in F*. Anwesend waren u. a. Arthur Honegger und Sergej Prokofjew, der berühmte Choreograph und Tänzer Sergej Djaghilew sowie der Schauspieler und Chansonnier Maurice Chevalier. Dimitri Tiomkin war der Solist (er ging später nach Hollywood und wurde ein berühmter Filmkomponist), es dirigierte Vladimir Golschmann, vor Gershwins Klavierkonzert erklangen Werke von Carl Maria von Weber, Franz Liszt und Aaron Copland. Dem Konzert folgte eine große Abendgesellschaft zu Ehren Gershwins, in deren Verlauf er natürlich, im Wechsel mit dem ebenfalls anwesenden Cole Porter, öfters ans Klavier mußte. Die Pariser Kritik zeigte sich sehr angetan. So schrieb etwa der einflußreiche Emile Vuillermoz: »Dieses äußerst charakteristische Werk machte selbst dem mißtrauischsten Musiker klar, daß der Jazz, nachdem er bereits die Technik des Tanzes erneuert hat, sehr

Zu Gast bei dem französischen Komponisten Alexandre Tansman (r.), in der Mitte das Ehepaar Rhené-Baton

Auch die amerikanische Kolonie in Paris feierte Gershwin, wie diese Einladung zeigt: »Bitte kommen Sie am 21. Mai um 22 Uhr in die Rue de la Pompe Nr. 179, um die Gershwins zu treffen. Medgyès wird einen bösen Cocktail zaubern.« Bei dieser Party traf George u. a. den berühmten Fotografen Man Ray.

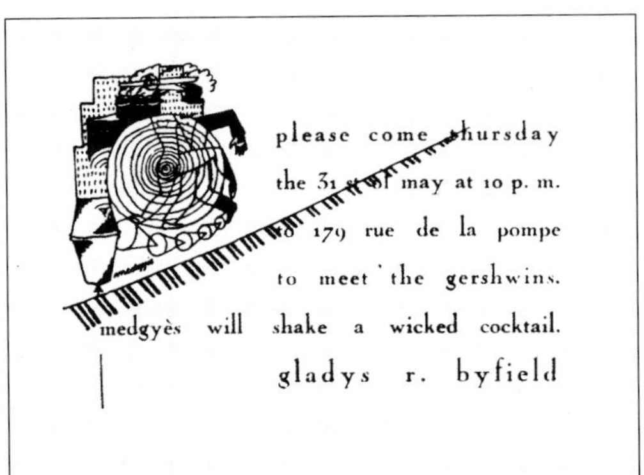

gut auch einen tiefen und förderlichen Einfluß auf die ›hohen Sphären‹ ausüben kann. Hier, in dieser Mischung von Balance und biegsamer Geschmeidigkeit, finden sich eine ganze Reihe von Hinweisen, die auch der ernstesten Musik durchaus zum Vorteil gereichen können.«[102]

Für Gershwin aber war es Zeit, nach New York zurückzukehren. Walter Damrosch hatte für das Jahresende die Uraufführung von *An American in Paris* ins Auge gefaßt, Aarons und Freedley planten für den Herbst ein neues Musical, Florenz Ziegfeld hatte nach Songs für eine Produktion angefragt. Das kompositorische »Doppelleben« warf erneut seine Schatten voraus.

Am 3. Juni ging es zunächst zurück nach London, wo erste Gespräche mit Gertrude Lawrence für die neue Aarons/Freedley-Produktion *Treasure Girl* anstanden, dann bestiegen die Gershwins am 13. Juni in Southampton das Schiff und trafen am 18. Juni wieder in New York ein. Erlebnisreiche Monate lagen hinter George, überall hatte man ihn gefeiert, er hatte interessante Begegnungen gehabt, nur seine ursprünglich verkündeten Absichten (Kompositionsstudium, zurückgezogene Arbeit in Südfrankreich) waren nicht zu realisieren gewesen.

Dennoch war es mit dem *American* in verschiedenen Hotelzimmern kräftig vorwärtsgegangen. George führte nach seiner Rückkehr nicht nur stolz die Pariser Autohupen vor, sondern berichtete bereits im August sehr konkret von seiner jüngsten Komposition: »Dieses neue Stück, tatsächlich ein rhapsodisches Ballett, ist sehr frei geschrieben, es ist die modernste Musik, die ich bisher versucht habe. Der Eröffnungsteil wird sich in typisch französischem Stil entwickeln, in der Art von Debussy und den ›Les Six‹, obwohl die Themen alle original sind. Meine Absicht ist es, die Impressionen eines amerikanischen Besuchers in Paris wiederzugeben, wie er durch die Stadt schlendert, den unterschiedlichen Geräuschen der Straßen lauscht und die französische Atmosphäre aufnimmt. Wie in meinen anderen Orchesterwerken habe ich auch hier nicht versucht, mit der Musik irgendwelche festgelegten Szenen wiederzugeben. Die Rhapsodie ist programmatisch nur in einem allgemein impressionistischen Sinne, so daß jeder Hörer seine eigenen Erfahrungen und Vorstellungen in die Musik hineindeuten kann.«[103]

Die Kompositionsarbeit lief ab September parallel zum neuen Theaterprojekt *Treasure Girl*, mit dem das Team Aarons/Freedley/Gershwin/Lawrence den Erfolg von *Oh, Kay!* wiederholen wollte. Doch das Buch war diesmal so schlecht, daß auch Gershwins Songs es nicht retten konnten. Erzählt wird die Geschichte des armen Mädchens Ann, das einem reichen Grundbesitzer namens Neil begegnet. Zwischen beiden entwickelt sich eine Art Haßliebe, sie sind voneinander angetan und streiten sich im nächsten Augenblick schon wieder. Als Ann schließlich auf dem Landsitz einen Schatz findet, kommt alles zum guten Ende, beide verloben sich, Vorhang. Bereits die Tryouts ab Mitte Oktober verliefen wenig verheißungsvoll, die Premiere am 8. November im Alvin Theatre war nicht wesentlich besser. Alle Kritiker stimmten überein, daß das Team diesmal unter seinem Standard geblieben war. Nach nur 68 Vorstellungen wurde *Treasure Girl* abgesetzt – ein ziemlicher Mißerfolg.

Administration de Concerts A. DANDELOT & FILS (fondée en 1898), 83, Rue d'Amsterdam

Théâtre National de l'Opéra

Mardi 29 Mai 1928, en Soirée

CONCERT

donné par M.

TIOMKIN

avec

L'ORCHESTRE DES CONCERTS GOLSCHMANN

dirigé par

VLADIMIR GOLSCHMANN

Ouverture d'Euryanthe . . . . WEBER
L'ORCHESTRE

Concerto en *la* (Piano et Orchestre) . . . . LISZT
M. TIOMKIN et l'ORCHESTRE

Cortège macabre . . . . COPELAND
L'ORCHESTRE

CONCERTO en *fa* . . . . GERSHWIN
(Première Audition)
M. TIOMKIN et l'ORCHESTRE

PIANO GAVEAU

Prix des Places

Balcon, 1re série : 60 fr. - Balcon, 2me série : 40 fr. - Orchestre, 1re série : 50 fr. - Orchestre, 2me série : 30 fr.
Baignoire, la place : 30 fr. - 1re Loge, la place : 40 fr. - 2me Loge, la place : 30 fr. - 3me Loge, la place : 25 fr.
4me Loge, la place : 20 fr. - 5me Loge, la place : 15 fr. - Fauteuil Amphithéâtre face : 15 fr.
Stalle Amphithéâtre face : 12 fr. - côté : 10 fr. — *Supplément* 0.75 - *timbre déclaré* 0.25

LOCATION au Théâtre National de l'Opéra - *chez MM.* Durand, *4, Place de la Madeleine - au* Guide-Billets, *20, Avenue de l'Opéra et à l'Administration de Concerts* A. Dandelot et Fils, *83, Rue d'Amsterdam, Gut. 13-25.*

Programmzettel der europäischen Erstaufführung des *Concerto in F*, Paris, 29. Mai 1928. Der Name des amerikanischen Komponisten Aaron Copland ist falsch geschrieben.

Mit Gertrude Lawrence am Eingang zum Gebäude der BBC in London, Anfang Juni 1928

Auch die inzwischen für Ziegfeld geschriebenen Songs erwiesen sich als Flop, da dessen geplante Produktion *East is West* aus verschiedenen Gründen gar nicht erst zustande kam. Allerdings sollte das dafür geschriebene »Embraceable You« später zum Welterfolg werden.

Um so intensiver widmete sich Gershwin seinem *American in Paris*. Am 18. November schloß er die Orchestrierung ab, auf dem Partiturautograph vermerkte er nun: »Ein Tonpoem für Orchester.« Walter Damrosch hatte die Uraufführung für den 13. Dezember angesetzt. In der Presse stellte Gershwin das Werk folgendermaßen vor:

»Auf einen fröhlichen Eröffnungsteil folgt ein ausladender Blues über einem streng rhythmischen Untergrund. Vielleicht ist unser amerikanischer Freund beim Besuch eines Cafés und nach einigen Drinks plötzlich von Heimweh befallen worden. Die Harmonien hier sind eindringlicher, aber auch einfacher als zuvor. Der Blues treibt schließlich seinem Höhepunkt zu, gefolgt von einer Coda, in der der Geist der Musik zur Lebhaftigkeit und überschäumenden Fülle des Eröffnungsteils zurückkehrt, mit seinen Impressionen von Paris. Offenbar hat der Zauber des Blues unseren heimwehkranken Amerikaner verlassen, nachdem er aus dem Café an die frische Luft getreten und nun wieder ein eifriger Beobachter des Pariser Lebens geworden ist. Am Ende vereinen sich Straßengeräusche und französische Atmosphäre zu einem triumphalen Schluß.«[104]

Mit Bezug auf Gershwins Kommentar vom Sommer 1928 stellt Wolfram Schwinger fest: »In einem Punkte hat sich Gershwin selbst getäuscht, wenn er nämlich glaubte, er habe sein Stück im französischen Stil begonnen, in der Art Debussys und der Groupe des Six. Zumindest hat er sich dabei selbst unterschätzt. Denn auch in dieser Musik ist er ganz er selbst geblieben.« Und weiter: »Gershwin hat zu diesem Zeitpunkt einen so hohen Grad an handwerklicher Reife erreicht, eine solche Meisterschaft in der Beherrschung satztechnischer Künste und in der Handhabung einer brillant klingenden Orchesterpalette, daß man sich wahrlich fragt, was er theoretisch bei Ravel oder Strawinsky noch hätte lernen sollen.«[105]

Die Uraufführung von *An American in Paris* am 13. Dezember in der Carnegie Hall (am nächsten Tag wiederholt) wurde zum erneuten Triumph. Walter Damrosch dirigierte das New York Symphony

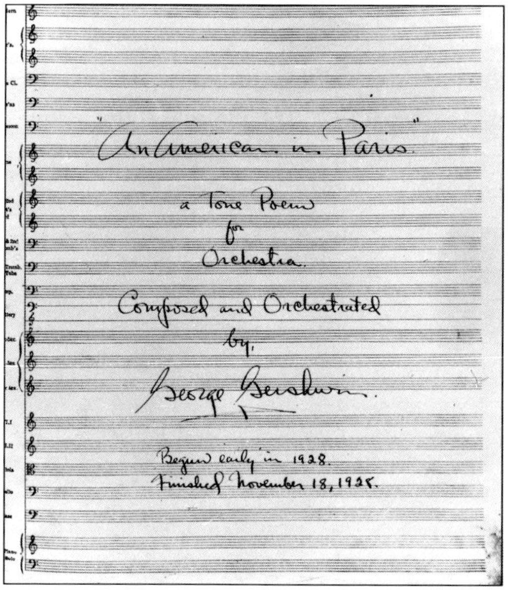

Titelblatt des Partitur-Autographs *An American in Paris*, abgeschlossen am 18. November 1928

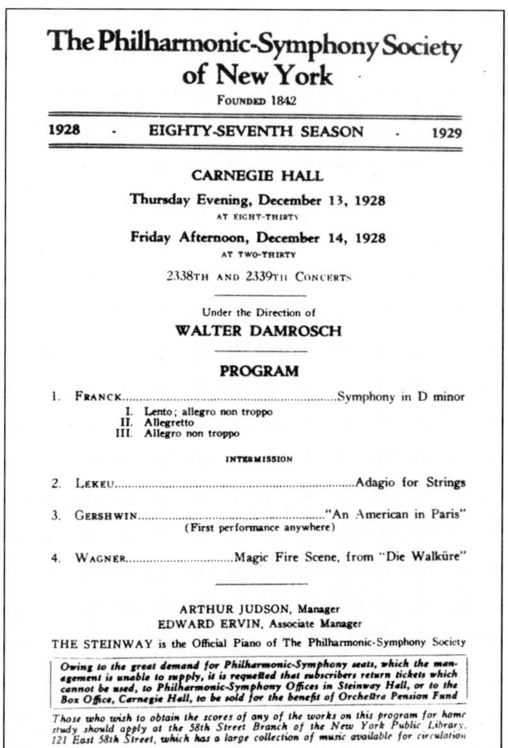

The Philharmonic-Symphony Society of New York

FOUNDED 1842

1928 · EIGHTY-SEVENTH SEASON · 1929

CARNEGIE HALL

Thursday Evening, December 13, 1928
AT EIGHT-THIRTY

Friday Afternoon, December 14, 1928
AT TWO-THIRTY

2338TH AND 2339TH CONCERTS

Under the Direction of
WALTER DAMROSCH

PROGRAM

1. FRANCK .... Symphony in D minor
   I. Lento; allegro non troppo
   II. Allegretto
   III. Allegro non troppo

INTERMISSION

2. LEKEU .... Adagio for Strings

3. GERSHWIN .... "An American in Paris"
   (First performance anywhere)

4. WAGNER .... Magic Fire Scene, from "Die Walküre"

ARTHUR JUDSON, Manager
EDWARD ERVIN, Associate Manager

THE STEINWAY is the Official Piano of The Philharmonic-Symphony Society

Owing to the great demand for Philharmonic-Symphony seats, which the management is unable to supply, it is requested that subscribers return tickets which cannot be used, to Philharmonic-Symphony Offices in Steinway Hall, or to the Box Office, Carnegie Hall, to be sold for the benefit of Orchestra Pension Fund

Those who wish to obtain the scores of any of the works on this program for home study should apply at the 58th Street Branch of the New York Public Library, 121 East 58th Street, which has a large collection of music available for circulation

Programmzettel der Uraufführung von *An American in Paris*, New York, 13. Dezember 1928

Orchestra, vor Gershwins »Tonpoem« erklangen Werke von César Franck und Guillaume Lekeu, danach die Feuerszene aus Wagners *Walküre*. Doch der neue Gershwin überstrahlte alles und wurde vom Auditorium bejubelt. Nur die New Yorker Musikkritik zeigte sich in den nächsten Tagen wieder in alter Gespaltenheit: Neben der Anerkennung des neuen Werkes standen erneut akademische Kritteleien bis hin zur Ablehnung. Dies konnte jedoch den beginnenden Siegeszug des Werkes nicht aufhalten. Im Januar 1929 folgte die erste Schallplatteneinspielung bei RCA Victor sowie die Rundfunkpremiere, im Februar führte der Dirigent Fritz Reiner das Werk in Cincinnati auf, dann folgten rasch Aufführungen in vielen anderen Städten der USA und in Europa.

Am Abend der Uraufführung hatte es natürlich eine große Feier gegeben. Dort ergriff u. a. der kunstsinnige Finanzmann und Mäzen Otto H. Kahn das Wort und sagte: »Gershwin ist die führende Gestalt des jungen Amerika in der Musik, im gleichen Sinne, wie Lindbergh die führende Gestalt des jungen Amerika in der Luftfahrt ist.« Was er dann folgen ließ, kam vielen im Raum wie eine Einladung an die Metropolitan Opera vor (zu deren einflußreichsten Förderern Kahn zählte): »Ich glaube an Sie voller Vertrauen und Bewunderung, ich glaube an Ihre Persönlichkeit, Ihr Talent, an Ihre Kunst, Ihre Zukunft, an Ihre Bedeutung auf dem Feld der amerikanischen Musik. Und gerade deshalb möchte ich Ihnen wünschen, daß Sie – für nicht allzulange Zeit – einmal den treibenden Sturm und Drang der Gefühle

erfahren mögen, den einsamen Kampf mit der eigenen Seele, das Alleinsein … Dies nämlich sind die wirksamsten Ingredienzen für die Vertiefung und das Reifen der seelischen und geistigen Kräfte eines Künstlers.«[106] Nur sechs Jahre später sollte Gershwin mit *Porgy and Bess* ein Werk solcher von Kahn gewünschten Tiefe und Seelenstärke vorlegen – doch die Türen der »Met« sollten seiner Oper noch lange verschlossen bleiben.

Der Herbst 1928 hatte eine weitere persönliche Veränderung gebracht. Drei Jahre nach dem Kauf verließen George und Ira nun das elterliche Haus in der

Stolz präsentieren Komponist und »Solist« die in Paris gekauften Taxihupen, beobachtet von Tenor Richard Crooks.

Gershwins Arbeitszimmer im Penthouse-Apartment am Riverside Drive, das er im Spätherbst 1928 bezog.

Cincinnati, Februar 1929, anläßlich der Aufführung des *American* durch das Cincinnati Symphony Orchestra (v. l.): Orchestermanager Roy Harnikel, Gershwin und Dirigent Fritz Reiner. Dahinter James Rosenberg, der die Taxi-Hörner »spielte«.

103rd Street und bezogen geräumige Penthouse-Apartments in einem Hochhaus direkt am Hudson River, 33 Riverside Drive, Ecke 75th Street. Von der Terrasse im siebzehnten Stockwerk aus hatte George einen herrlichen Blick über den Fluß nach New Jersey hinüber, die Räume waren im modernsten Stil eingerichtet – doch Ruhe stellte sich auch hier nur selten ein. Ständig kamen Gäste und Besucher, Gershwins Partys – schon in der 103rd Street berühmt – zogen die Creme der New Yorker Kunstwelt an. Es gab genügend Platz für die schönen Gemälde aus Georges Sammlung, und sein eigenes Malen setzte er in der neuen Umgebung intensiv fort.

Das Jahr 1928 ging zu Ende. Auf Gershwin wartete neue Theaterarbeit.

Broadway II: Paukenschläge eines neuen Genres

Musicals in den Jahren der Depression

1929–1933

Im Frühjahr meldete sich Florenz Ziegfeld wieder bei den Gershwins. Anstelle der nicht zustandegekommenen Show *East is West* wollte er nun eine erfolgreiche Magazingeschichte von J. P. McEvoy bearbeiten, die neue Produktion sollte *Show Girl* heißen. Das war gewissermaßen »Ziegfeld bei Ziegfeld«, denn im Mittelpunkt der Story stand eine hoffnungsvolle junge Schauspielerin und Sängerin, deren größter Traum es ist, einmal bei den berühmten »Ziegfeld Follies« aufzutreten. Nun mußte alles sehr rasch gehen. Als Gershwin wegen der kurzen Termine protestierte – so erinnerte er sich später –, »lächelte Mr. Ziegfeld nur und sagte: ›George, natürlich können Sie das. Sie brauchen doch nur in Ihren Koffer zu greifen und einige Hits herauszuholen.‹ Nun, Flo Ziegfeld hatte eine Art, stets das zu bekommen, was er wollte. Die Proben begannen, als die Musik erst zur Hälfte und das Buch vielleicht zu einem Drittel fertig waren. Die Tryout-Premiere in Boston war am 24. Juni – und ich glaube, die letzte Szene wurde erst im Zug dorthin zum ersten Mal geprobt.«[107]

Und dieses überstürzte Arbeiten war dem Stück anzumerken. Zwar hatte man das Orchester Duke Ellington engagiert, zwar gab es eine große Tanznummer nach *An American in Paris*, es gab einige sehr gute Gershwin-Songs, doch zu einer richtigen Handlung wollte sich das Ganze nicht zusammenfügen. So reagierte das Publikum nicht besonders enthusiastisch – obwohl es eine ungeahnte Unterstützung gab. Hören wir Gershwin: »Der zweite Akt kam heran, die attraktive und talentierte

Ruby Keeler trat mit dem Song ›Liza‹ auf. Man stelle sich die Überraschung des Publikums – und meine! – vor, als plötzlich ohne jede Vorwarnung Al Jolson, der in der dritten Reihe am Mittelgang saß, aufsprang und seiner Braut einen Refrain von ›Liza‹ zusang! Miss Keeler und er hatten nämlich gerade geheiratet. Das war natürlich eine Sensation und verhalf dem Song zu einem großen Start.«[108] »Liza« sollte, ebenso wie »Swanee«, fortan zu den Höhepunkten von Jolsons Repertoire gehören. Bei der New Yorker Premiere von *Show Girl* am 2. Juli im Ziegfeld Theatre wiederholte er die Bostoner Episode, mit gleichem Erfolg, doch das Stück insgesamt erzielte damit keinen Durchbruch. Nach reichlich drei Monaten wurde die Produktion abgesetzt.

Während einer Probe im Lewisohn Stadium, Ende August 1929. An diesem Abend spielte Gershwin die *Rhapsody in blue* und dirigierte – erstmals – den *American in Paris.*

Die American Tobacco Co. wirbt mit dem »noted composer« Gershwin: »Greifen Sie zu einer Lucky – anstatt zu einer Süßigkeit«, 1929

Lewisohn Stadium New York, 26. August 1929. An diesem Abend spielte Gershwin die *Rhapsody in blue* und dirigierte – erstmals – den *American in Paris*.

Für Gershwin aber stand wieder ein Auftritt im Lewisohn Stadium bevor, als Solist in der *Rhapsody in blue* und erstmals auch als Dirigent beim *American in Paris*. Er war aufgeregt und suchte Unterstützung bei seinem alten Lehrer Edward Kilenyi. Dieser schrieb später: »George wollte wissen, was er tun könne, um die nötige Gelassenheit zu gewinnen. ›Lassen Sie uns gemeinsam Ihre Musik durchgehen‹, schlug ich vor. Er spielte also die Schallplattenaufnahme des *American in Paris*, und wir verbrachten viele Stunden damit, sie immer wieder zu dirigieren. Ich versuchte, ihm soviel praktische Tips zu geben wie nur möglich. Sein Konzert wurde ein Triumph.«[109]

Ein erhaltenes Panoramafoto zeigt das restlos überfüllte Stadion mit Gershwin auf dem Podium. Im November wurde das Konzert im Mecca Temple wiederholt, in der »New York Times« las man danach: »Der Komponist und Dirigent mußte sich viele Male verbeugen, immer wieder ließ er das Orchester sich erheben und den Beifall mit ihm teilen.« Von nun an war neben dem Pianisten auch der Dirigent Gershwin ein vielgefragter Gast bei den großen Orchestern der USA.

Er trug sich zu dieser Zeit ernsthaft mit der Idee, aus dem alten jüdischen Stoff vom »Dybbuk« eine Oper zu formen. Mit Otto Kahn von der Metropolitan Opera war er sich bereits einig; die Presse berichtete von dem Projekt (etwa mit der Überschrift »Gershwin legt den Jazz zur Seite, um Oper zu machen«) – doch dann zerschlug sich das Ganze, weil die Produzenten einer gleichzeitig laufenden Dramatisierung die Rechte am Buch nicht freigaben.

Ein anderes Projekt aber erhielt plötzlich Aufwind von völlig unerwarteter Seite. Schon einige Zeit trug sich Produzent Edward Selwyn mit dem Gedanken, das 1927 durchgefallene Stück *Strike Up the Band* zu überarbeiten und neu zu starten. Er hatte den Librettisten Morrie Ryskind an das ursprüngliche Buch von George S. Kaufman gesetzt, die Gershwins sollten entsprechend die Musik umarbeiten.

Und dann kam der 29. Oktober 1929, der »Schwarze Freitag«, an dem die Börse der Wall Street zusammenbrach, was in kürzester Zeit eine Weltwirtschaftskrise nach sich zog und auch in den USA eine mehrjährige Periode schwerster Depression einleitete. Sollten die Menschen jetzt nicht sensibilisiert sein für politische Themen auch auf der Bühne des Broadway? Die Autoren begannen fieberhaft zu arbeiten. Und so präsentierte sich nun die satirische Geschichte:

Der amerikanische Schokoladenkönig Horace J. Fletcher (1927 ein Käsefabrikant) freut sich über die soeben in Washington beschlossene Erhöhung des Einfuhrzolls für Schweizer Schokolade. Doch die Regierung in Bern schickt eine geharnischte Protestnote. Da ein Umfallen der US-Regierung zu befürchten ist, schickt Fletcher den einflußreichen Colonel Holmes vor – der Zoll muß bleiben, selbst wenn das Krieg mit der Schweiz bedeute, den er, Fletcher, finanzieren würde. Inzwischen hat seine Tochter Joan ein Hühnchen mit dem Journalisten James Townsend zu rupfen, der sie in einem Artikel angegriffen hat (um endlich ihre Aufmerksamkeit zu erlangen, was ihm – der sich in das Mädchen verliebt hat – bisher trotz mehrerer Begegnungen nicht gelungen war). Inzwischen spitzt sich die Krise zu, die USA haben der Schweiz ein Ultimatum geschickt. Fletcher schläft am Kamin ein und träumt vom beginnenden Krieg (der in der Fassung von 1927 noch real ausbrach). An der Spitze eines Expeditionskorps rückt er in das Alpenland ein, man erringt einen raschen und überwältigenden Sieg. Nach Hause (und aus dem Traum) zurückgekehrt, muß er entdecken, daß durch schweizerische Agenten (die nun vom amerikanischen Secret Service enttarnt werden) jahrelang die Qualität seiner Milch gemindert wurde, um der Schweizer Schokolade Wettbewerbsvorteile zu verschaffen. Auch dieses Problem nun gelöst, kann die Hochzeit seiner Tochter Joan gefeiert werden.[110]

All das war gewürzt mit zahlreichen ironischen Anspielungen, auch die Schärfe der Songtexte von Ira und die parodistische Brillanz der Musik von George trugen dazu bei, daß man diesen Fletcher wie den gesamten Schokoladenkrieg als ebenso heiteren wie bitterbösen Kommentar zu Washingtoner Großmannssucht sehr wohl realisierte. »Man war erstaunt über Gershwins Aggressivität, darüber, wie er den alten mitreißenden Schwung seiner Melodien hier neu zuspitzte (etwa in dem marschartigen Titelsong), wie er seine

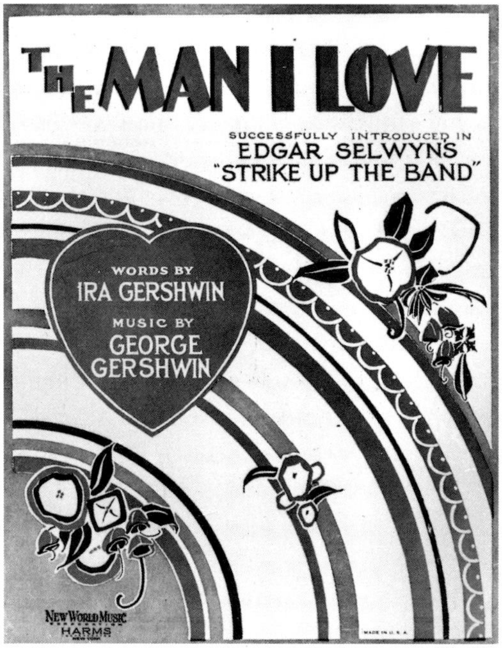

In *Strike Up the Band* wurde endlich – nach mehreren vergeblichen Anläufen – der große Song »The Man I Love« integriert. Einzelausgabe von Ende 1929

musikalischen Charakterisierungskünste mit den geringsten Mitteln treffend einsetzte (etwa, um den Fabrikanten mit hohlem Pathos auszustatten), wie er scharfe Dissonanzen als Ausdrucksmittel zielsicher benutzte (um den Lug und Trug des Krieges zu entlarven), und wie er schließlich zu großen Formen ausholte, dem ersten Finale oder den Traumsequenzen, um damit seinem eigenen Schaffensweg neue Möglichkeiten zu eröffnen«, schreibt Wolfram Schwinger.[111]

Von den Orchesterproben hat der erste Gershwin-Biograph, Isaac Goldberg, einen anschaulichen Bericht überliefert: »Ihn bei der Probe zu beobachten, vermittelt einen Eindruck davon, mit welcher Leichtigkeit er das Äußerste aus den Musikern herausholt, über die er den Stab schwingt. Sagte ich Stab? George dirigiert mit einem Stab, mit seiner Zigarre, mit seinen Schultern, mit seinen Hüften, mit seinen Augen, mit was nicht alles. Er singt die Partien der Hauptdarsteller und die Chorpassagen mit, er pfeift, er imitiert die verschiedenen Instrumente des Orchesters; nur ein Gefühl, daß sich dies nicht schickt, hält ihn in der Tat davon zurück, auf die Bühne zu eilen und selbst mitzuspielen.«[112]

Schon die Tryout-Premiere in Boston brachte zu Weihnachten 1929 einen großen Erfolg, der sich bei der New Yorker Präsentation am 14. Januar 1930 im Times Square Theatre fortsetzte. Gershwin dirigierte zum ersten Mal die Premiere eines seiner Musicals; im Orchester saßen so erstklassige Musiker wie Glenn Miller (Posaune), Benny Goodman (Saxophon) und Gene Krupa (Schlagzeug). Vernon Duke erinnert sich an den Premierenabend: »Zusammen mit Sergej Prokofjew, der gerade in New York war, ging ich zur Eröffnungsvorstellung von *Strike Up the Band* und danach auf eine Mitternachtsparty, die Kay Swift und ihr Gatte zu Ehren von George veranstalteten. Der saß natürlich am Klavier, und er stand nicht eher auf, bis die ersten Vorkritiken eintrafen. Sie waren exzellent, worauf er mit neuer Kraft weiterspielte.«[113]

Strike Up the Band erreichte eine Serie von 191 Aufführungen, was für die ungewohnte Kost, die es dem Broadway-Besucher bot, als deutlicher Erfolg zu werten war. Die Kritik schloß sich dem an, so hieß es etwa in der »World«: »Ich kann mich nicht erinnern, jemals zuvor am Broadway ein so geschlossenes Stück gesehen zu haben. Erstmals ging alles zusammen, hier ist nämlich alles in der Handlung nicht nur klar, sondern auch einleuchtend. Und – hier haben wir eine zugleich heitere wie bittere Attacke gegen den Krieg.«

Den Stellenwert des Stückes für die Entwicklung des Genres Musical beschreibt Stanley Green: »Für eine Gesellschaft, die gerade die ersten Auswirkungen der Depression zu spüren begann, verlor die völlig bedeutungslose, nur auf Lacher orientierte Musical Comedy sehr rasch ihren Reiz. Beginnend mit *Strike Up the Band* standen die Brüder Gershwin und ihre Mitarbeiter an der Spitze der beginnenden Wandlung hin zum bedeutungsvollen Musical Play.«[114]

Doch auch die »bedeutungslose Musical Comedy« hatte sehr wohl noch ihr Publikum. Und als die Herren Aarons und Freedley für den Herbst 1930 eine neue Produktion planten, sagten die Gershwins erneut ihre Mitarbeit zu. Erst aber stand für George im Februar 1930 ein Urlaub in Florida auf dem Programm, und im Mai folgte eine Serie ungewöhnlicher Auftritte im New Yorker Roxy Palace, dem neuesten und größten Kino der Stadt. Dort hatte der Universal-Tonfilm *The King of Jazz* Premiere, der Episoden aus dem Leben von Paul Whiteman auf die Leinwand brachte, darunter auch eine große Sequenz rund um die Entstehung und Uraufführung der *Rhapsody in blue*. Für die erste Woche hatte man als »Bühnenschau« vor dem Film das Orchester Whiteman und George Gershwin persönlich engagiert, die die *Rhapsody* live aufführten – und zwar vier- bis fünfmal täglich, entsprechend der Zahl der Vorstellungen. Eine sehr harte Woche also.

Im August folgte der dritte Auftritt im Lewisohn Stadium, diesmal erklangen (neben Werken von Weber, Debussy und Tschaikowski) gleich drei Gershwin-Stücke: die *Rhapsody* (mit Gershwin als Solist), das *Concerto in F* (gespielt von Oscar Levant) und der *American* (erneut dirigiert von Gershwin).

Dann aber konzentrierten sich George und Ira auf das neue Aarons/Freedley-Projekt *Girl Crazy*, für das im August und September die Songs und die Musik entstanden, nach einem Buch von Guy Bolton und Jack McGowan. Mit »I Got Rhythm« und »Embraceable You« (ursprünglich geschrieben für das Ziegfeld-Projekt *East is West)* gelangen dabei wieder zwei spätere Welthits. *Girl Crazy* ist eine voll aktueller Anspielungen steckende Satire auf die guten alten Zeiten des Lebens im »wilden« Westen. Ein reicher New Yorker Playboy, verrückt nach Mädchen (girl-crazy), wird

Szenenfoto aus *Girl Crazy* mit dem Hauptdarsteller Willie Howard, umrahmt von Eunice Haley und Olive Brady

Begegnung mit dem Wiener Operettenkomponisten Oscar Straus in New York, Herbst 1930, anläßlich der Aufführung seiner Operette *Der Schokoladensoldat*. Hinter der Bühne (v. l.): Gershwin, der Tenor Charles Purcell, Straus und der Manager des Theaters

von seinem Vater zur »Abkühlung« in einen gottverlassenen Flecken von Arizona geschickt, nach Custerville. Doch Danny Churchill ist nicht gewillt, von seinem Leben abzulassen. Aus der väterlichen Farm macht er alsbald einen Vergnügungstempel, er importiert Musiker und Showgirls, rasch wird Custerville zum Anziehungspunkt für Zerstreuungssuchende von fern und nah. Und natürlich gibt es auch diverse amouröse Verwirrungen, ehe Danny das Showgirl Molly sein eigen nennen kann und der vom New Yorker Taxifahrer zum Arizona-Sheriff mutierte Gieber Goldfarb die beiden vereint.

Die Premiere am 14. Oktober 1930, von Gershwin dirigiert, wurde ein großer Erfolg. Hauptdarstellerin Ethel Merman erinnerte sich später: »Dann kam der Song ›I Got Rhythm‹. Ich hielt das hohe C über sechzehn Takte, während das Orchester die Melodie spielte – und das Publikum geriet aus dem Häuschen. Von da an war der Bann gebrochen.«[115] Zum Erfolg trug auch wieder – wie schon bei *Strike Up the Band* – das Orchester Red Nichols bei (mit den Solisten Glenn Miller, Benny Goodman, Jack Teagarden und Gene Krupa). Auch die Kritiker zeigten sich begeistert – die Produktion erreichte nicht weniger als 272 Aufführungen. Eine junge Sängerin und Schauspielerin holte sich hier ihre ersten Meriten, die bald darauf *der* Musicalstar in Hollywood werden sollte: Ginger Rogers.

Die Gershwins aber hatten bereits einen ganz neuen Auftrag erhalten – jetzt wollte der Film an ihrem Ruhm partizipieren. Die Fox Corporation hatte sie für den Streifen *Delicious* unter Vertrag genommen, am 5. November 1930 fuhr man von New York ab. Am Abend vorher gab es noch ein großes Familienfest: die Heirat von Frances Gershwin mit Leopold Godowsky.

Angekommen in Hollywood, mieteten die Gershwins ein luxuriöses Haus in Beverly Hills, am Chevy Chase Drive, wo sie alsbald mit der Kompositionsarbeit begannen. Der Film spielte hauptsächlich in Manhattan und erzählte die Geschichte einer illegal aus Schottland eingewanderten Frau, die sich – bis zur glücklichen Lösung aller Probleme – auf permanenter Flucht vor den Einwanderungsbehörden befindet. Für den Film entstanden eine Reihe sehr schöner Songs (etwa »Somebody from Somewhere« und »You Started It«), eine große Traumsequenz (quasi ein eigenständiges Mini-Musical) und eine selbständige Orchestermusik, die George zunächst »Manhattan Rhapsody« nannte und die er über den Film hinaus (wo sie nur ca. acht Minuten einnimmt) erweitern wollte.

Bereits im Januar 1931 war die Kompositionsarbeit im großen und ganzen beendet, am 15. Januar besuchte Gershwin ein Konzert des Los Angeles Philharmonic Orchestra, bei dem der *American in Paris* aufgeführt wurde, und am 22. Februar folgte die Rückreise nach New York. Dreieinhalb Monate hatte George den Hollywoodbetrieb erlebt, wenn die Dreharbeiten zu *Delicious* im Frühsommer beginnen sollten, wollte er wiederkommen. Doch daraus sollte nichts werden, da sich das ganze in den Herbst verschob und er zu dieser Zeit bereits wieder tief in der Arbeit an einem neuen Kaufman-Ryskind-Musical steckte – es hieß *Of Thee I Sing* und sollte Gershwins größter Erfolg in diesem Genre werden.

Zunächst aber arbeitete er in New York weiter an seiner neuen Rhapsodie, die er seinem Entdecker Max Dreyfus widmete und schließlich *Second Rhapsody for Orchestra and Piano* nannte. »Ich schrieb sie hauptsächlich«, teilte er Isaac Goldberg in einem Brief mit, »weil ich wieder eine ernsthafte Komposition angehen wollte und in Kalifornien dazu die Möglichkeit hatte. Fast jeder kommt aus Kalifornien mit einem Sonnenbrand und einer Tasche voll Filmgeld zurück. Ich entschied mich, darüber hinaus eine ernsthafte Komposition mitzubringen – wenn das Klima es erlauben würde. Ich hatte keine Verpflichtung, das für die Fox Corporation zu schreiben. Aber, Sie wissen ja, die alte Künstlerseele muß einfach ihren Durst stillen … Die *Rhapsody* hat kein Programm. Da jener Teil des Films, in dem sie erklingt, in den Straßen von New York spielt, benutze ich zu Beginn ein hämmerndes ›Niet‹-Thema, dann jedoch schrieb ich einfach ein Musikstück, ohne irgendein Programm.«[116]

Am 16. Juni meldet er Goldberg, die Orchesterpartien seien vollendet und das Werk bis auf zwei Klavierkadenzen fertig-

Im Garten des gemieteten Hauses in Beverly Hills, Januar 1931

George am Kamin in Beverly Hills. Er war besonders stolz darauf, daß in seinem vorübergehenden Hollywood-Domizil einst auch Greta Garbo gewohnt hatte.

gestellt. Nach bereits erprobter Manier veranstaltete Gershwin am 26. Juni wieder ein Probespiel des neuen Werkes in einem Studio von CBS. Die Uraufführung aber war noch nicht in Sicht – anders als bei *Rhapsody in blue*, *Concerto in F* und *An American in Paris* hatte es sich ja diesmal nicht um eine Auftragskomposition gehandelt. Verschiedene Versuche in New York (u. a. sollte Arturo Toscanini gewonnen werden) schlugen fehl, erst im Januar 1932 schließlich führte Serge Kussevitzky die *Second Rhapsody* in Boston zum ersten Mal auf, mit George als Solist am Klavier, am 5. Februar 1932 folgte die New Yorker Premiere in der Carnegie Hall.

Die Kritik zeigte sich sehr reserviert, allgemein stellte man fest, daß dem neuen Werk die spontane Ursprünglichkeit der *Rhapsody in blue* fehlte, daß der unbekümmerte jugendliche Elan von einst nun durch erklügelte handwerkliche Arbeit ersetzt war. Vor allem aber fehlten dem Werk im Gedächtnis haften bleibende Melodien. Mit ihrem hämmernden Eingangsthema ist die *Second Rhapsody* Tribut des Komponisten an das »Maschinenzeitalter«, wie er ein Jahr später in seinem Aufsatz »Der Komponist im Maschinenzeitalter« feststellen sollte: »Die Maschine hat auf unser Zeitalter nicht so sehr in der Form, als in Tempo, Geschwindigkeit und Klang eingewirkt.«[117] Dieser Einfluß ist freilich von vielen anderen Komponistenzeitgenossen Gershwins (etwa Arthur Honegger oder George Antheil) wesentlich

Seite 99: Autograph mit einigen notierten Themen aus der *Second Rhapsody*

authentischer gestaltet worden als von George in seiner *Second Rhapsody*.

Doch zurück in den Sommer 1931. Parallel zu den Versuchen, eine Uraufführung der *Rhapsody* zustandezubringen, lief bereits die Arbeit an dem neuen Kaufman-Ryskind-Musical auf Hochtouren. Mittlerweile war die Depression im Lande voll ausgebrochen, die Sensibilität des Publikums für politische Themen und Anspielungen hatte sich geschärft. Und darauf zielte das Team bei seiner neuen Arbeit, an die sich nun auch George (nach einigen Konzertverpflichtungen im Juli/August, darunter wieder ein Auftritt im Lewisohn Stadium sowie ein Rundfunkkonzert mit dem New York Symphonic Orchestra unter Walter Damrosch) mit Feuereifer machte.

Of Thee I Sing bringt die amerikanische Politik im letzten Jahr der Präsidentschaft von Herbert Hoover (er sollte 1932 von Franklin D. Roosevelt abgelöst werden) in zugespitzter Satire auf die Bühne. Wir sind Zeuge der Nominierung des Präsidentschaftskandidaten John P. Wintergreen durch die Nationale Partei. Das öffentliche Vertrauen in die Partei ist gering, außer seinem schön klingenden Namen bringt auch der Kandidat kaum Voraussetzungen mit. Also muß ein Wahlprogramm her, das alle Menschen anspricht: Auf die Liebe soll gesetzt werden, die Partei wird in Atlantic City einen Schönheitswettbewerb veranstalten, und Wintergreen wird die Gewinnerin heiraten. Doch während die »Miss Weißes Haus« gekürt wird, verliert Wintergreen sein Herz an die Sekretärin Mary Turner und macht ihr einen Heiratsantrag.

Mit dem bekannten Dirigenten Serge Kussevitzky in Boston, kurz vor der Uraufführung der *Second Rhapsody*, Ende Januar 1932

Wettbewerbssiegerin Diana Deveraux geht leer aus, die Partei akzeptiert die »einfache Amerikanerin« an der Seite des Kandidaten. Nun folgt der Wahlkampf, in jedem der 48 Bundesstaaten treten Wintergreen und Mary auf und versichern sich ihre Liebe (»Of Thee I Sing«), bis dann der erdrutschartige Wahlsieg der Nationalen Partei feststeht. Am Tag der Amtseinführung des Präsidenten findet zugleich die Hochzeit mit Mary statt, während das Oberste Gericht des Landes eine Klage von Diana Deveraux wegen Wortbruchs ablehnt. Monate vergehen, die neue Administration hat sich in bequemer Routine eingerichtet, die drängenden Probleme des Landes bleiben ungelöst, während Präsident Wintergreen sich zumeist seiner Pferdewettleidenschaft widmet. Inzwischen hat Diana Deveraux (französischer Abstammung, wie sich herausstellt) im ganzen Land Stimmung gemacht und auch den französischen Botschafter aktiviert: Man besteht darauf, daß Wintergreen seine Ehe für ungültig erklärt und Diana heiratet. Dieser weigert sich, worauf seine Partei im Senat ein Amtsenthebungsverfahren einleitet. Dort berichtet Diana von ihrem erlebten Leid, bis plötzlich Mary hereinstürzt und verkündet, sie werde Mutter. Noch nie aber wurde in den USA ein werdender Präsidenten-Vater des Amtes enthoben. So auch jetzt nicht: Die Anklage gegen Wintergreen wird fallengelassen. Monate später schenkt Mary Zwillingen das Leben. Im ganzen Land jubeln die Menschen, nur der französische Botschafter verlangt immer noch Genugtuung. Da Wintergreen ihm diese nicht verschaffen kann, wird beschlossen, daß nunmehr Vizepräsident Throttlebottom Diana heiraten wird – worauf die ganze Washingtoner Gesellschaft in Jubel ausbricht.[118]

Die Schöpfer der politischen Musicals *Strike Up the Band, Of Thee I Sing* und *Let 'Em Eat Cake*: Ira und George Gershwin (oben v. l.) sowie George S. Kaufman und Morrie Ryskind (unten v. l.)

Das war zum Zeitpunkt der allgemein sichtbaren Ratlosigkeit der Hoover-Administration in Washington eine äußerst anzügliche Story, gespickt mit zahllosen satirischen Attacken im Buch. Hinzu kamen Songs und Musik der Gershwins, die – so Gilbert Seldes – »ein Feuerwerk ständiger witziger Ideen entfalteten. Ich kenne keinen, der wie Gershwin das Oberste Gericht, den Senat, die Kommunisten und die Depression so feinsinnig musikalisch charakterisieren könnte. Ein Hauch Parodie hier, ein bißchen Betonung oder Rhythmus da, die einen Marschsong pompös und lächerlich erscheinen lassen, ein kleiner Halbton, der plötzlich anzeigt, daß ein Liebeslied nicht allzu ernst genommen werden sollte, durchgehende Leichtigkeit, die das Ganze fröhlich und hell macht – Gershwin beherrscht alles, er überschüttet uns mit einer Kaskade von musikalischen Einfällen.«[119]

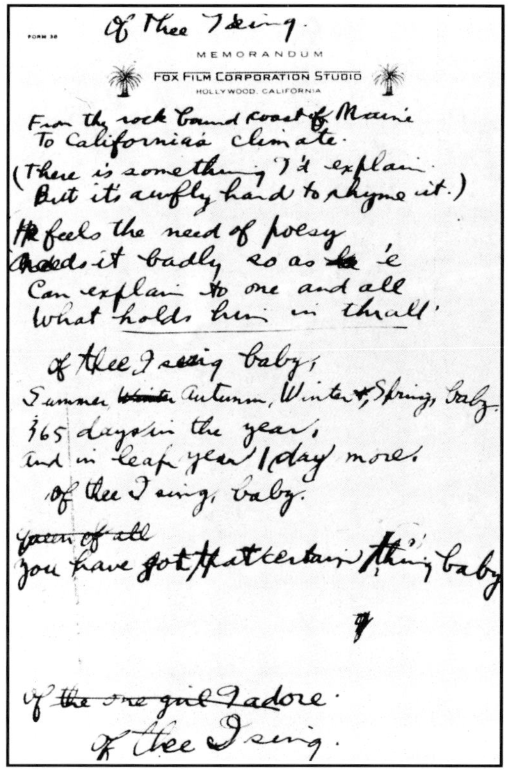
Of Thee I sing.
FORM 30
MEMORANDUM
FOX FILM CORPORATION STUDIO
HOLLYWOOD, CALIFORNIA
From the rock bound coast of Maine
To California's climate.
(There is something I'd explain
But it's awfully hard to rhyme it.)
He feels the need of poesy
Needs it badly so as 'e
Can explain to one and all
What holds him in thrall.
Of thee I sing baby,
Summer ~~Winter~~ Autumn, Winter & Spring, baby
365 days in the year,
And in leap year 1 day more.
Of thee I sing, baby.
~~Queen of all~~
You have got that certain thing baby
Of ~~the one girl I~~ adore.
Of thee I sing.

Autograph eines Songtextes von Ira Gershwin für *Of Thee I Sing*

Bereits die Tryouts in Boston signalisierten einen großen Erfolg, der sich nach der New Yorker Premiere am 26. Dezember 1931 im Music Box Theatre noch heftiger als erwartet einstellte. Wieder dirigierte Gershwin die erste Vorstellung, Publikum und Presse waren sich in ihrem Jubel einig. In der »New York Times« schrieb Brooks Atkinson: »Bereits das Buch ist äußerst lebendig, doch Mr. Gershwin setzt ihm erst die Glanzlichter auf. Schon ohne diese Musik wäre *Of Thee I Sing* die beste satirische Travestie, die unser musikalisches Theater jemals hervorgebracht hat. Mit Gershwins Musik aber besitzt das Stück nun jene künstlerische Tiefe, jenen Glanz und auch Pathos der Komödie, die das Buch erfordert.« Stanley Green zum Stellenwert des Stückes: »*Of Thee I Sing* war ohne jeden Zweifel die musikalisch am weitesten entwickelte Broadway Show ihrer Zeit und hatte damals kaum ihresgleichen im Genre des Musicals.«[120]

Of Thee I Sing wurde zum Broadway-Höhepunkt inmitten der Depressionsjahre. Das Stück lief über anderthalb Jahre en suite und erreichte schließlich 441 Aufführungen – Gershwins größter Bühnenerfolg zu Lebzeiten. Im Mai 1932 erhielt *Of Thee I Sing* gar den begehrten jährlichen Pulitzer-Preis als »bestes Stück des Jahres«, als erstes Musical überhaupt. Da jedoch die Regeln des Preises Musik nicht einschlossen, blieb die Ehrung Gershwin

Szenenfoto »Wintergreen for President« aus der Uraufführung von *Of Thee I Sing*, 26. Dezember 1931

vorenthalten und fiel lediglich an Kaufman/Ryskind. Bald darauf veröffentlichte der renommierte Verlag Alfred A. Knopf den Text von *Of Thee I Sing* in Buchform – ebenfalls ein Novum für das aufstrebende Genre Musical.

Es war reiner Zufall, daß am Tag der New Yorker Premiere (26. Dezember 1931) gleichzeitig auch der Film *Delicious* seinen Start in Manhattan hatte – mit wesentlich geringerem Erfolg, als die Gershwins erwartet hatten, da während der Dreharbeiten noch viele Veränderungen an Buch und Musik vorgenommen worden waren, ohne daß die Autoren etwa ein Einspruchsrecht besaßen.

Wir schreiben Mitte Februar 1932, als

Das New Yorker Music Box Theatre mit der Leuchtschrift-Außenwerbung für *Of Thee I Sing* während der anderthalbjährigen Laufzeit von Gershwins erfolgreichstem Musical. Aufnahme vom Frühsommer 1932, als das Stück gerade den begehrten Pulitzer-Preis erhalten hatte.

sich George (nach den Uraufführungskonzerten mit der *Second Rhapsody* in Boston und New York) wieder einmal einen Urlaub gönnte. Zusammen mit einigen Freunden, darunter dem Verleger Bennett Cerf, reiste er für knapp vier Wochen nach Kuba. Dort wurde er zu seiner nächsten Orchesterkomposition inspiriert. »Eines nachts«, so erinnerte sich Cerf später, »marschierte vor dem altehrwürdigen Hotel Almendares in Havanna eine Sechzehn-Mann-Rumba-Kapelle an. Es war gegen vier Uhr morgens, und sie machten einen Höllenlärm. Viele Gäste des Hotels reisten daraufhin am nächsten Morgen empört ab, George aber war von der Musik so angetan, daß er uns versprach, selbst eine große Rumba zu komponieren.«[121] Noch vor der Rückreise kaufte er in Havanna einige typische Volksmusikinstrumente, die er in seinem künftigen Werk zu verwenden gedachte.

Währenddessen hatten sich die Produzenten Aarons und Freedley wieder gemeldet, sie waren gerade auf der Suche nach einem neuen Musicalstoff. Und George nahm neuen Kontakt mit Du Bose Heyward in Sachen *Porgy* auf. Am 29. März 1932 schrieb er dem Autor einen Brief und bekundete sein unverändertes Interesse an einer Opernversion des Romans. Heyward antwortete unverzüglich, es freue ihn, daß Gershwin auf seine alte Idee zurückkomme, und er sehe einer Zusammenarbeit gern entgegen. Ehe Gershwin sich konkreter äußern konnte, traf ihn ein schwerer Schlag. Am 14. Mai 1932 starb der geliebte Vater an Leukämie.

Eine Woche danach, am 20. Mai 1932, schreibt George erneut an Du Bose Heyward. Es freue ihn, daß nunmehr die Opernrechte an *Porgy* frei seien, leider könne er aber frühestens 1933 mit der Arbeit beginnen, da die kommenden Monate voll ausgeplant seien: mit einem »All Gershwin«-Konzert im Lewisohn Stadium, für das er ein neues Werk schreiben wolle, mit dem neuen Aarons/Freedley-Musical *Pardon My English* sowie einer ins Auge gefaßten Fortsetzung des Erfolgsstückes *Of Thee I Sing.*

Kurz zuvor war Anfang Mai in Bennett Cerfs Verlag Random House in bibliophiler Ausgabe *George Gershwin's Song Book* erschienen – achtzehn seiner erfolgreichsten Songs der Jahre 1919 bis 1932, von »Swanee« bis zu »Who Cares« aus *Of Thee I Sing.* Jeder Song erschien im Doppeldruck: Auf die Originalversion (mit Text) folgte eine Adaption für Klavier solo, die

Szenenfoto aus dem Film *Delicious* mit den beiden Hauptdarstellern Janet Gaynor und Charles Farrell

der Komponist eigens für diese Ausgabe angefertigt hatte. Er widmete das Werk Kay Swift. Im Vorwort schrieb Gershwin: »Die populäre amerikanische Musik hat seit ihren Anfängen ständig an Originalität gewonnen; heute kann sie zurecht darauf verweisen, die lebendigste Musik der Gegenwart zu sein. Unglücklicherweise aber ›sterben‹ die meisten Songs sehr früh und werden sehr bald vom gleichen Publikum total vergessen, das sie einst voller Begeisterung gesungen hat. Der Grund dafür ist, daß sie zum Zeitpunkt ihrer Popularität zu oft gesungen und gespielt werden ... Als der Verleger mich aufforderte, eine Gruppe meiner Songs für diese Veröffentlichung zusammenzustellen, nahm ich diese Idee voller Begeisterung auf, weil ich dachte, daß damit eine Möglichkeit gegeben sei, ihr Leben zu verlängern.« Dann kam er auf den Sinn des Doppeldrucks zu sprechen: »Wenn man seine Songs so oft spielt, wie ich das auf privaten Partys zu tun pflege, so führt das natürlich dazu, daß man verschiedene Variationen entwickelt, daß man dem Wunsch nach komplizierterer Form und nach Variierung nachgibt, den jeder Komponist verspürt, wenn er sich wieder und wieder mit dem gleichen Material beschäftigt. Dies alles führte dazu, die Songs nicht nur in ihrer vereinfachten Form zu veröffentlichen, wie sie dem Publikum bekannt ist, sondern auch mit all jenen Variationen, die ich mittlerweile entwickelt hatte.«[122]

Noch im Herbst 1932 folgte der limitierten Erstausgabe ein Nachdruck im Verlag Simon and Schuster – bis heute ist das *Songbook* ein beliebtes Repertoirestück für Pianisten und überzeugender Beleg für die Qualität und Innovationskraft des Gershwinschen Songschaffens.

Seit der Rückkehr aus Kuba nahm Gershwin auch wieder regelmäßigen Kompositionsunterricht – diesmal bei Joseph Schillinger in New York, der 1928 aus Rußland eingewandert war und an der New School for Social Research unterrichtete. Auch Oscar Levant war unter seinen Schülern. Das erste Werk, an dem Schillinger nun Anteil nahm, war die *Rumba für Orchester*, die George für das erste »All Gershwin«-Konzert im Lewisohn Stadium vorbereitete. Daß er von Schillinger auf die Wichtigkeit struktureller Momente in der Musik hingewiesen wurde, läßt sich aus seiner eigenen Kurzanalyse der *Rumba* ablesen, die er kurz vor der Fertigstellung des Werkes Anfang August 1932 schrieb: »In meiner Komposition habe ich mich bemüht, kubanische Rhythmen mit meinem eigenen thematischen Material zu kombinieren. Das Resultat ist eine sinfonische Ouvertüre, die die Essenz des kubanischen Tanzes verkörpert. Sie besteht aus drei Hauptteilen. Der erste (moderato e molto ritmato) entwickelt bereits in der Introduktion (forte) einiges thematisches Material. Eine Kontrapunkt-Episode leitet zu einem zweiten Thema über, dann endet der erste Teil mit einer Rückkehr zum ersten Thema, kombiniert mit Fragmenten des zweiten. Eine Solo-Kadenz der Klarinette leitet den Mitteilteil ein, einen sich langsam entwickelnden Kanon in polytonaler Manier. Ein plötzlicher Tempowechsel bringt uns dann zurück zum Tanzrhythmus der Rumba.

Porträtaufnahme von 1932

Zu den wohlhabenden Gönnern Gershwins, bei denen er gelegentlich ein Wochenende verbrachte, gehörte auch Olga Fish. Dieses Foto von einem Besuch im Januar 1932 versah sie mit der Widmung: »Ich wünschte, dieses Wochenende hätte länger gedauert. *Bitte* kommen Sie wieder.«

Das Finale ist eine Entwicklung des bisherigen Materials in Art einer Stretta. Dies führt uns noch einmal zum Hauptthema des Werkes. Am Schluß steht dann eine Coda, die die kubanischen Schlaginstrumente voll zur Wirkung bringt.«[123]

Die Uraufführung der *Rumba* erfolgte am 16. August 1932 im Lewisohn Stadium. Dieses »All Gershwin«-Konzert gehörte zu den bewegendsten Momenten seines Lebens. Auf dem Programm standen acht Teile, es dirigierten Albert Coates und Gershwins Freund William Daly, die Klaviersoli spielten abwechselnd George sowie Oscar Levant. Nach der Ouvertüre zu *Of Thee I Sing* folgten das *Concerto in F*, der *American in Paris* sowie die *Rhapsody in blue*. Danach kamen die Szene »Wintergreen for President« aus *Of Thee I Sing*, die *Second Rhapsody* und die Uraufführung der *Rumba*. Das Konzert endete mit einem Medley bekannter Gershwin-Songs. Eine nächste Aufführung der *Rumba* mit dem neuen, von nun an gültigen Titel *Cuban Ouverture* sollte im Dezember bei einem Benefizkonzert in der Metropolitan Opera folgen.

Im Herbst begann die Arbeit an dem neuen Aarons/Freedley-Musical *Pardon My English*, außerdem erlebte das Team die erfolgreiche Premiere der ersten Hollywoodverfilmung eines seiner Musicals, *Girl Crazy*. Das neue Stück aber sollte ein großer Flop werden. Die Zeit für alberne Musical Comedies war endgültig abgelaufen, und die Geschichte eines Kleptomanen, der eine Liaison mit der Tochter eines aus Dresden stammenden Polizeikommissars eingeht (die natürlich die Landessprache schlecht beherrscht: Pardon My English!), wollte eigentlich niemand mehr sehen. Die Gershwins hatten nur den beiden Produzenten und ihrer jahrelangen Arbeitsfreundschaft zuliebe mitgearbeitet; obwohl einige durchaus hübsche Songs entstanden waren, endete das Ganze mit einem Reinfall, der sich bereits bei den Tryouts ankündigte. Die New Yorker Premiere am 20. Januar 1933 verlief höchstens lauwarm, die Kritik verriß das Stück gnadenlos, und nach nur fünf Wochen mußte die Produktion schließen, was für Aarons/Freedley ein finanzielles Fiasko und das Ende ihrer Laufbahn als Musicalproduzenten darstellte. *Pardon My English* markierte einen Entwicklungsstand, den das Genre längst überwunden hatte.

Mit dem Dirigenten-Freund William Daly bei der Vorbereitung des ersten »All Gershwin«-Konzerts im Lewisohn Stadium, Anfang August 1932

Kurz nach der mißglückten Premiere zogen die Gershwins erneut um, diesmal in luxuriöse Duplex-Apartments in der 72nd Street. George bezog vierzehn Räume im Haus Nr. 132 East, Ira mit seiner Frau ein ähnliches Duplex direkt gegenüber auf der anderen Straßenseite. Hier nun konnte endlich Georges ständig wachsende Gemäldesammlung ihren entsprechenden Platz erhalten. Ein Reporter beschrieb die neuen Räume: »Überall sieht man Gemälde. Im Wohnraum hängen neben einem Utrillo Picassos ›Absinthtrinkerinnen‹. An der gegenüberliegenden Wand ein kleiner Rousseau. Im Speisezimmer erblicke ich ein großes Stilleben von Derain. Auch in der oberen Etage lauter kostbare Bilder. In Mr. Gershwins Arbeitszimmer findet sich neben dem Flügel lediglich ein kleines Frauenbildnis von Matisse, dazu zwei afrikanische Holzmasken. Der Komponist erläutert: ›Musik ist Formgebung – Melodie ist Linie; Harmonie ist Farbe; Kontrapunkt bedeutet, daß drei oder vier Linien eine Abstraktion ergeben oder manchmal auch eine ganz bestimmte Figur; Dissonanz in der Musik ist wie eine Formverzerrung im Gemälde.‹ Abschließend sagt Mr. Gershwin: ›Es ist wohl zu

Im Wohnraum seines neuen Duplex-Apartments in der 72nd Street, Frühjahr 1933

spät für mich, selbst ein bedeutender Maler zu werden. Dennoch glaube ich, daß meine Malversuche meinen musikalischen Background außerordentlich bereichert haben.‹«[124] Ständiger kundiger Berater auf seinen Exkursionen ins Feld der bildenden Kunst war Gershwin dabei sein Cousin Henry Botkin.

Hier in der 72nd Street entstand nun im Sommer und Frühherbst 1933 die letzte Musicalarbeit von George Gershwin. Noch immer lief mit größtem Erfolg *Of Thee I Sing*, und da ein Ende der Depression auch nach dem Amtsantritt des neuen Präsidenten Roosevelt nicht in Sicht war, wollte das Team Selwyn/Kaufman/Ryskind/Gershwin nun mit einer Fortsetzung der Geschichte um Präsident Wintergreen den Erfolg quasi verlängern. Das neue Stück hieß *Let 'Em Eat Cake* und reflektierte die politische Situation gegen Ende 1933 nunmehr in einer ziemlich verwirrenden Story, gespickt mit Rundumhieben nach allen Seiten:

Nach vier Jahren Präsidentschaft müssen sich der erfolglose Wintergreen und sein Vize Throttlebottom dem neuen Aufsteiger Tweedledee stellen. Sie verlieren die Wahl mit Pauken und Trompeten – worauf sie beide in New York Hemdengeschäfte eröffnen. Auf den Straßen warnt ein Unzufriedener namens Kruger vor einer drohenden Revolution, worauf Wintergreen einen genialen Einfall hat: Warum nicht zum Anführer einer Revolution werden? Italien hat seine Schwarzhemden, Deutschland seine Braunhemden – Wintergreen wird jedem Mann in Amerika blaue Hemden und die Revolution verkaufen. Mit Hilfe der Armee und eines Generals Snookfield startet Wintergreen den Marsch auf Washington, stürzt Tweedledees Demokratie und errichtet eine neuartige Diktatur des Proletariats. Während das Weiße Haus im Geiste der Revolution blau angestrichen wird, richtet sich Wintergreen erneut als Präsident ein. Aus dem Obersten Gericht macht er ein Baseballteam und bestellt Throttlebottom zum Oberschiedsrichter. Inzwischen erscheinen Vertreter des Völkerbundes, um die Frage der Kriegsschulden zu diskutieren. Wintergreen entscheidet, die Lösung der Frage vom Ausgang eines Baseball-Matchs abhängig zu machen. Inzwischen aber hat der Volkstribun Kruger die unfähige Administration abgesetzt, Wintergreen und Throttlebottom werden in einem großen Militärgerichtsverfahren zum Tod durch die Guillotine verurteilt, während sich Kruger selbst zum Diktator ausruft. Als bereits die Vorbereitungen für die Hinrichtung laufen, rettet Ex-Präsidentengattin Mary die Situation, indem sie eine große Modenschau veranstaltet und den Damen klarmacht, daß Diktatur auch Uniformierung der Mode bedeutet. Wenn aber Kruger gestürzt werde, so könne man tragen, was man wolle. Die Armee beugt sich dem Drängen der weiblichen Bevölkerung und nimmt Kruger gefangen. Wintergreen stellt die Republik wieder her, Präsident aber will er nicht mehr sein, sondern einen neuen Kleiderladen eröffnen. Und da Tweedledee inzwischen das Angebot angenommen hat, Kuba zu regieren, wird der höchst zweitklassige Throttlebottom neuer Präsident.[125]

Das war nun des Guten wirklich zu viel. »Wenn *Strike Up the Band* eine Satire auf den Krieg war«, schrieb Ira Gershwin später, »und *Of Thee I Sing* eine Satire auf die Politik, so war nun *Let 'Em Eat Cake* eine Satire auf praktisch alles. Es kannte keine

Mit Jerome Kern im Rundfunkstudio, 1933

Schon 1920 war Gershwin zum Mitglied der einflußreichen ASCAP gewählt worden, des Verbands der amerikanischen Komponisten, Librettisten und Musikverleger. Das Foto zeigt ihn 1933 bei Verhandlungen im Verbandsauftrag in Washington: (v. l.) Rundfunk-Moderator Rudy Vallee, die Komponisten Irving Berlin und Gershwin sowie Gene Buck von ASCAP.

Grenzen, teilte den extremen Rechten im gleichen Augenblick Hiebe aus wie den extremen Linken. Das Libretto von Kaufman und Ryskind war an manchen Stellen außerordentlich witzig, an anderen unnachgiebig realistisch in seiner Kritik an der amerikanischen Szene.«[126]

Da konnte auch Gershwins erneut sehr geschlossene Partitur nicht helfen – das Stück war einfach für ein Musical politisch überfrachtet. Das spürte man bereits an den Reaktionen von Publikum und Kritik nach der New Yorker Premiere am 21. Oktober 1933. Brooks Atkinson sprach offen von einem Mißerfolg, den er vorrangig den Buchautoren Kaufman und Ryskind anlastete. Das Stück gleiche »in seiner bitteren und hysterischen Art mehr einer rowdyhaften Improvisation denn einer Bühnen-Unterhaltung«. Und weiter: »Der Haß der Librettisten hat diesmal über ihren Sinn für Humor triumphiert.« Nach nur 90 Aufführungen mußte die Produktion Ende Januar 1934 schließen. Wie so oft war das Vorhaben, einen großen Erfolg nahtlos zu wiederholen, mißlungen.

Für Gershwin war dies innerhalb kurzer Zeit nach *Pardon My English* das zweite Desaster am Broadway – ein ungewohntes Erlebnis. So beschloß der Komponist Anfang 1934, sich in psychoanalytische Behandlung zu begeben, was zu dieser Zeit in New York absolut »in« war. Etwa ein Jahr lang konsultierte er nun mit ziemlicher Regelmäßigkeit den Star-Psychoanalytiker Dr. Gregory Zilboorg. Daneben

Szenenfoto aus der Uraufführung *Let 'Em Eat Cake*, 21. Oktober 1933. Ex-Präsident Wintergreen, umgeben von Gesinnungsgenossen verschiedenster Couleur, ruft zum Marsch auf Washington auf.

nahm er unverändert Unterricht bei Joseph Schillinger – weiterer Ausdruck seiner nach wie vor existenten Unsicherheit, die er eigentlich gar nicht nötig hatte.

Künstlerisch aber markierte das Ende des Jahres 1933 erneut eine Weichenstellung: Die Musicalphase im Schaffen Gershwins war beendet (während der er sowohl die Musical Comedy auf einen abschließenden Höchststand gebracht als auch mit einigen Werken das Musical Play endgültig etabliert hatte), nunmehr sollte er sich endlich dem lange ins Auge gefaßten Opernprojekt zuwenden. Am 3. November 1933 erfuhr der Leser der »New York Times«: »Die Theatre Guild gibt bekannt, daß sie demnächst eine Opernfassung des Romans *Porgy* von Du Bose Heyward produzieren wird, komponiert von George Gershwin.« Sieben Jahre waren vergangen, seit George den Roman gelesen hatte, sechs Jahre seit seiner ersten Begegnung mit Heyward. Stets war es der Komponist gewesen, der auf das Projekt gedrängt hatte. Jetzt war auch der Librettist bereit.

Broadway III: Amerikanische Volksoper

Porgy and Bess

1934–1935

Die Theatre Guild, von engagierten Theaterleuten im August 1919 gegründet, war eine Produktionsgemeinschaft, die gegen den vorherrschenden flachen Amüsierbetrieb des Broadway antrat und in den zwanziger wie dreißiger Jahren bestimmend wurde für ein Theater nach künstlerischen Gesichtspunkten. Brooks Atkinson, authentischer Chronist des New Yorker Theaters, schätzt ihre Bedeutung wie folgt ein: »Die Guild verbannte den Provinzialismus aus dem amerikanischen Theater. Nachdem sie gegründet war, wurde der Broadway ein lebendiger Teil des Welttheaters.«[127] Durch die Guild kam ab 1920 nicht nur die europäische zeitgenössische Dramatik nach New York, vor allem auch wurde mit zahlreichen Uraufführungen (die die rein kommerziell orientierten Produzenten nie gewagt hätten) der Weg für eine ganze amerikanische Dramatikergeneration geebnet – von Elmer Rice und Maxwell Anderson bis zu Eugene O'Neill und William Saroyan. 1927 hatte man auch die äußerst erfolgreiche Produktion der Dramatisierung des Romas *Porgy* von Du Bose Heyward herausgebracht. Musiktheater war allerdings bisher keine Domäne der Guild gewesen. Nun aber wollte man auch auf den Erfolgszug Musical aufspringen. Im Sommer 1933 forderte die Guild Heyward auf, einer Musicalbearbeitung von *Porgy* zuzustimmen, als Komponist und Librettist seien Jerome Kern und Oscar Hammerstein vorgesehen, Al Jolson sollte die Titelrolle spielen. Heyward lehnte kategorisch ab – er wollte, daß aus seinem *Porgy* eine Volksoper würde und

Du Bose Heyward im Arbeitszimmer seines Sommerhauses in Folly Beach, South Carolina

keine Musical Comedy. Und er verwies auf die mehrjährigen Kontakte, die diesbezüglich bereits mit George Gershwin bestanden. Wenn die Guild eine musikalische Fassung produzieren wolle – dann nur als Oper von Gershwin/Heyward.

So kam es am 26. Oktober 1933 zum Vertrag zwischen der Theatre Guild und den beiden Autoren – einem »seltsamen Paar«, so Edward Jablonski: »Ein New Yorker Jude und ein Aristokrat aus den Südstaaten schufen in nahezu zweijähriger Arbeit nicht nur ein Meisterwerk, sondern redeten auch nach der Premiere noch miteinander. Heyward vertraute Gershwins schöpferischem Instinkt, seinem künstlerischen Urteil und seiner Theatererfahrung.«[128]

Der dreizehn Jahre ältere Du Bose Heyward (geboren 1885 in Charleston, South Carolina) stammte aus einer aristokratischen Familie. Schon in frühester Kindheit hatte er den Vater verloren und mußte alsbald zum Lebensunterhalt von Mutter und Schwester beitragen. Er verkaufte Zeitungen, arbeitete in einem Eisenwarengeschäft. Mit sechzehn Jahren erkrankte er an Kinderlähmung, danach finden wir ihn als Kontrolleur im Hafen von Charleston. Mit einundzwanzig Jahren gründete er eine Versicherungsfirma, bald darauf aber mußte er aus gesundheitlichen Gründen in die Bergregion von North Carolina ziehen, wo er in ziemlicher Abgeschiedenheit zu schreiben begann. 1923 heiratete er und zog mit seiner Frau Dorothy, gleichfalls Schriftstellerin, in die Great Smoky Mountains. Hier entstand 1924, nach zwei Gedichtbänden, der Roman *Porgy*. Vorbild für seinen Helden war eine reale Figur aus den Straßen von Charleston, ein Mann namens Samuel Smalls (genannt »Goat Sammy«), der mit gelähmten Beinen in einem kleinen Wägelchen herumfuhr.

Schon kurz nach dem Vertragsabschluß schickte Heyward die ersten Szenenentwürfe des Librettos an Gershwin. Dieser aber hatte zunächst noch andere Verpflichtungen zu erfüllen. Zum 10. Jahrestag der Uraufführung der *Rhapsody in blue* stand Anfang 1934 eine große Konzerttournee mit dem Reisman Symphonic Orchestra an. Dafür schrieb Gershwin während eines Florida-Aufenthalts im Dezember 1933 *Variationen über ›I Got Rhythm‹* für Klavier und Orchester. Auf der Hin- und Rückreise traf er sich mit Heyward, man besprach weitere Details der geplanten Oper.

P O R G Y

ROMAN

VON

DU BOSE HEYWARD

VERLAG VON TH. KNAUR NACHF.
BERLIN

Titelblatt der deutschen Erstausgabe des Romans, 1929

Kurz vor einem Auftritt während der Tournee. Gershwin geht mit James Melton noch einmal am Keyboard die *Variationen über »I Got Rhythm«* durch.

Während der Tournee in Syracuse, N. Y., Januar 1934

Am 14. Januar 1934 startete die Konzerttournee in Boston, sie endete am 10. Februar in der Brooklyn Academy of Music in New York. Dazwischen lagen in knapp vier Wochen 12 000 Meilen, mit Auftritten in Kanada (Toronto) sowie in den Bundesstaaten New York, Wisconsin, Nebraska und Maine. Zu seinen Variationen über den Erfolgssong »I Got Rhythm« bemerkte der Komponist: »Nach der Einleitung durch das Orchester führt das Klavier ziemlich einfach das Thema ein. Die erste Variation hat ein ziemlich kompliziertes rhythmisches Muster, vom Klavier vorgetragen, während das Orchester nun das Thema übernimmt. Die nächste Variation steht im Walzer-Rhythmus. Die dritte ist eine ›chinesische‹, in der ich chinesische Flöten imitiere, leicht schräg, wie diese immer klingen. Dann übernimmt das Klavier eine weitere rhythmische Variation, wobei die linke Hand die Melodie umgekehrt, die rechte sie normal spielt, getreu dem Gedanken, daß man die eine Hand nicht wissen lassen sollte, was die andere tut. Darauf folgt das Finale.«[129]

Das effektvolle Stück besitzt gewiß nicht die Bedeutung der anderen Instrumentalwerke Gershwins, es zeigt aber, wie souverän er in der Lage ist, mit einem einzigen Thema zu spielen.

Im Februar folgte eine neue Erfahrung: Gesponsert von einer Kaugummifirma, präsentierte George nun zweimal wöchentlich im Network der CBS ein fünfzehnminütiges Radioprogramm »Music by Gershwin«. An seinen Freund George Pallay schrieb er: »Meine Sendung macht mir viel Spaß. Auch sieben Stationen an der

Westküste übernehmen sie. Du solltest Dein Radio einschalten, dann kannst Du einige Gershwin-Musik hören und erfährst alles über ›Feen-A-Mint‹-Kaugummi – Du brauchst ihn ja nicht, aber vielleicht einige Deiner Mädchen!«[130]

Das Programm lief bis Ende Mai, und zwar so erfolgreich, daß eine Fortführung für den Herbst vereinbart wurde. Zusammen mit einem Orchester unter Leitung von Louis Katzman präsentierte Gershwin im Studio live Ausschnitte aus seinen Werken, Songs erklangen, und natürlich dazwischen immer wieder Klavierimprovisationen des Komponisten. Auch Gäste wurden regelmäßig eingeladen, wie sich Katzman erinnert: »Jede Woche hatte George einen Gastkomponisten im Studio, so begrüßten wir u. a. Irving Berlin, Cole Porter, Richard Rodgers, Vernon Duke und andere und spielten ihre Musik. Damit wurde auch das Gerücht Lügen gestraft, George würde keine andere Musik hören oder spielen als seine eigene.«[131]

Parallel zu dieser Rundfunkarbeit begann Gershwin mit der Komposition seiner Oper. Am 26. Februar schreibt er etwa an Heyward: » Ich habe mit der Musik zum ersten Akt begonnen, ich fange zunächst mit den Songs und Spirituals an.«[132] Eines der ersten Stücke, das damals entstand, war das anrührende Wiegenlied »Summertime«. Der Charakter der Zusammenarbeit zwischen Librettist und Komponist – zunächst hauptsächlich in ausgedehnter Korrespondenz – brachte es mit sich, daß sehr bald Bruder Ira einbezogen wurde, was die Song-, Arien- und Ensembletexte betraf. Er schlug Heyward diverse Veränderungen vor, schrieb auch selbst einige Stücke, u. a. das bekannte »I Got Plenty o' Nuttin'« und »Bess, You Is My Woman Now«. Als Heyward Ende April zu einem Besuch nach New York reiste, erlebte er zum ersten Mal die Werkstatt der Gershwin-Brüder: »Ich hatte meine Szenen und Gesangstexte aus Charleston geschickt. Nun wurde ich Zeuge, wie die beiden in ihrer außerordentlichen Art und Weise sich ans Klavier setzten, wie sie die Worte abwogen, sich Gedanken zuwarfen, miteinander stritten, einzelne Teile der Songs intonierten, änderten – und schließlich einen wesentlich verbesserten Text gefunden hatten. Iras Sinn für äußerst witzige und intelligente Texte kam vor allem den Songs von Sporting Life zugute.«[133]

Im Studio von CBS während einer Sendung »Music by Gershwin«, April 1934

Heyward war zunächst etwas verstimmt, daß Gershwins Radioverpflichtungen ihn an intensiverer Zusammenarbeit hinderten. Ursprünglich sah nämlich der Vertrag mit der Theatre Guild eine Produktion bereits Ende 1934 vor. Das aber war nicht zu realisieren. Bereits im März hatte George ihm geschrieben: »Ich arbeite soviel ich kann an unserem Opus, es interessiert mich sehr. Noch bewege ich mich etwas im Kreise – schreibe hier ein Stück, da ein Stück. Es geht nicht besonders schnell voran, aber das macht mir keine Sorgen, da ich denke, daß alles sehr gut werden wird.«[134]

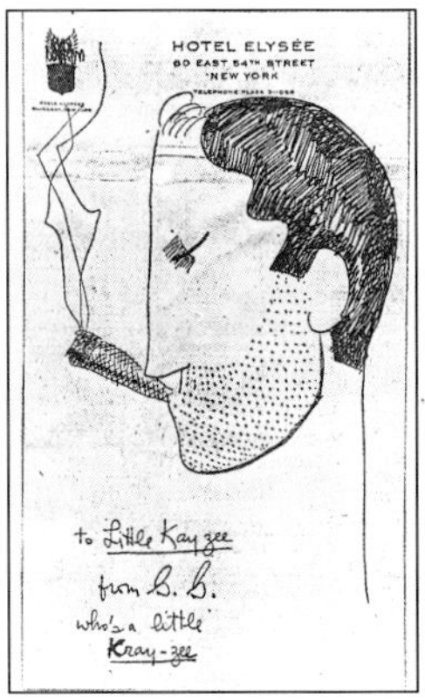

Selbstkarikatur Gershwins für den Rundfunk-Kommentator Kay Halee. Die Widmung lautet: »Für den kleinen Kayzee, der ein bißchen verrückt ist, von G. G.«

Ende Mai aber war die Rundfunkarbeit vorerst beendet, und George reiste für fünf Wochen zusammen mit Cousin Henry Botkin nach South Carolina, um nun intensiv mit Heyward zu arbeiten. Er bezog Quartier in einem einfachen, gemieteten Cottage auf Folly Island, unweit von Heywards eigenem Sommerhaus. Hier wurde intensiv diskutiert, Gershwin zog sich zum Komponieren zurück und – wichtiger noch – besuchte gemeinsam mit seinem Librettisten die schwarze Bevölkerung der Region um Charleston. Hören wir Heyward: »Ich denke, der Sommer 1934 bescherte George eine der glücklichsten und auch aufregendsten Erfahrungen seines Lebens. In glühender Hitze trafen wir uns im Juni und Juli auf Folly Island, einer kleinen Insel zehn Meilen vor Charleston. Direkt gegenüber liegt James Island, wo viele der noch ursprünglichen Gullah-Neger lebten. Das war für uns wie ein ›Laboratorium‹, in dem wir unsere Vorstellungen testen konnten, zugleich natürlich eine unerschöpfliche Quelle für wirklich volkstümliches Material. Die interessanteste Ent-

Beim geliebten Golfspiel während des Sommeraufenthalts in South Carolina, 1934

deckung aber war für mich – wenn wir ihren Spirituals lauschten oder eine Gruppe beobachteten, die sich vor einer Hütte oder dem Country Store drängte –, daß dies für George mehr eine Heimkehr denn eine Erkundungsreise war. Die Befähigung, in der trügerischsten Stadt Amerikas die *Rhapsody in blue* zu schaffen, fand nun ihr Gegenstück in den Impulsen, die von der Musik und körperhaften Rhythmik der einfachen bäuerlichen Neger des Südens ausstrahlen.

Der Gullah-Neger ist stolz auf das, was er ›Shouting‹ nennt. Das ist ein kompliziertes rhythmisches Fußstampfen und Händeklatschen – zweifellos afrikanischen Ursprungs –, welches als Begleitung der Spirituals dient. Ich werde nie die Nacht vergessen, als George bei einem Meeting der Neger auf einer entlegenen Insel ihr ›Shouting‹ mitzumachen begann. Und am Ende übertrumpfte er zum größten Vergnügen aller sogar den besten ›Shouter‹. Ich glaube, er ist der einzige weiße Mann in Amerika, der das jemals fertigbrachte.

An einem anderen Abend, als wir gerade eine baufällige Hütte betreten wollten, die als kirchlicher Versammlungsort diente, ergriff George meinen Arm und hielt mich zurück. Ich hatte dem Stimmengewirr, das ihn so fesselte, keine besondere Bedeutung beigemessen, weil ich mit derartigen Klängen längst vertraut war. Doch jetzt, da ich mit ihm lauschte und seine Erregung bemerkte, begann ich das Außergewöhnliche und Einzigartige zu begreifen. Etwa ein Dutzend Stimmen hatten sich zu lautem rhythmischem Gebet erhoben. Das Sonderbare daran war, daß sich – obwohl jede Stimme zu verschiedener Zeit auf ein anderes Thema einsetzte – eine deutlich erkennbare rhythmische Gestalt herauskristallisierte; und während sich die Worte im unvermeidlichen Stampfen des Rhythmus verloren, entstand eine Wirkung, die in ihrer ursprünglichen Kraft beinahe erschreckend war. Von dieser außerordentlichen Wirkung angeregt, schrieb George sechs simultane Gebete, als urgewaltige Anrufung Gottes im Angesicht des Hurrikans.«[135]

Ende Juli 1934 war Gershwin wieder in New York, wo er weiter an der Oper arbeitete und die zweite Folge seiner Radioprogramme vorbereitete. Diese lief vom 30. September bis zum 23. Dezember 1934, nun nur noch einmal wöchentlich, dafür aber eine halbe Stunde. Sechs Tage nach der letzten Sendung, am 29. Dezember, folgte ein großes Ereignis in Gershwins Leben.

Er hatte eine Einladung zu einem Empfang bei Präsident Roosevelt im Weißen Haus erhalten. Zusammen mit einer befreundeten Warenhaus-Millionärin, Kay Halle, fuhr er nach Washington. »Als wir die Eingangshalle betreten hatten«, so berichtete diese später, »hatten Georges Freude und Aufregung ein solches Maß erreicht, daß er die Reihe der nach dem Protokoll Wartenden verließ, sich unter einen der großen funkelnden Kristall-Lüster stellte und ausrief: ›Wenn mich mein Vater jetzt sehen könnte!‹

Nach dem Abendessen ließ der Präsident das Klavier näher heranrücken und machte eine unmißverständliche Geste in Georges Richtung. Mit leuchtenden Augen

Mit Regisseur Rouben Mamoulian zur Zeit des Probenbeginns von *Porgy and Bess*, Spätsommer 1935. Zu dieser Zeit lag bereits der gedruckte Klavierauszug der Oper vor.

und einem leichten Salutieren vor Roosevelt nahm George Platz und spielte ›Wintergreen for President‹ aus seinem Musical *Of Thee I Sing*. Alle Gäste sangen mit. Obwohl die Beine des Präsidenten in Schienen steckten, brachte er es fertig, sie im Rhythmus der Melodien zu bewegen, die George aus den Fingern flossen.«[136]

Seit dem Spätherbst 1934 hatte Gershwin auch begonnen, erste Teile der Oper zu orchestrieren. Anfang November war er so weit, daß nun die Vorarbeiten zur Produktion beginnen konnten. So heißt es am 5. November in einem Brief an Heyward: »Ich möchte im Januar oder Februar mit dem Vorsingen beginnen, damit die Leute, die wir auswählen, bereits ihre Partien lernen können, was uns viel Zeit sparen wird.«[137] In Gesprächen mit der Theatre Guild war bereits der Bühnen- und Filmregisseur Rouben Mamoulian für die Inszenierung gewonnen worden (der bereits bei der Dramenfassung von *Porgy* 1927 Regie geführt hatte). Er berichtete später: »Ich beendete gerade in Hollywood einen Film, als mich die Theatre Guild und George baten, in New York die Oper zu inszenieren. Die Partitur konnte man mir noch nicht schicken, da George noch beim Orchestrieren war. Ich war mir aber sicher, daß es eine aufregende und schöne Arbeit werden würde, also unterschrieb ich einen Vertrag mit der Guild, ohne eine einzige Note des Werkes zu kennen, bei dem ich Regie führen sollte.

Schließlich fuhr ich nach New York, und am ersten Abend dort sollte ich die Oper kennenlernen. Ich traf George in seinem Apartment, auch Ira war da. Alle drei waren wir sehr aufgeregt. George und Ira waren offenbar in Sorge, ob mir die Musik gefallen würde. Noch mehr in Sorge war ich! Ich liebte die Geschichte von *Porgy*, jede einzelne Figur darin; ich liebte die wechselnden Stimmungen, die Traurigkeit und Fröhlichkeit des Stückes, seine Leidenschaft und Zärtlichkeit, den ganzen emotionalen Reichtum der Seele des Negers, der sich darin entfaltet. Das Stück *Porgy*, es war meine allererste Regiearbeit in New York gewesen, bedeutete mir sehr viel. Ich empfand ein Gefühl dafür, wie es eine Mutter ihrem Erstgeborenen entgegenbringt. Wenn es jetzt in Musik gekleidet würde, so war ich eifersüchtig darauf bedacht, daß diese Musik auch gut war. Sie mußte gut sein!

Es war ziemlich amüsant, wie wir alle drei an diesem Abend versuchten, möglichst ruhig und gelassen zu erscheinen, während wir doch vor Aufregung zitterten. Die Brüder reichten mir einen großen Cocktail und plazierten mich in einen bequemen Ledersessel. George setzte sich ans Klavier, während Ira wie ein Schutzengel hinter ihm Aufstellung nahm. George hob die Hände, wollte zu spielen beginnen. Plötzlich überlegte er es sich anders, wandte sich zu mir und sagte: ›Rouben, Sie müssen verstehen, es ist sehr schwierig, diese Partitur am Klavier vorzustellen. Es ist beinahe unmöglich ...!‹ Ich versicherte ihm, daß ich dies verstünde. Er hob erneut die Hände, und im nächsten Moment hörte ich die Introduktion der Oper. Ich fand sie so gut, so voller Farbe und so provokant in ihrem Rhythmus, daß ich, als er fertig war, aus meinem Sessel aufsprang, George unterbrach und ihm sagte, wie sehr es mir gefiele. Beide Brüder freuten sich darüber wie Kinder. Dann gingen sie zum Klavier zurück und schlossen glückselig die Augen, ehe sie mit dem wunderbaren ›Summertime‹ fortfuhren. George spielte mit einem verklärten Lächeln. Er schien auf den Wellen seiner eigenen Musik zu schweben, beschienen von einer südlichen Sonne. Ira sang – er legte den Kopf zurück, mit geschlossenen Augen, und sang wie eine Nachtigall. In der Mitte des Songs hielt es George nicht länger, und er übernahm nun das Singen. Georges Gesichtsausdruck zu beschreiben, während er ›Summertime‹ sang, übersteigt meine Möglichkeiten. ›Nirwana‹ ist vielleicht das treffende Wort. Und so ging es weiter. George war das Orchester und sang die Hälfte der Partien, Ira übernahm die andere Hälfte ... Öfters ließ George seine Augen von den Noten zu mir schweifen und beobachtete meine Reaktionen sehr genau. Dazwischen versicherte er immer wieder, das Klavier könne längst nicht alles von der Musik vermitteln. Es war spät in der Nacht, als wir mit der Oper fertig waren, und manchmal denke ich, daß dies die beste Aufführung war, die ich jemals gehört habe. Wir waren außerordentlich glücklich. Am nächsten Morgen hatten George und Ira total ihre Stimmen verloren. Zwei Tage lang konnten sie kaum sprechen, flüsterten nur. Ich werde diesen Abend nie vergessen ... Er gehört zu jenen seltenen zärtlichen Erinnerungen, die das Leben lebenswert machen.«[138]

Den Darsteller des *Porgy* fand Gershwin auf Empfehlung des Musikkritikers Olin Downes. Der Bariton Todd Duncan lehrte Gesang an der Howard University in Washington, gleichzeitig war er ein bekannter Liedgestalter und wirkte auch gelegentlich in Opernaufführungen mit. Er reiste auf Gershwins Einladung nach New York, um dem Komponisten vorzusingen. Mitgebracht hatte er eine Arie des altitalienischen Komponisten Secci und Mussorgskis bekanntes »Flohlied« als heiteres Stück. Duncan: »Man stelle sich vor: Ein Neger sang einem Juden eine alte italienische Arie vor! Gershwin beobachtete mich genau, während ich sang, meine Bewegungen, meinen Gesichtsausdruck. Mitten in der Arie stoppte er mich und fragte: ›Wollen Sie mein Porgy sein?‹«[139]

Duncan wollte. Als seine Partnerin für die Rolle der Bess wurde nach Vorsingen eine zwanzigjährige Gesangsstudentin der berühmten Juillard School of Music ver-

Bei der Orchestrierung von *Porgy and Bess* im Garten des Hauses von Emil Mosbacher in Palm Beach, Florida, Februar 1935. Stolz hat Gershwin für das Foto ein Exemplar seines *Song Album* auf dem Tisch plaziert.

Hochseefischen in Florida gehörte zu Gershwins liebsten Freizeitbeschäftigungen.

Am Strand von Palm Beach, mit einer unbekannten Verehrerin

pflichtet, Anne Wiggins Brown. Auch alle weiteren Partien wurden nach Vorsingen besetzt, wobei Gershwin viele Dutzend Bewerber anhörte. Schließlich wurde mit Alexander Smallens auch ein erfahrener Dirigent gefunden.

Für den Sommer 1935 war der Probenbeginn angesetzt, so daß nun die Orchestrierung zu Ende gebracht werden mußte. Die ersten beiden Akte vollendete Gershwin im Januar 1935 während eines längeren Florida-Aufenthaltes, danach ging die Arbeit in New York weiter. Am 19. Juli, einer alten Praxis folgend, veranstaltete man vor einem kleinen geladenen Publikum einen Probedurchlauf der Oper im CBS-Studio New York. Danach gab es noch kleinere Änderungen, ehe Gershwin seine Partitur mit dem Vermerk »beendet 23. August 1935« vorerst abschloß. Mit Heyward war er übereingekommen, daß die Oper – zur besseren Unterscheidung von der Dramatisierung – den Titel *Porgy and Bess* tragen sollte. Hier ist die Synopsis:

Erster Akt

1. Szene: Catfish Row – Ein Sommerabend

Nach einer kurzen, temperamentvollen Orchesterintroduktion erklingt aus einem der ärmlichen Häuser ein Klavier-Blues, zu dem im Hof einige Paare tanzen und singen. Clara, die Frau des Fischers Jake, intoniert ein Wiegenlied (»Summertime«); einige Männer, unter ihnen der zwielichtige Geschäftemacher Sporting Life, lassen dazu abschätzige Bemerkungen fallen. Eine Gruppe ist beim Würfelspiel, der Arbeiter Robbins wird hineingezogen, seine Frau Serena versucht ihn vom Spielen abzuhalten. Der Honigverkäufer Peter kommt heim, von seiner Frau Lily begrüßt. Von seiner Betteltour kommt auch Porgy zurück, in seinem von einer Ziege gezogenen Wägelchen. Man erwartet zum Spiel noch den Baumwollarbeiter Crown und spricht über Bess, mit der er ein Verhältnis hat. Porgy denkt nicht so schlecht über das Mädchen wie die anderen. Doch an ihm gehen die Frauen vorbei, was er beklagt (»When Gawd make cripple, he mean him to be lonely«). Sporting Life läßt eine Whiskyflasche kreisen, aus der Crown, Bess und Robbins trinken. Nun geht das Würfelspiel richtig los, einige Männer sind vom Whisky aufgeputscht (»Boxcars again«). Crown läßt sich von Sporting Life eine Prise Kokain geben, was ihn noch stärker erregt. Als Robbins gewinnt, geht er wütend auf diesen los, verfolgt ihn über Hof und Treppen und erschlägt ihn schließlich. Bess drängt Crown zur Flucht, sie bleibt zurück. Sporting Life bietet ihr an, sie nach New York mitzunehmen, was sie ablehnt. In ihrer Not sucht sie Einlaß in einer der Türen, doch niemand erbarmt sich ihrer. Schließlich öffnet Porgy – während schon die Polizei erscheint – seine Hütte und nimmt Bess auf.

2. Szene: Wohnraum von Serena und Robbins – In der folgenden Nacht

Der tote Robbins liegt aufgebahrt. Serena und die Nachbarn beklagen ihn mit einem Spiritual (»Where is brudder Robbins?«). Man spendet Geld für das Begräbnis. Auch Porgy und Bess kommen und geben einen Betrag. Da erscheint ein Detektiv mit Polizisten; arrogant und gefühllos fahndet er nach Robbins' Mörder und läßt aus einer Laune heraus den alten Honigverkäufer Peter verhaften. Dieser – und auch Porgy – nennt Crown als den tatsächlichen Mörder, trotzdem wird der alte Mann mitgenommen. Nach dieser Störung wird die Klage wieder aufgenommen, Serena kommt das nunmehrige Alleinsein und die noch schlimmere Not zum Bewußtsein, die Nachbarn versuchen sie zu trösten. Ein Bestattungshelfer wird die Beerdigung erledigen, obwohl die gesammelten 15 Dollar dafür eigentlich nicht ausreichen. Spontan stimmt Bess einen Spiritualgesang über die Reise ins Gelobte Land an, in den die anderen einfallen (»We're leavin' for the Promise' Lan'«).

Zweiter Akt

1. Szene: Catfish Row – Einen Monat später

Jake und die Fischer singen beim Netzeflicken ein Ruderlied (»Oh, I'm agoin' out to the Blackfish banks«). Es soll ein gemeinsamer Ausflug auf die vorgelagerte Kittiwah-Insel stattfinden. Porgy singt von seinem Glück, seit er Bess aufgenommen hat (»Oh, I got plenty o'nuttin'«), Nachbarn stimmen in seinen Gesang ein. Serena zeigt sich skeptisch und erinnert an

Crown. Sporting Life kreuzt auf und bietet Maria Kokainpulver an, was diese energisch ablehnt. Ein Winkeladvokat erkundigt sich nach Crowns Bess und erfährt, daß diese nun Porgys Bess ist. Für einen halben Dollar vollzieht er nebst offiziellem Papier die Scheidung. Plötzlich werden Porgy und die anderen von einem niedrig fliegenden Bussard erschreckt – ein böses Vorzeichen (»Look out, dat's a buzzard!«). Porgy verscheucht den Vogel, er kann kein Unglück gebrauchen. Sporting Life taucht erneut auf und bedrängt Bess. Porgy schiebt ihn mit festem Griff beiseite und droht ihm, falls er wieder Bess belästigt. Danach bekennt er dem Mädchen seine Liebe (Duett »Bess, you is my woman now«). Fröhlich ziehen die Catfish-Row-Bewohner zur Anlegestelle des Ausflugsschiffes (»Oh, I can't sit down!«). Bess will bei Porgy bleiben, doch dieser bittet sie, an dem Vergnügen teilzunehmen. Er selbst bleibt fröhlich zurück.

2. Szene: Auf der Kittiwah-Insel – Abend des gleichen Tages

Zu Klängen afrikanischer Trommeln und anderer Instrumente wird ausgelassen getanzt und gesungen (»I ain' got no shame doin' what I like to do«). Sporting Life produziert sich mit einem sarkastischen Lied, in dem biblische Gestalten verspottet werden (»It ain't necessarily so«). Serena protestiert gegen die Verhöhnung des Glaubens und mahnt zum Aufbruch. Während die Männer und Frauen zum Schiff eilen, steht plötzlich Crown vor Bess. Er hat sich nach dem Mord hier auf der Insel versteckt und versperrt ihr nun den Rückweg. Als sie bekennt, jetzt mit Porgy zusammenzuleben, lacht er höhnisch: In einigen Wochen wird er das Versteck verlassen und dann Bess holen. Sie bekennt sich zu Porgy, aber Crown sieht in ihr immer noch seine Frau. Er reißt Bess an sich und zieht sie mit sich in den Dschungel.

3. Szene: Catfish Row – Vor Tagesanbruch, eine Woche später

Jake und die anderen Fischer verabschieden sich vor der Ausfahrt von ihren Frauen (»Honey, dat's all de breakfast I got time for«). Aus der Hütte Porgys hört man die kranke und verstörte Bess rufen. Der alte Peter kommt aus der Haft zurück, seine Frau Maria berichtet ihm, daß Bess zwei Tage im Kittiwah-Dschungel war und fiebrig-verstört zurückgekommen sei. Es wird langsam hell, Bess kommt aus der Hütte heraus zu Porgy. Dieser weiß, daß sie mit Crown zusammen war. Jetzt gesteht sie, daß Crown sie holen will und sie ihm nicht zu widerstehen vermag. Porgy verspricht ihr Schutz (Duett »Porgy, Porgy, dat you there ain' it?«). Drohend kündigt sich ein Hurrikan an, die Sturmglocke läutet, das Unwetter bricht los, alle Menschen flüchten in ihre Hütten. Clara beschwört verzweifelt das Schicksal der auf das Meer hinausgefahrenen Männer (»Oh, Jake, Jake«).

4. Szene: Wohnraum von Serena – Morgen des folgenden Tages

Seit einem Tag tobt der Sturm. Die Bewohner der Catfish Row haben sich bei Serena zum Gebet versammelt (»Oh, Doctor Jesus, look down on me wit' pitty«). Bess und Porgy sprechen über Crown, der bei diesem Unwetter draußen auf der Insel ist. Plötzlich hört man von außen Schreien und Klopfen – alle sind erschrocken (»Oh, dere's somebody knockin' at de do'«). Als man die verbarrikadierte Tür öffnet, steht Crown da; er spricht Bess an, diese bekennt sich zu Porgy. Crown verhöhnt sie (»A redheaded woman makes a choochoo jump its truck«). Die anderen distanzieren sich, Gott beschwörend, von dieser Lästerung. Bess hat gesehen, daß Jakes Boot gekentert ist. Clara läuft hinaus, Bess fordert die Männer auf mitzugehen, doch nur Crown traut sich in den Sturm hinaus. Beim Öffnen der Tür löscht der Luftzug die Lampe aus. Alle erstarren vor Furcht und Schrecken und beten wieder um das Schicksal der Männer auf See.

Dritter Akt

1. Szene: Catfish Row – Die nächste Nacht

Ein tröstender Gesang für Clara erklingt; Jake ist mit anderen Fischern im Sturm umgekommen (»Clara, Clara, don't you be downhearted«). Sporting Life erscheint, er bleibt teilnahmslos; es gäbe ja genug andere Männer, Bess z. B. habe gar deren zwei. Maria jagt ihn davon. Bess kümmert sich um den kleinen Sohn von Clara und Jake. Heimlich erscheint Crown, mit einem Messer bewaffnet, und geht zu Porgys Hütte, um sich Bess zu holen. Porgy hindert ihn daran, entwendet ihm das Messer und tötet ihn. Nun triumphiert er (»Bess, you got a man now, you got Porgy!«).

2. Szene: Catfish Row – Am folgenden Nachmittag

Ein Detektiv erscheint, er holt Serena zum Verhör heraus und will wissen, wer Crown getötet hat. Anschließend wird Porgy nach Crown befragt und aufgefordert, zum Leichenhaus mitzukommen, um den dort liegenden Toten als Crown zu identifizieren. Bess redet ihm zu, dies zu tun. Zynisch mischt sich Sporting Life in das Gespräch ein und verunsichert Porgy. Dieser wird nun von einem Polizisten abgeholt, weigert sich mitzugehen und wird schließlich gewaltsam im Polizeiauto weggebracht. Sporting Life triumphiert, bietet Bess Kokain an und fordert sie erneut auf, mit ihm nach New York zu gehen (»There's a boat dat's leaving soon for New York, come wid me«).

3. Szene: Catfish Row – Eine Woche später, am Morgen

Tagesbeginn in der Catfish Row, man geht zur Arbeit, begrüßt sich (»Good mornin', sistuh! Good mornin', brudder!«), Kinder spielen und singen. Da kommt Porgy auf seinem Wägelchen mit der Ziege von der Vernehmung zurück und wird freudig begrüßt. Er berichtet, wie er Crown nicht angesehen und nur dessen Augen zugedrückt habe. Er hat kleine Geschenke für seine Freunde mitgebracht, für Bess ein neues Kleid. Da er von Bess spricht, wenden sich alle betreten ab. Als Porgy in seine Hütte kriecht und auch dort Bess nicht sieht, wird ihm klar, daß sie ihn verlassen hat. Serena und Maria bestätigen dies: Sporting Life habe Bess vorgelogen, Porgy käme aus der Untersuchungshaft nicht zurück, und so sei sie mit ihm weggegangen (Terzett »Lawd, My Bess!«). Auf seine Frage erfährt Porgy, daß seine Bess nach New York gefahren sein soll. Er läßt sich sein Wägelchen bringen und macht sich auf den Weg, um Bess zu fin-

Immer wieder demonstrierte Gershwin während der Proben zu *Porgy and Bess* vom Klavier aus seine Musik. Aufnahme von Anfang September 1935

Ruby Elzee als Serena. Probenfoto, September 1935

den (Finalensemble »I'm on my way«).[140] Gershwins Partitur zeigt große stilistische Vielfalt. Im Mittelpunkt steht die Musik der Neger, große Spiritual- und Bluesszenen, Chöre und Ensembles, die davon zeugen, wie tief er in die Musik des Südens eingedrungen ist. Daneben stehen jazzinspirierte Songs (vor allem des Sporting Life), am klassischen Opernmodell orientierte Duette und die großen arienhaften Songs des Porgy – all das verbunden durch wirkungsvolle instrumentale Vor-, Zwischen- und Nachspiele.

Am 29. August 1935 begannen in New York die Proben. Dazu reiste Heyward aus South Carolina an, Kay Swift war während der gesamten Zeit Gershwins helfende und ordnende Hand. Viele Freunde und Gäste schauten vorbei, etwa Vernon Duke oder der gerade in den USA angekommene Kurt Weill zusammen mit Lotte Lenya (er sollte knapp zehn Jahre später mit seiner Oper *Street Scene* an *Porgy and Bess* anknüpfen). Gershwin sah mit beinahe kindlicher Freude, wie sein Werk allmählich Gestalt annahm. Immer wieder kam es zu Szenen wie dieser von Regisseur Mamoulian beschriebenen: »Nach einer der ersten Proben lag ich spätabends erschöpft in meinem Hotelbett. Plötzlich läutete das Telefon. George Gershwin war am Apparat. Ich nahm den Hörer und sagte ›Hello!‹ … Und da war Georges Stimme, voll freudiger Erregung: ›Rouben, ich konnte mir nicht helfen, ich mußte Sie anrufen. Ich muß Ihnen einfach sagen, wie ich mich fühle. Ich bin so erfreut über die heutige Probe. Natürlich wußte ich, daß *Porgy and Bess* wunderbar ist, aber nach der heutigen Probe denke ich, die Musik ist so großartig, daß ich kaum glauben kann, ich habe sie geschrieben!‹«[141]

Mitte September folgte in der Carnegie Hall eine abschließende Durchlaufprobe, danach reiste das Ensemble zur Tryout-Premiere in Boston, die am 30. September stattfand und von Publikum wie Presse bejubelt wurde. Im »Evening Transcript« las man: »Gershwin hat von der Tin Pan Alley bis hierher einen langen Weg zurückgelegt. Er muß jetzt endgültig als ernstzunehmender Komponist betrachtet werden.« Und der anwesende Dirigent Serge Kussevitzky sprach von einem »großen Fortschritt für die amerikanische Oper«.

Doch die Aufführung dauerte weit über drei Stunden. Vertreter der Theatre Guild wie auch Regisseur Mamoulian rieten für New York dringend zu Kürzungen. Gershwin erklärte sich einverstanden, so wurden u. a. der »Buzzard Song«, »Six Prayers« sowie einige weitere Instrumental- und Vokalstücke gestrichen (erst die Schallplatteneinspielung von 1981 unter Lorin Maazel präsentierte wieder die rekonstruierte Originalfassung). Dazu Alexander Steinert, als Korrepetitor und Ko-Dirigent damals direkt beteiligt: »Nur äußerst wenige Komponisten hätten wohl mit vergleichsweiser Ruhe zugesehen, wie ihr geistiges Kind um ein knappes Viertel seiner Musik reduziert wurde. Doch

Die Schöpfer von *Porgy and Bess*: George Gershwin, Du Bose Heyward und Ira Gershwin. Foto vom Tag der Tryout-Premiere in Boston, 30. September 1935. Die Widmungen lauten: »Für meinen Opernpaten und Freund George mit Glückwünschen für Porgy. Du Bose.« – »Lieber George, in meinem ersten sentimentalen Moment während 15jähriger Zusammenarbeit mit Dir schreibe ich diese Zeilen zur Feier von ›Porgy and Bess‹. In Liebe Ira.«

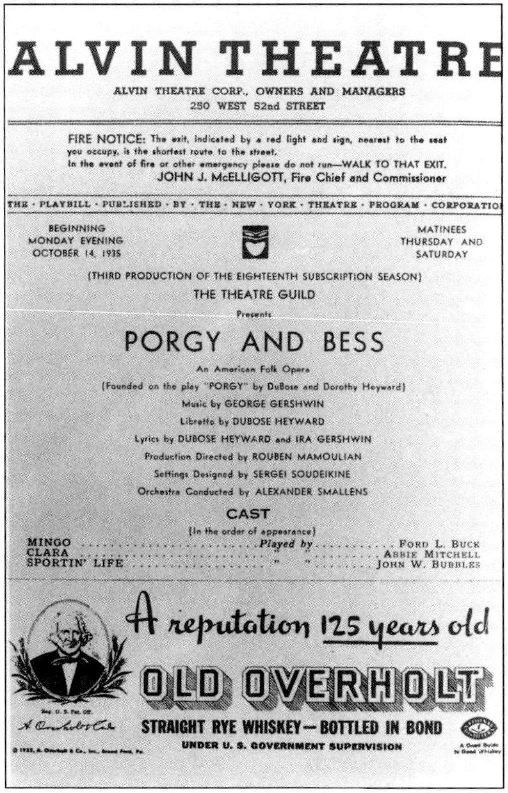

ALVIN THEATRE

ALVIN THEATRE CORP., OWNERS AND MANAGERS
250 WEST 52nd STREET

FIRE NOTICE: The exit, indicated by a red light and sign, nearest to the seat you occupy, is the shortest route to the street.
In the event of fire or other emergency please do not run—WALK TO THAT EXIT.
JOHN J. McELLIGOTT, Fire Chief and Commissioner

THE · PLAYBILL · PUBLISHED · BY · THE · NEW · YORK · THEATRE · PROGRAM · CORPORATION

BEGINNING MONDAY EVENING OCTOBER 14, 1935

MATINEES THURSDAY AND SATURDAY

(THIRD PRODUCTION OF THE EIGHTEENTH SUBSCRIPTION SEASON)
THE THEATRE GUILD
Presents

PORGY AND BESS

An American Folk Opera
(Founded on the play "PORGY" by DuBose and Dorothy Heyward)
Music by GEORGE GERSHWIN
Libretto by DUBOSE HEYWARD
Lyrics by DUBOSE HEYWARD and IRA GERSHWIN
Production Directed by ROUBEN MAMOULIAN
Settings Designed by SERGEI SOUDEIKINE
Orchestra Conducted by ALEXANDER SMALLENS

CAST
(In the order of appearance)

MINGO .... Played by .... FORD L. BUCK
CLARA .... " " .... ABBIE MITCHELL
SPORTIN' LIFE .... " " .... JOHN W. BUBBLES

A reputation 125 years old
OLD OVERHOLT
STRAIGHT RYE WHISKEY—BOTTLED IN BOND
UNDER U. S. GOVERNMENT SUPERVISION

Programmzettel der fünften Aufführung, New York, 14. Oktober 1935

Werbeplakat der Gershwin Publishing Corporation, einer Tochtergesellschaft des Musikverlages Chappell, gegründet von Gershwins altem Entdecker und Förderer Max Dreyfus, der inzwischen den Verlag Harms verlassen hatte.

George nahm das ziemlich philosophisch hin.«[142]

Und dann kam der Abend der New Yorker Uraufführung am 10. Oktober 1935 im Alvin Theatre. Alles, was in der Kunstszene der Stadt Rang und Namen hatte, war erschienen. Das Publikum war aufgewühlt, wie Kay Swift berichtet: »In der Pause traten wir auf die Straße vor dem Theater hinaus. Ich erinnere mich, wie unsere Freundin Libby Holman sagte: ›Oh, George, es ist so großartig, ich konnte an manchen Stellen meine Tränen nicht zurückhalten.‹ Viele Leute hatten gleich ihr Tränenspuren im Gesicht. Es war sehr bewegend.«[143] Wie in Boston feierte auch das New Yorker Premierenpublikum alle Beteiligten mit langanhaltendem Beifall. Immer wieder wurde auch Gershwin auf die Bühne gerufen.

Am nächsten Morgen aber mischte sich in die Freude auch Ernüchterung. Der größte Teil der maßgeblichen Musik- und Opernkritiker war offenbar mit dem neuen Typ der Gershwinschen »Folk Opera« überfordert, maß mit der Elle der herkömmlichen Oper und ging hart mit dem Komponisten ins Gericht. Am schmerzlichsten war das Verdikt von Olin Downes: »Gershwin weiß anscheinend nicht einmal, was eine Oper ist.« Ähnlich urteilten Samuel Chotzinoff (»ein seltsames Hybrid«) und Paul Rosenfeld (»eine aufgeblasene musikalische Show«). Nur Leonard Liebling sprach von der »ersten authentischen amerikanischen Oper«.

Szenenfoto der Uraufführung mit (v. l.) John Bubbles (Sporting Life), Todd Duncan (Porgy) und Anne Brown (Bess)

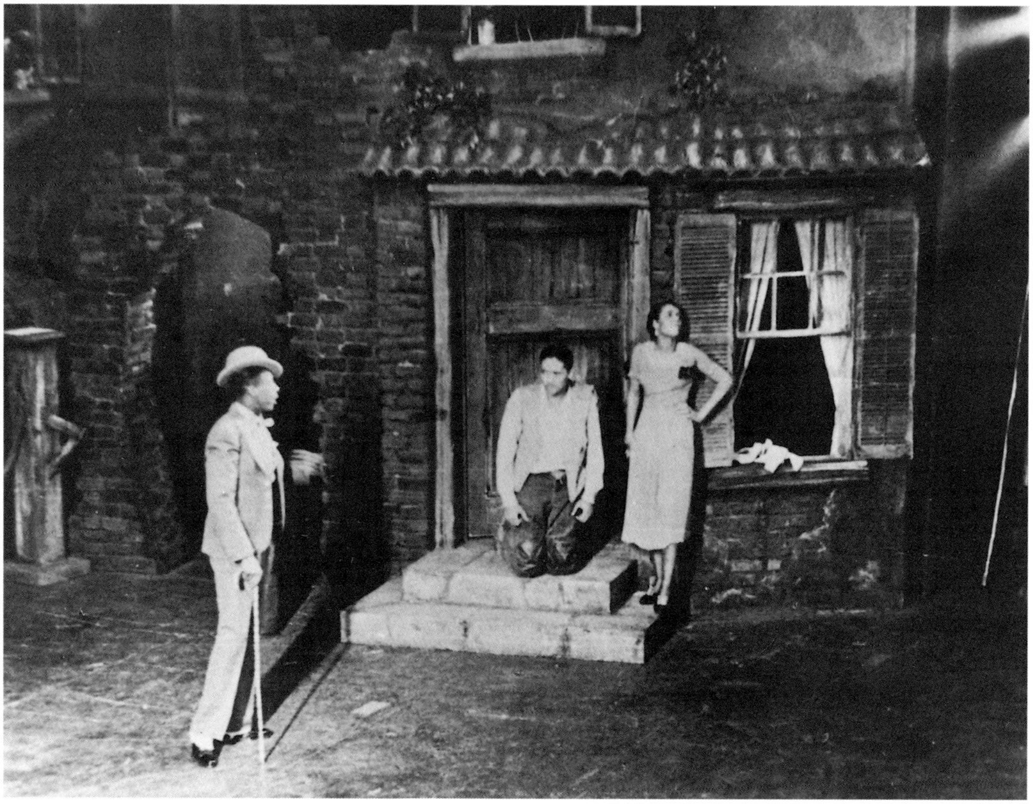

Gewöhnlich ließen Gershwin die ablehnenden Kritiken (die es zu seinen Instrumentalwerken regelmäßig gegeben hatte) kalt – diesmal aber griff er zur Feder und verteidigte sein Werk. Nur zehn Tage nach der Premiere von *Porgy and Bess* erschien in der »New York Times« sein Artikel »Rhapsody in Catfish Row«, in dem er klarzumachen versuchte, was er unter »Folk Opera« verstand: »*Porgy and Bess* ist eine Erzählung aus dem Volk. Natürlich würden die Figuren Volksmusik singen. Schon als ich mit der Komposition begann, entschied ich mich gegen die Benutzung von Material der originalen Volksmusik, weil ich eine Musik aus einem Guß haben wollte. Deshalb schrieb ich meine eigenen Spirituals und Folk Songs. Doch sie sind immer noch Volksmusik – und deshalb ist die Oper *Porgy and Bess* eine Volksoper (folk opera). Und weil sie vom Leben der Neger in Amerika erzählt, fügt sie der Opernform Elemente hinzu, die noch nie zuvor in der Oper vorhanden waren. Ich habe meine eigene Methode entwickelt, um alles einzubeziehen – Dramatik, Humor, Aberglauben, religiösen Eifer, Tanz sowie den nicht zu unterdrückenden Geist der schwarzen Rasse. Und wenn ich damit eine neue Form geschaffen habe, welche Oper mit dramatischem Theater verbindet, so ist diese neue Form ganz natürlich aus dem Material erwachsen.« Dann wendet er sich einem weiteren Kritikpunkt zu: »Es stimmt, ich habe für *Porgy and Bess* auch Songs geschrieben. Ich schäme mich dessen nicht, solange es gute Songs sind … Und Songs stehen ja auch in der Tradition der Oper. Viele der erfolgreichsten Opern der Vergangenheit hatten Songs. Fast alle Opern Verdis enthalten doch das, was wir einen ›Song Hit‹ nennen. *Carmen* besteht fast ausschließlich aus einer Sammlung von Song Hits.« Abschließend bekennt sich Gershwin zum realistischen Musiktheater: »Ich habe meine Musik geschrieben, damit sie zu einem vollkommenen Bestandteil der Handlung wird. Sie soll zusätzlich zu den Worten Ausdruck verleihen … Dabei erweisen sich die Neger als Rasse ideal für meine Absicht, denn sie drücken sich nicht nur durch das gesprochene Wort, sondern ebenso natürlich durch Gesang und Tanz aus.«[144]

Mit solchen Erklärungen machte sich Gershwin natürlich unter den zu dieser Zeit noch sehr starken rassistischen Kreisen in den USA keine Freunde. Sicher war dieser Rassismus ein Grund dafür, daß die Uraufführung nur 124 Vorstellungen erreichte, für den Broadway keineswegs ein großer Erfolg. Neger, noch dazu aus der ärmsten Schicht, als Hauptpersonen einer Broadway-Aufführung – das war im Jahre 1935 für viele Amerikaner eine Zumutung. Die negativen Kritiken mögen zusätzlich das ihrige beigetragen haben.

Gershwin aber war von der neuen Qualität seiner Oper zutiefst überzeugt – und die Zeit hat ihm Recht gegeben. Heute zählt *Porgy and Bess* zu den Spitzenwerken des Genres im 20. Jahrhundert, und auch in den USA gibt es längst keinen Zweifel mehr daran, daß das Werk *die* amerikanische Oper par excellence ist.

Regisseur Rouben Mamoulian und Gershwin nehmen inmitten des Ensembles den Beifall des Publikums entgegen.

Nachdem die Uraufführungsproduktion im Alvin Theatre Anfang 1936 schloß, veranstaltete die Theatre Guild noch eine fünfwöchige Tournee durch mehrere Großstädte, die am 27. Januar in Philadelphia mit einem Gershwin-Konzert eröffnet wurde. Zu diesem Anlaß stellte der Komponist eine *Suite aus »Porgy and Bess«* zusammen. Sie besteht aus fünf Teilen und enthält die bekanntesten Vokalstücke der Oper in instrumentaler Fassung. Die Suite geriet nach ihrer Uraufführung lange Zeit in Vergessenheit, erst 1958 hat sie Ira Gershwin mit dem neuen Titel *Catfish Row. Suite in fünf Sätzen* wieder veröffentlicht, seitdem wird sie gelegentlich aufgeführt.

Das letzte Jahr in Hollywood oder *Shall we Dance*

1936–1937

Die vergangenen Monate intensiver Arbeit an *Porgy and Bess* hatten viel Kraft gekostet. Gershwin fühlte sich ausgepumpt. Da zudem keine neuen aktuellen Aufträge in Sicht waren, willigte er gern ein, als sein alter Freund Edward Warburg, Leiter des American Ballet, eine Erholungsreise nach Mexiko vorschlug. Auch der Psychoanalytiker Dr. Zilboorg war mit von der Partie (was sich sehr bald als Fehler herausstellen sollte, da er Gershwin mit seinen ständigen Ratschlägen ziemlich auf die Nerven ging). Außerdem hoffte George, wie bei seiner Kuba-Reise 1932, auf interessante Begegnungen mit der mexikanischen Volksmusik. Doch die Reise, begonnen Mitte November 1935, verlief enttäuschend. Zwar begegnete er dem Maler Diego Rivera und hatte ein langes Gespräch mit ihm, doch ansonsten war es ein Urlaub wie jeder andere, mit Golfspiel und Drinks in der Hotelbar. Die mexikanische Musik fesselte ihn längst nicht so wie seinerzeit die kubanische, so daß er froh war, als es Mitte Dezember wieder nach New York zurückging. Dort empfing ihn das gesamte *Porgy and Bess*-Ensemble bei der Rückkehr. Es folgte Ende Januar 1936 das bereits erwähnte Konzert in Philadelphia – und danach ein Zustand, den der Komponist seit Jahren nicht mehr kannte: Er hatte nichts zu tun, keine Termine drängten, keine Theaterprojekte waren in Aussicht.

Statt dessen meldete nun Hollywood sein Interesse an. Der Tonfilm war längst technisch perfektioniert, und in den Jahren der Depression war die Nachfrage nach

Im Gespräch mit dem Dirigenten Alexander Smallens während der Proben für das »All Gershwin«-Konzert im New Yorker Lewisohn Stadium, 9. Juli 1936

musikalischer Unterhaltung auf der Leinwand (erschwinglich für jedermann, der für zwei Stunden dem grauen Alltag entfliehen wollte) stark gestiegen. Neues Traumpaar dieses Genres waren Fred Astaire, Gershwins alter Freund und Protagonist, und Ginger Rogers, die bereits in fünf Filmen äußerst erfolgreich zusammen gespielt, getanzt und gesungen hatten. Als daher Pandro S. Behrman von RKO Pictures den Brüdern Gershwin einen Vertrag für Musik und Songs zu einem neuen Astaire/Rogers-Film anbot, willigten George und Ira – nach einigem Hin und Her wegen des Honorars, das schließlich auf 50 000 Dollar festgesetzt wurde – ein und unterschrieben am 26. Juni 1936 den Vertrag. Im August sollten sie in Hollywood mit der Arbeit beginnen.

Vorher hatte George noch Konzertverpflichtungen. Am 9. und 10. Juli gab es erneut im Lewisohn Stadium zwei »All Gershwin«-Konzerte (niemand wußte, daß es Gershwins letzte Auftritte in New York werden sollten), und am 25. Juli folgte ein Auftritt als Solist mit dem Chicago Symphony Orchestra beim alljährlichen Ravinia-Festival.

Dann wurden die Koffer gepackt. Am 10. August flogen George, Ira und dessen Frau Leonore von New York ab. Kay Swift, die sich inzwischen von ihrem Mann hatte scheiden lassen und während der gesamten letzten Monate vor der *Porgy and Bess*-Uraufführung Georges engste Mitarbeiterin gewesen war, flog nicht mit nach Hollywood. Ihre Gefühle beschrieb sie später so: »Ira und er fuhren getrennt zum Flugplatz. Ich begleitete George im Taxi. Wir hatten beschlossen, daß ich nicht mitfuhr, daß wir uns auch nicht schreiben wollten – und daß wir abwarten wollten, wie das ging und ob es ein richtiges Arrangement war. Wir gaben uns heiter und gelassen. Er lachte und sprach über die kommende Filmarbeit. Dann verabschiedeten

Am Klavier während einer Probe zum *Concerto in F*

wir uns, und er ging zum Flugzeug. Und ich wußte genau, daß ich ihn niemals wiedersehen würde. Ich wußte nicht warum, doch ich wußte auf einmal: Das war alles, das war es gewesen.«[145]

Angekommen in Hollywood, bezogen die Gershwins zunächst Zimmer im Beverly-Wilshire-Hotel, natürlich mit einem Klavier, und begannen sofort mit der Arbeit an Songs für den geplanten Film *Watch Your Step* (Regie: Mark Sandrich). Das endgültige Drehbuch lag allerdings noch nicht vor.

Zwei Wochen später wurde dann ein geräumiges Haus am Roxbury Drive gemietet, in der Nähe des Sunset Boulevard, mit Swimmingpool und eigenem Tennisplatz. Die ersten Eindrücke Gershwins von der neuen Arbeit waren durchaus positiv. So schrieb er am 27. August an Max Dreyfus: »Gestern haben wir Pandro Behrman und Mark Sandrich die ersten Songs vorgestellt, und die Jungs schienen entzückt von unseren Dingen. Es macht uns glücklich, mit Leuten zu arbeiten, die unsere Sprache sprechen.«[146]

Mit »They Can't Take That Away from Me« war George und Ira wieder ein großer Wurf gelungen, einer ihrer besten Songs überhaupt.

Doch die Arbeit stockte, da sich die Fertigstellung des Drehbuchs immer weiter verzögerte. So hatte George viel freie Zeit, die er mit Malen, Tennisspielen und dem

Besuch von Partys bei verschiedenen Filmgrößen verbrachte. In einem Brief an Mabel Schirmer berichtete er: »Natürlich vermisse ich New York und alles, was es bietet, doch ich muß sagen, daß Kalifornien auch viele Vorteile hat. Während ich zum Beispiel diesen Brief schreibe, sitze ich unter heißer Sonne an unserem Pool, nur mit einer kurzen Hose bekleidet. Wir spielen sehr viel Tennis, und die Arbeit erscheint bis jetzt ziemlich leicht.«[147]

Häufiger Gast und Tennispartner bei Gershwin war Arnold Schönberg, der seit 1934 als Emigrant in Los Angeles lebte und den George bei einer Gesellschaft kennengelernt hatte. Zwischen dem vierundzwanzig Jahre älteren Begründer der Zweiten Wiener Schule, dem »Vater« der Zwölftonmusik, und Gershwin entwickelte sich bald eine herzliche Freundschaft – zu der auch beitrug, daß beide Musiker die Doppelbegabung zum Malen teilten. Albert H. Sendrey hat beschrieben, wie es beim Tennisspiel zwischen den beiden zuging: »Ich saß gerade in der Badewanne und las den ›Hollywood Reporter‹, als Arnold Schönberg anrief. ›Wie wär's mit etwas Tennis?‹ fragte er. ›Ich könnte mir nichts Besseres vorstellen‹, sagte ich. ›Dann seien Sie in einer Stunde bei den Gershwins. Bis dahin, auf Wiedersehen.‹ Als ich ankam, hörte ich schon das rhythmische Geräusch auf dem Tennisplatz. Und kurz darauf dann der spektakuläre Anblick: Da waren sie, diese zwei so grundverschiedenen Meister der modernen Musik, George Gershwin und Arnold Schönberg, vereint in dem einen gemeinsamen Ziel, einen kleinen Ball über das Netz zu schlagen, als ob nichts anderes mehr wichtig wäre. Laßt

Abflug nach Hollywood. Die Brüder Gershwin auf dem New Yorker Flugplatz Newark, 10. August 1936

Das letzte Foto mit der Mutter, New York, August 1936

Gershwin porträtiert Schönberg, Dezember 1936

Arnold Schönberg vor seinem Haus in Brentwood. Aufnahme von 1943, sechs Jahre nach Gershwins Tod

kurzsichtige Leute doch die Nase rümpfen über Dissonanzen ... null – fünfzehn ... laßt sie doch die *Rhapsody in blue* als Modeerscheinung abtun ... fünfzehn beide ... laßt sie doch grimassenziehend und sich die Ohren zuhaltend aus dem Saal gehen ... dreißig – fünfzehn ... laßt sie doch sagen: einmal Tin Pan Alley, immer Tin Pan Alley ... vierzig – fünfzehn ... laßt sie von *Porgy and Bess* als musikalischem Zwerg angesichts des Goliaths der literarischen Vorlage reden ...

Spiel und Satz, 6:2.

›Hello, Al, schön, daß Sie da sind – macht es Ihnen etwas aus, noch zu warten, damit Mr. Schönberg die Chance zur Revanche hat?‹ Natürlich warte ich. Inzwischen hat George dem Meister ein weiteres Spiel im Sturm abgenommen. ›Das ist nicht fair, George‹, protestiere ich und nehme Partei für Schönberg. Doch Gershwin spielt gnadenlos, mit harten Drives, und jagt den kleinen Mann mit gut plazierten Bällen über den Platz. Und ich begreife: Als großartiger Show-Mann spielt George ja vor Publikum, wenn auch nur vor Ein-Mann-Publikum! Und Bewunderung ist für ihn ein Stimulus, ob sie nun seiner Musik gilt oder lediglich einem Tennisspiel. Hierin ist er das ganze Gegenteil seines älteren Partners, der gelernt hat, seinen Geist vor der öffentlichen Meinung zu verschließen, weil er weiß, daß diese noch nicht so weit ist zu begreifen, was er erreicht hat.

Und dann, ohne weiter auf sein Publikum zu achten, sagt er, was er auch oft tat, wenn er beim Ausformen neuer Ideen plötzlich vom Klavier aufstand: ›Wir werden später weitermachen – jetzt wollen wir erst mal etwas essen.‹«[148]

Endlich, im November 1936, war dann das Drehbuch des Films fertig, der inzwischen den Titel *Shall We Dance* erhalten hatte. Jetzt machte Gershwin erstmals jene schlechten Erfahrungen, die noch jeder ernsthafte Komponist machen sollte, der sich mit Hollywood einließ: Die Musikverantwortlichen mäkelten an verschiedenen, vor allem instrumentalen Passagen der Musik herum, man verpflichtete hinter Gershwins Rücken zweitklassige Leute für »additional music«, änderte willkürlich die Orchestrierungen. Dennoch wurde die Kompositionsarbeit im Dezember 1936 abgeschlossen – und die Gershwins erhielten Angebote für zwei neue Filme: von RKO für einen weiteren Astaire-Film (diesmal nicht mit Ginger Rogers) und vom mächtigen Produzenten Samuel Goldwyn für

Dieses Selbstporträt malte Gershwin bald nach seiner Ankunft in Hollywood.

eine große musikalische Ausstattungsrevue.

George Gershwin war an einem Scheidepunkt angekommen. Sollte er weiter sehr gut bezahlte Filmmusik komponieren, den »tödlichen Pakt mit Hollywood« (so Wolfram Schwinger) endgültig eingehen, oder sollte er nach New York zurückkehren und sich anderen Projekten widmen? Immerhin gab es inzwischen zwei neue Angebote für Broadway-Musicals. Doch Gershwin lehnte sie ab und entschied sich vorerst für die Traumfabrik.

Die Arbeit dort ließ ihm auch Zeit für verschiedene Konzertverpflichtungen. Am 14. Dezember 1936 spielte er in Seattle die *Rhapsody in blue*, am 15. und 17. Januar 1937 konzertierte er in San Francisco und Berkeley zweimal mit dem Dirigenten Pierre Monteux, am 20. Januar in Detroit, schließlich folgten am 10. und 11. Februar in Los Angeles zwei »All Gershwin«-Konzerte, erstmals auch mit Ausschnitten aus *Porgy and Bess*. Dazu waren aus New York Todd Duncan und der Dirigent Alexander Smallens angereist. Zwischen diesen Terminen kehrte Gershwin jedesmal nach Hollywood zurück. Die Arbeit an der Musik für den neuen Astaire-Film *A Damsel in Distress* hatte begonnen, gleichzeitig war Start der Dreharbeiten zu *Shall We Dance*, und George erlebte zum erstenmal den Studiobetrieb von innen, was großen Eindruck auf ihn machte.

Der Komponist Gershwin aber fühlte sich zunehmend unausgefüllt. Todd Duncan berichtet, wie er nach dem zweiten Konzert in Los Angeles und der darauffolgenden Party mit Gershwin nach Hause fuhr: »Es war halb fünf Uhr morgens, als wir bei George ankamen. Als er ins Haus ging, sagte er: ›Todd, Sie wissen, was wir durchgestanden haben, bis *Porgy and Bess* herauskam, Sie waren dabei. Was würden Sie denken, wenn ich Ihnen sagte, daß ich hier mehr Geld verdiene als je zuvor, aber daß es mich nicht glücklich macht, mir Songs für irgendeinen Film auszudenken? Ich habe Pläne für wesentlich ambitioniertere Werke, wie *Porgy*, und deshalb werde ich in weniger als einem Jahr nach New York zurückkommen.‹«[149]

Zur gleichen Zeit, Februar 1937, schreibt er an Du Bose Heyward: »Wollen wir nicht eine neue Oper oder Operette für die Zukunft planen? Ich bin sicher, Sie könnten ein großartiges Buch entwickeln, und ich denke gerade sehr intensiv über ein ernstes Musical nach.«[150] Gegenüber

Fred Astaire mit George und Ira Gershwin im RKO-Studio.

Das Team von *Shall We Dance* bei einer Song-Demonstration im Studio: (v. l.) Choreograph Hermes Pan, die beiden Hauptdarsteller Fred Astaire und Ginger Rogers, Regisseur Mark Sandrich (mit Hut), George und Ira Gershwin sowie der Filmdirigent Nathaniel Shilkret

Schönberg äußert Gershwin – der gerade die berühmten ersten Schallplatteneinspielungen von dessen Streichquartetten durch das Kolisch-Quartett finanziell unterstützt hat –, er habe die Absicht, ebenfalls ein Streichquartett zu schreiben.

Doch die tödliche Krankheit kündigt sich bereits an. Während er bei der Vormittagsprobe für das Konzert am 10. Februar gerade eine Chorpassage aus *Porgy and Bess* dirigierte, ereilte ihn ein kurzer Ohnmachtsanfall. Er schwankte, stolperte, drohte vom Podium zu fallen. Man eilte hinzu, hielt ihn fest, er kam wieder zu sich und setzte die Probe fort, versichernd, es sei nichts mit ihm. Beim zweiten Konzert am Abend des 11. Februar hatte er während seines Auftritts als Solist im *Concerto in F* einen plötzlichen Aussetzer, spielte kurzzeitig ganz falsche Töne. Hinterher berichtete er, es sei ihm plötzlich schwindlig geworden und er habe einen unangenehmen Geruch verspürt, etwa wie brennender Gummi (was heute sofort als Indiz für einen Gehirntumor erkannt würde). Eine gründliche medizinische Untersuchung am nächsten Tag ergab jedoch keinerlei Anzeichen einer Erkrankung.

Im Hotel vor einem Konzertauftritt in Seattle, Dezember 1936

Also kehrte Gershwin zu seiner Filmarbeit zurück. Bis zum Mai 1937 waren die Brüder mit den Songs für *A Damsel in Distress* beschäftigt. Dabei gelang ihnen wieder ein absoluter Hit. Wir wollen ein letztes Mal in die Gershwinsche Songwerkstatt blicken: »Eines späten Abends«, so berichtet Ira, »saß ich im Wohnzimmer und las. Gegen ein Uhr kam George von einer Party zurück, äußerst aufgekratzt, zog seinen Smoking aus, setzte sich ans Klavier und sagte: ›Wie wär's mit etwas Arbeiten? Hast du eine Idee?‹ – ›Nun, da ist doch diese Sequenz, wo Fred im Nebel durch die Straßen von London läuft. Da könnten wir etwas machen, einen Song über Nebel hat es noch nie gegeben. Vielleicht ›a foggy day in London‹ oder vielleicht ›foggy day in London Town‹? – ›Hört sich gut an‹, sagte George. ›Mit Town gefällt es mir besser.‹ Fast unmittelbar fiel ihm dazu eine Melodie ein. In weniger als einer Stunde hatten wir den Refrain, Text und Musik, fertig. Am nächsten Vormittag klang das immer noch gut, und so arbeiteten wir nun an den Strophen, was zwei Tage dauerte.«[151]

Daß »A Foggy Day in London Town« im fertigen Film nach kaum einer Strophe ausgeblendet wurde, hat Gershwin nicht mehr erlebt. Es wäre nur eine weitere negative Hollywooderfahrung gewesen. Bei der Premiere von *Shall We Dance* im April 1937 allerdings war er anwesend – und mußte zusehen, wie wenig von seinen musikalischen Intentionen (mit Ausnahme einiger Songs) die RKO-Gewaltigen übriggelassen hatten.

Die Klatschjournalisten interessierte an der Premiere allerdings am meisten, ob

Gershwin in Begleitung von Paulette Goddard erscheinen würde oder nicht. Zwischen der Schauspielerin, verheiratet mit Charlie Chaplin, und George hatte sich nämlich in den vergangenen Monaten eine ziemlich intensive – allerdings unschuldige – Beziehung entwickelt, die auch Chaplin nicht verborgen geblieben war. An Mabel Schirmer schrieb George: »Sie ist die bei weitem interessanteste Persönlichkeit, der ich seit meiner Ankunft in Hollywood begegnet bin. Du würdest entzückt sein, wenn Du ihr begegnest, denn sie hat den lebendigsten Geist, den Du Dir nur vorstellen kannst. Andererseits ist sie mit dem ›berühmten Charlie‹ verheiratet, unter diesen Umständen kann ich es mir nicht erlauben, mich zu sehr zu engagieren.«[152] Jedenfalls trafen sich die beiden über mehrere Monate sehr häufig, was in Hollywood nicht ganz unbemerkt bleiben konnte.

Im Mai begann die Arbeit für Samuel Goldwyn. Regisseur George Marshall sollte mit *The Goldwyn Follies* eine aufwendige musikalische Revue inszenieren, in der von klassischer Musik über Oper und Ballett bis hin zu Song und Jazz alles enthalten sein sollte. Der berühmte George Balanchine wurde sogar für eine Ballettsequenz engagiert, für die Gershwin eine »Swing Symphony« plante (später schrieb dann Vernon Duke die Musik für das Filmballett). Bis Anfang Juni hatten die Gershwins fünf Songs für den Film geschrieben. Ein letztes Mal sollte George mit der Realität von Hollywood konfrontiert werden, als der große Samuel Goldwyn ihn empfing und wie einen Schuljungen abkanzelte, als George seine Ideen für die große Ballett-

Letzter Auftritt im Konzertsaal: Gershwin dirigiert in Los Angeles, 11. Februar 1937

Mit Regisseur Mark Sandrich im RKO-Studio während der Dreharbeiten zu *Shall we Dance*

Mit der Hauptdarstellerin von *Shall we Dance,* Ginger Rogers

George und Ira Gershwin bei der Songproduktion. Gesehen vom Fotografen …

szene entwickelte: »Das wird das Publikum im Kino nie verstehen!«

Hatte George in den letzten Wochen bereits häufig über Kopfschmerzen geklagt, so nahmen diese nun ein Ausmaß an, welches ärztliche Untersuchung dringend werden ließ. Am 9. Juni unterzog er sich in seiner Wohnung einem gründlichen »Check« durch mehrere Ärzte – sie konnten nichts feststellen. Eine Woche später erschien er auf einer Veranstaltung für RKO-Mitarbeiter und spielte am Klavier einige Songs für den kommenden Film *A Damsel in Distress* – es sollte sein letzter Besuch im Studio und auch sein letzter Auftritt am geliebten Klavier sein.

In den nächsten Tagen verschlechterte sich sein Zustand, er wurde unfreundlich gegenüber allen Freunden, zeigte sich zunehmend desinteressiert (selbst an einer

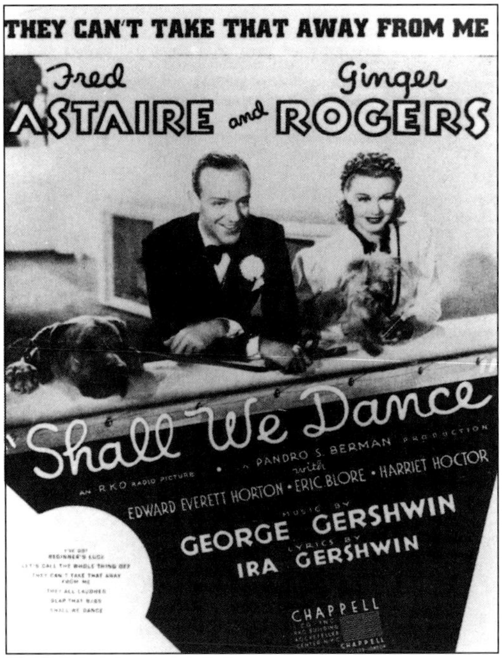

... und vom Karikaturisten Al Hirschfeld

Song-Einzelausgabe, April 1937

für 1938 geplanten Westküstenproduktion von *Porgy and Bess*, von deren Vorbereitung ihm Merle Armitage berichtete), und die Kopfschmerzen nahmen wieder zu.

Am 23. Juni erfolgte daraufhin im renommierten Krankenhaus Cedars of Lebanon eine zweite gründliche Untersuchung – wieder ohne Ergebnis.

Zehn Tage später kam der Librettist S. N. Behrman aus New York nach Hollywood und besuchte als erstes Gershwin. Er hat später seinen Eindruck von diesem 3. Juli beschrieben: »George war sehr blaß. Der Glanz war aus seinen Augen verschwunden. Er schien gealtert zu sein. Mich begrüßte er schwach und freudlos. Sein Händedruck war schlaff, sein Gang ohne Spannkraft. Sehr bald legte er sich auf das Sofa und versuchte seinen Kopf mit einem Kissen zu bedecken. Ich fragte ihn, ob er Schmerzen habe. ›Hinter meinen Augen‹, sagte er, ›hinter meinen Augen‹. Ich kniete neben ihm nieder, nahm seinen Kopf in meine Hände und fragte, ob er sich besser fühlen würde, wenn er etwas Klavier spielte. Er schüttelte den Kopf. Eine solche Reaktion hatte ich noch nie von ihm erlebt.«[153]

Am nächsten Tag, dem 4. Juli, wurden die Schmerzen so stark, daß Gershwin nach völliger Ruhe und einem verdunkelten Zimmer verlangte. Er zog in das nahegelegene Haus seines Freundes Yip Harburg um, der gerade nach New York fuhr, und verbrachte dort die nächsten fünf Tage. Nur Ira und dessen Frau durften ihn aufsuchen. Am Abend des 9. Juli ging es ihm so schlecht, daß Ira die Ärzte rief. Diese ließen ihn sofort ins Krankenhaus Cedars of Lebanon bringen, wo er bereits

Mit Paulette Goddard, Frühjahr 1937

Im Tonstudio von Metro-Goldwyn-Mayer (MGM) beim Abhören der ersten Musikaufnahmen für den Film *The Goldwyn Follies*, Ende Mai 1937

im Koma ankam. Obwohl der Röntgenschirm nichts zeigte, vermuteten die Ärzte nun einen Gehirntumor. Am Morgen des 10. Juli folgten weitere Untersuchungen, Chirurg Dr. Rand schlug vor, den bedeutendsten Hirnspezialisten Amerikas, Dr. Walter E. Dandy, hinzuzuziehen. Man telefonierte und erfuhr, daß dieser gerade in der Gegend von Washington mit seiner Privatyacht unterwegs sei. Daraufhin setzte sich das Krankenhaus mit dem Weißen Haus in Verbindung und bat um Unterstützung. Die Regierung sandte daraufhin zwei Zerstörer in die Chesapeake Bay aus, die Dandys Yacht aufspürten und diesen an Land brachten. Er telefonierte mit dem Krankenhaus und kündigte an, per Flugzeug zu kommen. Inzwischen hatte man dort noch einen berühmten kalifornischen Chirurgen beigezogen (der gleichfalls aus dem Urlaub geholt wurde), Dr. Howard Nafziger. Als dieser gegen 21.30 Uhr in der Klinik eintraf und Gershwin untersuchte, fand er den Puls so schwach, daß er zu sofortiger Operation riet, auch wenn Dr. Dandy noch nicht eingetroffen war. Eine Stunde später erfolgte die erste kleine Öffnung der Schädeldecke, um den Tumor zu lokalisieren: Er saß am rechten Schläfenlappen des Hirns. Um drei Uhr morgens am 11. Juli begannen Dr. Rand und Dr. Nafziger mit der Hauptoperation (Dr. Dandy wurde dies bei einer Zwischenlandung telefonisch mitgeteilt, so daß sein Weiterflug nach Westen entfiel). Sie dauerte fünf Stunden und war aussichtslos. Gershwin starb am 11. Juli 1937 um 10.35 Uhr, ohne nochmals aus dem Koma erwacht zu sein. Er war noch keine neununddreißig Jahre alt.

Das ganze Land trauerte, als die Nachricht bekannt wurde. Gershwins sterbliche Überreste wurden mit der Eisenbahn nach New York überführt, wo am 15. Juli im Tempel Emanu-El an der Fifth Avenue der Begräbnisgottesdienst stattfand. »Noch kein amerikanischer Komponist«, berichtete Olin Downes für die »New York Times«, »hat eine solche Trauerfeier gehabt, wie sie für George Gershwin stattfand. Nicht Mac Dowell, nicht Chadwick, nicht Stephen Foster oder John Philip Sousa. Künstler, Verlagsleute, Schriftsteller, Dramatiker und Kritiker; prominente Vertreter von Bühne, Leinwand, Radio und Ballett; gefeierte Musiker von Paul Whiteman bis Walter Damrosch, selbst der Bürgermeister von New York hatten sich versammelt zu einem letzten Gedenken und zum Abschied von Gershwin.«[154] Danach folgte die Beisetzung auf dem Friedhof Mount Hope in Hastings-on-Hudson, im Westchester County, unweit New York. Parallel dazu fand auch im jüdischen Tempel von Hollywood eine Trauerfeier statt.

Es folgten zwei eindrucksvolle Gedenkkonzerte für Gershwin an der Ostküste und an der Westküste. Am 8. August erhoben sich 20 000 Besucher im New Yorker Lewisohn Stadium zum Gedenken an den Komponisten, im Konzert wirkten seine Freunde und engen Mitarbeiter Oscar Levant, Ferde Grofé, Todd Duncan, Ann Brown und Alexander Smallens mit. Ebenso viele Menschen versammelten sich einen Monat später, am 8. September, in der Hollywood Bowl, wo neben Oscar Levant und Todd Duncan nun auch Al Jolson, Fred Astaire, Victor Young und Otto Klemperer dem Komponisten musikalisch die letzte Ehre erwiesen.

16. Juni 1937 im RKO-Studio: der letzte Auftritt am Klavier. Gershwin spielt Songs für den Film *A Damsel in Distress*, dessen Premiere er nicht mehr erleben sollte.

Vieles wurde zu Gershwins Gedenken gesagt und geschrieben. Es ist erstaunlich, daß ausgerechnet ein Nicht-Amerikaner, noch dazu ein anscheinend Gershwins Musik sehr entfernt Stehender, die schönsten und vielleicht treffendsten Worte fand. In dem 1938 von Merle Armitage herausgegebenen Gedenkbuch schreibt Arnold Schönberg:

»Viele Musiker halten George Gershwin nicht für einen ernsthaften Komponisten. Aber sie sollten erkennen, daß er, ernsthaft oder nicht, doch ein Komponist ist – das heißt, ein Mann, der in der Musik lebt und alles, ernsthaft oder nicht, gründlich oder oberflächlich, durch das Medium Musik ausdrückt, weil das die ihm angeborene Sprache ist. Es gibt eine Reihe von Komponisten, ernsthaft (wie sie glau-

Das letzte in Gershwins Haus aufgenommene Foto, Anfang Juni 1937

Während des Trauergottesdienstes am 15. Juli 1937 im New Yorker Tempel Emanu-El, vorn im Bild (mit Hut) Bürgermeister Fiorello H. La Guardia

ben) oder nicht (wie ich weiß), die gelernt haben, Noten zusammenzufügen. Doch sie sind nur ernsthaft wegen des völligen Fehlens von Humor und Seele …

Mir scheint es unbezweifelbar, daß Gershwin ein Neuerer war. Was er mit Rhythmus, Harmonie und Melodie getan hat, ist nicht nur Stil. Es unterscheidet sich grundsätzlich von dem Manierismus mancher ernsthafter Komponisten …

Ich spreche hier weder als Musiktheoretiker noch als Kritiker; deshalb bin ich auch nicht gezwungen zu sagen, ob die Geschichte Gershwin in der Nachfolge von Johann Strauß oder Debussy, Offenbach oder Brahms, Lehár oder Puccini betrachten wird. Aber ich weiß, er ist ein Künstler und ein Komponist; er drückte musikalische Gedanken aus, und diese waren neu – ebenso neu wie die Art, in der er sie ausdrückte.«[155]

Epilog

Fast sechs Jahrzehnte sind seit Gershwins Tod vergangen. Seine Musik aber ist unverändert lebendig, längst gilt er weltweit als *der* Komponist Amerikas. So soll am Schluß dieser Biographie ein Überblick zu wichtigen Theater-, Film- und Plattenproduktionen dieser Jahrzehnte folgen, die zur weltweiten Popularität des Gershwinschen Werks entscheidend beigetragen haben.

Der Film als wichtigstes Massenmedium (vor Einführung des Fernsehens) macht dabei den Anfang. Vier Monate nach Gershwins Tod hatte im November 1937 *A Damsel in Distress* Premiere (Ein Fräulein in Not, deutscher Verleihtitel: Wie einst im Mai), im Februar 1938 folgte der zweite Film, an dem er noch selbst mitgearbeitet hatte, *The Goldwyn Follies*.

Gleich dreimal brachte Hollywood in den darauffolgenden Jahren Gershwin-Musicals auf die Leinwand: 1940 *Strike Up the Band* (mit Mickey Rooney und der jungen Judy Garland – ein großer Publikumserfolg), 1941 *Lady, Be Good!* (mit Eleanor Powell und Robert Young) und 1943 *Girl Crazy* (nach dem frühen Streifen von 1932 bereits die zweite Verfilmung des Musicals, erneut mit Mickey Rooney und Judy Garland in den Hauptrollen).

1945 entstand bei Warner Bros. im damals sehr populären Genre biographischer Filme über bedeutende Amerikaner der Streifen *Rhapsody in blue* – die Verfilmung von Gershwins Leben (Drehbuch: Howard Koch und Elliott Paul, Regie: Irving Rapper). Er lief in vielen Ländern der Erde und vermittelte – trotz mancher Ungenauigkeiten und »Hollywoodismen« –

Szenenfoto aus *The Goldwyn Follies*. Vera Zorina in einer der buntgemischten musikalischen Szenen des Films

erstmals auch außerhalb der USA einen Eindruck von den Stationen in Gershwins Leben und Werk. Der Film besitzt bis heute dokumentarischen Wert, da in den musikalischen Szenen viele Gershwin verbundene Protagonisten sich selbst spielen, etwa Oscar Levant, Paul Whiteman, Al Jolson, George White und Anne Brown. Robert Alda ist der Gershwin-Darsteller.

Aus dem umfangreichen Nachlaß an unveröffentlichten Songs und Skizzen stellten Kay Swift und Ira Gershwin 1946 die Filmmusik für den Streifen *The Shocking Miss Pilgrim* zusammen. Im Verein mit dem Buch von George Seaton entstand so quasi ein postumes Gershwin-Filmmusical.

Erneut um die Welt ging dann der 1951 entstandene Tanzfilm *An American in Paris* (Regie: Vincente Minelli), die Ge-

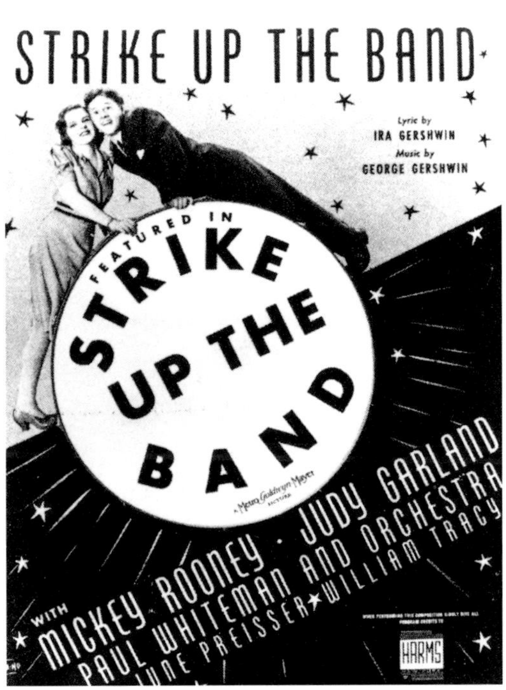

Einzelausgabe des Titelsongs anläßlich der Verfilmung des Musicals 1940. Auf dem Cover die beiden Hauptdarsteller Mickey Rooney und Judy Garland

Der Soundtrack der *Lady, Be Good!*-Verfilmung von 1941 wurde in den sechziger Jahren auf Schallplatte wiederveröffentlicht.

schichte eines amerikanischen Malers in Paris (Gene Kelly), der sich in ein Pariser Mädchen verliebt (Leslie Caron). Im Zentrum des Streifens steht ein auf die ungekürzte Partitur des *American* hinreißend choreographiertes Ballett.

Den weltweiten Triumph seiner Oper *Porgy and Bess* konnte der Komponist nicht mehr erleben. Nach der nur mäßig erfolgreichen New Yorker Uraufführung von 1935 erfuhr er noch kurz vor seinem Tod von der geplanten Westküstenproduktion 1938, die Merle Armitage vorbereitete. Dabei handelte es sich um ein Remake der New Yorker Aufführung (wieder mit Todd Duncan und Anne Brown in den Titelrollen); Premiere war am 4. Februar 1938 in Los Angeles, weitere Stationen waren Pasadena und San Francisco.

Ende 1941 folgte eine neue Inszenierung an der Ostküste. Cheryl Crawford führte Regie, wieder sangen Todd Duncan und Anne Brown. Nach einigen Aufführungen in Boston kam die Produktion am 22. Januar 1942 im New Yorker Majestic Theatre heraus. Reichlich sechs Jahre nach der Uraufführung war damit *Porgy and Bess* zum zweiten Mal am Broadway präsent – und diesmal mit wesentlich größerem Erfolg. Viele Kritiker, darunter auch Olin Downes, revidierten ihre früheren Urteile, das Publikum strömte ins Theater, die Produktion kam bis Ende September auf 286 Aufführungen und ging danach bis zum April 1944 auf eine ausgedehnte USA-Tournee.

Die erste Aufführung außerhalb Amerikas fand 1943 am Königlichen Opernhaus in Kopenhagen statt, zur Zeit der Besetzung des Landes durch die deutsche Wehrmacht. Trotz ständiger Proteste setzte die engagierte Leitung des Hauses insgesamt 22 Vorstellungen durch, ehe

Entstanden 1936 für die Broadway-Revue *The Show is On*, wurde der Song »By Strauss«, eine Walzerparodie, 1951 von Vincente Minelli in den Tanzfilm *An American in Paris* aufgenommen. Natürlich erschien aus diesem Anlaß auch eine Einzel-Notenausgabe.

dann die »Negeroper« auf Betreiben der Nazis abgesetzt werden mußte. 1945 folgten eine Inszenierung in Zürich (in deutscher Textfassung, hergestellt durch den Operettenkomponisten Ralph Benatzky) sowie eine konzertante Aufführung in Moskau. Auch drei schwedische Theater spielten die Oper (Göteborg 1948, Stockholm 1949, Malmö 1952).

Weltweit bekannt aber wurde *Porgy and Bess* durch die 1952 gegründete Everyman Opera Company. Die beiden Produzenten Blevins Davis und Robert Breen versammelten ein erstklassiges Negerensemble, das mit Gershwins Oper auf große Tour gehen sollte. Breen selbst führte Regie, als Dirigent wurde erneut Alexander Smallens verpflichtet, die Hauptrollen sangen William Warfield und Leontyne Price. Nach intensiver Probenarbeit hatte die Produktion am 9. Juni 1952 in Dallas (Texas) Premiere, danach ging man auf USA-Tournee, mit Stationen u. a. in New York und Washington – dort wohnte auch Präsident Truman einer Aufführung bei.

Es folgte ein erster Abstecher nach Europa, beginnend im September 1952 in Westberlin (wo das Publikum im Titania-Palast fast dreißig Minuten applaudierte) und Paris, gefolgt von einer fünfmonatigen Aufführungsserie in London bis zum Februar 1953. Danach kehrte die Everyman Opera nach New York zurück, wo man von März bis Oktober im Ziegfeld Theatre insgesamt 305 Vorstellungen gab – die dritte und bisher erfolgreichste Aufführung der Oper am Broadway, der sich bis zum September 1954 eine weitere USA-Tournee anschloß.

Inzwischen hatten Davis und Breen Kontakte zum Außenministerium in Washington geknüpft, um finanzielle Unterstützung für eine weitere große Tournee rund um die Welt zu erhalten. Die dortigen Verantwortlichen für amerikanische Auslandspropaganda erkannten (mitten in der Periode des nach dem Koreakrieg eskalierten Kalten Krieges) die Chance, hier mit einer »Kulturbotschaft« das Bild des »bösen« Amerika zu korrigieren. Also startete die Everyman Opera im Oktober 1954 erneut, diesmal nach Europa und dem Nahen Osten. Produzent Blevins Davis hatte einen Brief von Präsident Eisenhower im Gepäck, in dem es u. a. hieß: »Sie und Ihr außerordentliches Ensemble leisten einen wirklichen Beitrag zum Verständnis zwischen den Völkern und damit zu gegenseitigem Respekt und Vertrauen. Sie sind damit im wahren Sinn des Wortes Botschafter der Kunst.«[156]

Die Tournee begann in Venedig, dann reiste man erneut nach Paris. Über Belgrad und Athen ging es weiter nach Kairo und Tel Aviv, Casablanca und Barcelona. Das Frühjahr 1955 sah die Truppe in Italien, wo man am 22. Februar in der Mailänder Scala gastierte, danach in Rom und Florenz.

Der überaus große Erfolg ermutigte zu neuen Planungen, zumal Washington weitere finanzielle Unterstützung zugesagt hatte. So startete die Everyman Opera im Sommer 1955 zu einer Tournee durch mehrere Großstädte Süd- und Lateinamerikas. Den Höhepunkt, ja eine Sensation mitten im Kalten Krieg aber markierte dann Ende 1955/Anfang 1956 eine Gast-

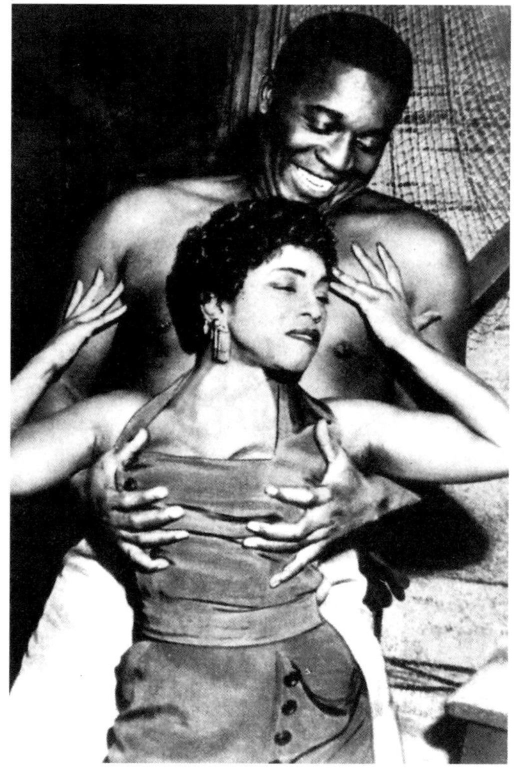

Szenenfoto aus der *Porgy and Bess*-Produktion der Everyman Opera mit John McCurry und Martha Flowers in den Titelrollen, Ende 1955

spielreise in den Ostblock. Im Dezember 1955 wurde *Porgy and Bess* in Warschau und Prag bejubelt, im Januar 1956 folgten Auftritte in Leningrad und Moskau. Dort war auch Nikita Chruschtschow unter den Besuchern. Danach ging man auf eine ausgedehnte Westeuropa-Tournee, die am 3. Juni 1956 mit der letzten Aufführung in Amsterdam endete.

Zurückgekehrt in die USA, löste sich die Everyman Opera schließlich auf. Innerhalb von vier Jahren hatte sie *Porgy and Bess* (mit mehrfach wechselnder Besetzung) in 29 Ländern der Erde präsentiert, in vielen hundert Aufführungen und vor vielen zehntausend Zuhörern.[157]

Sicher war diese außerordentliche Wirkung mit dafür verantwortlich, daß nun auch Hollywood nach der Oper griff. Produzent Samuel Goldwyn erwarb 1957 von Ira Gershwin die Filmrechte, mit Otto Preminger verpflichtete er einen Regisseur, der gerade mit *Carmen Jones* (einer »schwarzen« Version von Bizets Oper) einen Welterfolg gefeiert hatte. 1958 begannen die Dreharbeiten für den aufwendigen Farbfilm: mit Sidney Poitier (Porgy), Dorothy Dandridge (Bess) und Sammy Davis jr. (Sporting Life) wurde eine erstklassige Besetzung der Hauptrollen gefunden. Die musikalische Leitung lag in den Händen des erfahrenen Gershwin-Dirigenten André Previn. Nach der Premiere im Juni 1959 wurde der Zweieinhalb-Stunden-Film nicht nur von der Kritik begeistert aufgenommen, er zog auch weltweit ein Millionenpublikum an und machte damit Gershwins opus magnum weit über die Opernhäuser hinaus populär.

Dort besitzt *Porgy and Bess* heute längst einen festen Platz im Repertoire. Für den deutschen Sprachraum schufen Götz

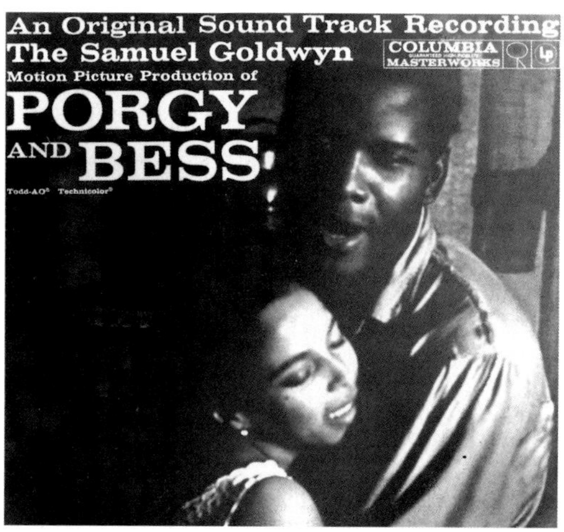

Schallplatte mit dem Soundtrack des Films von Otto Preminger. Auf dem Cover die beiden Hauptdarsteller Sidney Poitier und Dorothy Dandridge

Friedrich und Horst Seeger 1970 an der Komischen Oper in Berlin eine neue deutsche Textfassung, die Du Bose Heywards Libretto und Ira Gershwins Gesangstexte adäquat übertrug.

Knapp fünfzig Jahre nach der Uraufführung hielt *Porgy and Bess* im Januar 1985 endlich auch Einzug in das New Yorker Metropolitan Opera House. Zwar musikalisch von erstem Rang (Dirigent: James Levine, Porgy: Simon Estes, Bess: Grace Bumbry), gingen die Inszenierung und vor allem die Bühnengestaltung jedoch völlig daneben, ließen vom Realismus der Handlung kaum etwas übrig. Ebenso bissig wie treffend bemerkte die Kritik: »Selbst Walt Disney hätte keine pittoreskere oder harmlosere Version von *Porgy and Bess* entwerfen können, wie sie hier mit einer Catfish Row von funkelnagelneuen Apartmenthäusern und einem Kittiwah Island à la Hollywood über die Bühne geht.«[158] So wird die Zukunft zeigen müssen, ob sich Amerikas bedeutendstes Opernhaus auch einmal der Herausforderung von Du Bose Heyward und Gershwin angemessen stellen wird.

Der Schallplatte kommt das Verdienst der ersten vollständigen Präsentation von *Porgy and Bess* zu (einschließlich aller 1935 entfallenen Szenen). Unter Leitung von Lorin Maazel und mit einem erstklassigen Sängerensemble entstand diese Gesamtaufnahme 1981. Schon in den Jahrzehnten davor hatte es verschiedene exemplarische Platteneinspielungen gegeben, vor allem von Gershwins Instrumentalwerken – hier sind vor allem die Dirigenten Leonard Bernstein (Ende der

***Porgy and Bess* an der New Yorker »Met«, Frühjahr 1985. Szenenfoto mit Gregg Baker als Sporting Life**

Heute schon klassisch: Leonard Bernsteins berühmte Einspielungen der beiden – bekanntesten Instrumentalwerke Gershwins vom Ende der fünfziger Jahre. Schallplattencover einer Wiederveröffentlichung von 1971

Gershwin spielt eigene Werke: 1973 erschien diese Schallplatte mit Re-recordings von seltenen frühen Schellack-Einspielungen.

Die ersten beiden CD-Editionen mit vollständig rekonstruierten Musicals von George und Ira Gershwin erschienen 1990 und 1991.

Schallplatte mit der rekonstruierten Musik der beiden politischen Musicals von 1931/1933. Sie erschien 1987, zum 50. Todestag Gershwins.

fünfziger Jahre) und André Previn (Anfang der sechziger Jahre) zu nennen. Mit der Doppel-LP »Gershwin by Gershwin« begann schließlich 1973 die Wiederveröffentlichung authentischer Music Roll- und Schellackplatten-Einspielungen Gershwins aus den Jahren seit 1918 – die heute fast komplett vorliegen und kostbare Dokumente des Pianisten Gershwin darstellen.

1985 ehrte Amerika die Brüder Gershwin mit dieser Kongreß-Medaille. Die Rückseite (u.) zeigt eine Notenzeile aus dem Musical *Of Thee I Sing* von 1931, mit dem paraphrasierten Titel »Of Thee We Sing«.

Ein Paukenschlag folgte im Jahre 1982. In einem alten Lagerhaus von Secaucus, New Jersey, entdeckte man bei Aufräumungsarbeiten achtzig Kisten mit verschollen geglaubtem Noten- und Aufführungsmaterial aus den zwanziger und dreißiger Jahren, u. a. von Cole Porter, Jerome Kern – und von George Gershwin. Von ihm fanden sich insgesamt 90 Notenmanuskripte, einzelne Songs ebenso wie Teile ganzer Musicalpartituren (die seinerzeit nur in den wenigsten Fällen gedruckt worden waren, meist spielten die Orchester nach handgeschriebenem Material). Das machte nun auch endlich, zusammen mit den im Nachlaß überlieferten und in der Library of Congress aufbewahrten Autographen, die Rekonstruktion wichtiger Musicals möglich. Nach Ira Gershwins Tod im Jahre 1983 übernahm dessen Witwe Leonore die Sachwaltung dieses Erbes.

Ein erstes Ergebnis wurde zum 50. Todestag Gershwins 1987 präsentiert: die konzertante Aufführung (und gleichzeitige Schallplattenaufnahme) der musikalischen Szenen von *Of Thee I Sing* und *Let 'Em Eat Cake*, veranstaltet von der Brooklyn Academy of Music in New York.

1989 startete dann das »Leonore Gershwin – Library of Congress Recording and Publishing Project«, das sich nunmehr die vollständige Rekonstruktion weiterer Werke von George und Ira Gershwin (einschließlich der rein gesprochenen Passagen) zur Aufgabe stellte. Die ersten drei CD-Editionen sind inzwischen erschienen: 1990 *Girl Crazy*, 1991 *Strike Up the Band* und 1992 – nach dem Tod der Mitbegründerin Leonore Gershwin – *Lady, Be Good!* In den umfangreichen Begleitheften finden sich ausführliche Beiträge zur jeweiligen Werkgeschichte, außerdem sind sämtliche Songtexte abgedruckt. Das Projekt ist damit noch nicht abgeschlossen, weitere Aufnahmen werden folgen. Diese Pionierarbeit macht nun auch ein Bühnen-Revival von wichtigen Gershwin-Musicals möglich. So startete z. B. 1991 eine etwas verän-

Amerikanische Briefmarke, ausgegeben 1987 anläßlich des 50. Todestages des Komponisten

derte Version von *Girl Crazy* (unter dem Titel *Crazy for You*) im New Yorker Shubert Theatre und lief dort über zwei Jahre mit größtem Erfolg.

In seinem Nachruf auf Gershwin schrieb Erma Taylor 1937: »Es ist nicht an uns, ein Urteil abzugeben. Die Jahre werden das tun. Und wenn wir die gegenwärtige Tendenz betrachten, so braucht uns nicht bange zu sein um George Gershwin, denn die Popularität seiner Werke nimmt ständig zu. Seine Musik ist zeitlos. Niemals werden wir müde, Songs wie *I Got Rhythm* oder *The Man I Love* zu hören, die *Rhapsody in blue* oder *An American in Paris*. Diese Musik ist heute so frisch wie am Tag, da er sie schrieb.«[159]

Dies gilt unverändert auch nach sechzig Jahren, gegen Ende des Jahrhunderts, in dem George Gershwin lebte und komponierte.

Quellen und Anmerkungen

Alle Übersetzungen der amerikanischen Quellen stammen vom Autor.

1 Oscar Hammerstein II schrieb seine Verse »To George Gershwin« für das Programmheft des Gedenkkonzerts in der Hollywood Bowl, 8. September 1937. Danach schickte er sie Merle Armitage als Beitrag für das Gedenkbuch. Zit. nach: Merle Armitage (Hrsg.), George Gershwin. New York 1938, S. 1 (nachfolgend zitiert als: Armitage)

2 Zit. nach: Charles Schwartz, Gershwin. His Life and Music. New York 1979, S. 9 (nachfolgend zitiert als: Schwartz)

3 Bericht von Emma Goldmann aus Litauen, 1888. Zit. nach: Ronald Sanders, Shares of Refuge. A hundred years of Jewish Emigration. New York 1988, S. 161

4 Abraham J. Karp, Golden Door to America. The Jewish Immigrant Experience. New York 1976

5 Alle Angaben nach: Ebenda, S. 63–70

6 Nach: Edward Jablonski/Lawrence D. Stewart, The Gershwin Years, 2., erw. Aufl. New York 1979, S. 30 (nachfolgend zitiert als: Years)

7 Zit. nach: Armitage, S. 16

8 Edward Jablonski, Gershwin. A Biography. New York 1987, S. 3 (nachfolgend zitiert als: Jablonski)

9 Zit. nach: Ebenda

10 Zit. nach: Years, S. 32

11 Ebenda, S. 9

12 Zit. nach: Robert Kimball/Alfred Simon, The Gershwins. New York 1973, S. 4 (nachfolgend zitiert als: Gershwins)

13 Zit. nach: Ebenda, S. 7

14 Zit. nach: Armitage, S. 182

[15] Ebenda

[16] Dies belegt ein Eintrag in einem frühen Notizbuch, heute aufbewahrt in der Library of Congress, Washington

[17] Zit. nach: Armitage, S. 16f.

[18] Zit. nach: Jablonski, S. 9

[19] Zit. nach: Ebenda, S. 10

[20] Zit. nach: Schwartz, S. 16

[21] Zit. nach: Jablonski, S. 11

[22] Ebenda, S. 14

[23] Zit. nach: Ebenda

[24] Zit. nach: Jablonski, S. 16

[25] Zit. nach: Schwartz, S. 22

[26] Erma Taylor, George Gershwin. A Lament. In: Jones' Magazine, 11/1937

[27] Jablonski, S. 18

[28] Zit. nach: Ebenda, S. 19

[29] Fred Astaire, Steps in Time. New York 1959, S. 84

[30] Zit. nach: Gershwins, S. 15f.

[31] Stanley Green, The World of Musical Comedy. San Diego 1980, S. 43

[32] Zit. nach: Schwartz, S. 31

[33] Wolfram Schwinger, Gershwin. Eine Biographie. Mainz/München 1983, S. 43

[34] Zit. nach: Jablonski, S. 22

[35] Zit. nach: Years, S. 48

[36] Zit. nach: Ebenda, S. 50

[37] Zit. nach: Jablonski, S. 24

[38] Variety, 8.11.1917

[39] Zit. nach: Schwartz, S. 33

[40] Zit. nach: Years, S. 54f.

[40 a] Zit. nach: Gershwins, S. 24

[41] Zit. nach: Schwartz, S. 36

[42] Zit. nach: Years, S. 58f.

[43] Brief an Max Abramson, 13.9.1918. Zit. nach: Jablonski, S. 31f.

[44] Oscar Levant, A Smattering of Ignorance. New York 1941, S. 43

[45] Zit. nach: Jablonski, S. 34

[46] Zit. nach: Years, S. 59

[47] Zit. nach: Merle Armitage, George Gershwin. Man and Legend. New York 1958, S. 122

[48] Zit. nach: Jablonski, S. 36

[49] Ira Gershwin, Lyrics on Several Occasions. New York 1959, S. 114

[50] Evening Mail, New York, 27.5.1919

[51] Globe, New York, 28.5.1919

[52] Jablonski, S. 41

[53] Joachim Sonderhoff, Anfänge des amerikanischen Musiktheaters. In: Joachim Sonderhoff/Peter Weck, Musical. Geschichte – Produktionen – Erfolge. Braunschweig 1986, S. 24

[54] Stanley Green, The World of Musical Comedy. San Diego 1980, S. 1

[55] Brooks Atkinson, Broadway. New York 1974, S. 318

[56] Zit. nach: Stanley Green, The World of Musical Comedy. San Diego 1980, S. 58

[57] Jablonski, S. 45

[58] S. N. Behrman, Troubadour. In: The New Yorker, 25.5.1929

[59] Ebenda

[60] Zit. nach: Gershwins, S. 28

[61] New Haven Chronicle, 28.7.1922. Der mit »W. S.« zeichnende Kritiker besprach die Tryout-Premiere

[62] Zit. nach: Gershwins, S. 34

[63] Undatierter Brief aus London. Zit. nach dem Faksimile. In: Years, S. 81

[64] Ebenda

[65] Carl van Vechten, George Gershwin. In: Vanity Fair, New York, 1/1925

[66] World, New York, 2.11.1923

[67] Zit. nach: Years, S. 87

[68] Merle Armitage, George Gershwin. Man and Legend. New York 1958, S. 70
[69] Zit. nach: Gershwins, S. 46
[70] Ira Gershwin, Lyrics on Several Occasions. New York 1959, S. 83
[71] Jablonski, S. 84
[72] Zit. nach: Begleitheft zur CD *Lady, Be Good!*, Elektra/Nonesuch 7559-79308-2, 1992
[73] Stanley Green, The World of Musical Comedy. San Diego 1980, S. 2 und 90
[74] John Wilson, Paul Whiteman-Misunderstood Pioneer. In: New York Times, 30.12.1967
[75] Zit. von Erma Taylor. In: Armitage, S. 187f.
[76] Zit. nach: Jablonski, S. 66
[77] Henry O. Osgood, So This Is Jazz. New York 1926, S. 44
[78] Zit. nach: Years, S. 92
[79] Zit. nach: Armitage, S. 113
[80] Zit. nach: Jablonski, S. 75
[81] Paul Whiteman, Jazz. New York 1926, S. 84
[82] Leonard Bernstein, A Nice Gershwin Tune. In: The Atlantic Monthly 4/1955
[83] Zit. nach: Armitage, S. 172f.
[84] Zit. nach: Ebenda, S. 223
[85] Wolfram Schwinger, Gershwin. Eine Biographie. Mainz/München 1983, S. 91
[86] Tribune, New York, 29.11.1925
[87] Zit. nach: Jablonski, S. 104
[88] Zit nach: Ebenda, S. 108
[89] Zit. nach: Ebenda, S. 122
[90] Zit. nach: Gershwins, S. 64
[91] Zit. nach: Armitage, S. 35
[92] Ira Gershwin, Lyrics on Several Occasions. New York 1959, S. 174
[93] Hyman Sandow, Interview mit George Gershwin. In: Musical America, 2/1928
[94] Zit. nach: Jablonski, S. 154
[95] Zit. nach: David Ewen, A Journey to Greatness. New York 1956, S. 154
[96] Zit. nach: Gershwins, S. 94
[97] Zit. nach: Years, S. 132
[98] Zit. nach: Gershwins, S. 99
[99] Zit. nach: Armitage, S. 174f.
[100] Jablonski, S. 167
[101] Ebenda
[102] Christian Science Monitor, 7.7.1928
[103] Musical America, 8/1928
[104] Zit. nach: Years, S. 139f.
[105] Wolfram Schwinger, Gershwin. Eine Biographie. Mainz/München 1983, S. 116
[106] Zit. nach: Schwartz, S. 171
[107] Zit. nach: Gershwins, S. 113
[108] Ebenda
[109] Edward Kilenyi, George Gershwin As I Knew Him. In: Etude, 10/1950
[110] Eine detaillierte Inhaltsangabe findet sich im Begleitheft zur CD mit der rekonstruierten Gesamtaufnahme des Stückes, Elektra/Nonesuch 2 C 0286.
[111] Wolfram Schwinger, Gershwin. Eine Biographie. Mainz/München 1983, S. 138
[112] Isaac Goldberg, George Gershwin. A Study in American Music. New York 1931, S. 247
[113] Vernon Duke, Passport to Paris. Boston 1955, S. 186
[114] Stanley Green, The World of Musical Comedy. San Diego 1980, S. 93
[115] Zit. nach dem Begleitheft zur CD Elektra/Nonesuch 979 250-2
[116] Zit. nach: Jablonski, S. 212

[117] George Gershwin, The Composer in the Machine Age. In: Oliver M. Saylor (Hrsg.), Revolt in the Arts. New York 1933. Wieder abgedruckt bei und hier zit. nach: Armitage, S. 226

[118] Ausführlicher zum Stück siehe das Begleitheft zur LP CBS S2M-42522

[119] Gilbert Seldes, The Gershwin Case. In: Esquire, 10/1934. Wieder abgedruckt und hier zit. nach: Armitage, S. 133

[120] Stanley Green, The World of Musical Comedy. San Diego 1980, S. 95

[121] Zit. nach: Jablonski, S. 227

[122] George Gershwin, Vorwort. In: George Gershwin's Songbook. New York 1932, S. IV

[123] Zit. nach: Schwartz, S. 224

[124] Ungezeichneter Bericht »A Composer's Pictures« In: Arts and Decoration, 4/1933. Hier zit. nach: Jablonski, S. 187f.

[125] Ausführlicher zum Stück siehe das Begleitheft zur LP CBS S2M-42522

[126] Ira Gershwin, Lyrics on Several Occasions. New York 1959, S. 284

[127] Brooks Atkinson, Broadway. New York 1985, S. 209

[128] Jablonski, S. 252

[129] Zit. nach: Ebenda, S. 260

[130] Zit. nach: Ebenda, S. 261

[131] Zit. nach: Ebenda, S. 262

[132] Zit. nach: Schwartz, S. 258

[133] Du Bose Heyward, Porgy and Bess Return On Wings of Song. In: Stage Magazine, 10/1935. Hier zit. nach: Armitage, S. 39f.

[134] Zit. nach: Years, S. 214

[135] Siehe Anm. 133

[136] Jablonski, S. 284

[137] Zit. nach: Ebenda, S. 277

[138] Zit. nach: Armitage, S. 49f.

[139] Zit. nach: Jablonski, S. 280

[140] Ich folge hier weitgehend der Synopsis von Stefan Stompor im Begleitheft zur DDR-Lizenzausgabe der Decca-Schallplatten-Gesamtaufnahme der Oper unter Lorin Maazel, Eterna 827 728-30

[141] Zit. nach: Armitage, S. 51

[142] Zit. nach: Jablonski, S. 288. – Eine detaillierte Liste aller Veränderungen findet sich bei: Charles Hamm, The Theatre Guild Production of *Porgy and Bess*. In: Journal of the American Musicological Society, 1988, S. 495–532

[143] Zit. nach: Gershwins, S. 188

[144] George Gershwin, Rhapsody in Catfish Row. In: New York Times, 20.10.1935

[145] Zit. nach: Gershwins, S. 200

[146] Zit. nach: Jablonski, S. 300

[147] Zit. nach: Ebenda, S. 303

[148] Zit. nach: Armitage, S. 102f.

[149] Zit. nach: Gershwins, S. 226

[150] Zit. nach: Jablonski, S. 309

[151] Ira Gershwin, Lyrics on Several Occasions. New York 1959, S. 285

[152] Zit. nach: Jablonski, S. 317

[153] S. N. Behrman, People in a Diary. Boston 1972, S. 186

[154] Olin Downes, Hail and Farewell. In: New York Times, 18. Juli 1937

[155] Zit. nach: Armitage, S. 97f.

[156] Zit. nach: Merle Armitage, George Gershwin. Man and Legend. New York 1958, S. 162

[157] Eine genaue Auflistung aller Aufführungen findet sich bei: Ebenda, S. 171ff.

[158] Peter G. Davis. In: New York, 18.2.1985

[159] Erma Taylor, George Gershwin. A Lament. In: Jones' Magazine, 11/1937

Chronik zu Leben und Werk

1898 26. September: George Gershwin wird als zweites von vier Kindern der russisch-jüdischen Einwanderer Morris Gershvin (eigentlich Gershovitz) und Rose Gershvin, geb. Bruskin, im New Yorker Stadtteil Brooklyn geboren. Der Vater übt verschiedenste Tätigkeiten aus, bis 1916 wechselt die Familie insgesamt achtundzwanzigmal die Wohnung.
1905 Beginn der Schulzeit
1910 Die Familie Gershvin kauft ein Klavier, eigentlich gedacht für den ältesten Sohn Ira (geb. 1896), doch sehr bald okkupiert von George. Dieser erhält ersten Klavierunterricht.
1912 Nach Abschluß der Public School Eintritt in die High School of Commerce, New York. Entscheidende Begegnung mit dem neuen Klavierlehrer Charles Hambitzer, der Gershwin systematisch an die Musik heranführt.
1913 Erste Komposition von zwei Songs: *Since I Found You* und *Ragging the Träumerei* (Texte: Leonard Praskin)
1914 Erste öffentliche Auftritte als Pianist Mai: Der Fünfzehnjährige verläßt die High School und tritt eine Stellung als »Piano Pounder« beim Musikverlag Remick's in der 28th Street (Tin Pan Alley) an. *Tango* für Klavier solo.
1915 Als Piano Pounder zahlreiche Schlagerpräsentationen bei Etablissements und Variétes in den Vergnügungszentren Coney Island und Atlantic City. Er ändert seinen Namen in Gershwin.
1916 Gershwins erster Song wird gedruckt: *When You Want 'Em, You Can't Get 'Em* (Text: Murray Roth), das Honorar des Komponisten beträgt fünf Dollar.

Song *When the Armies Disband* (Text: Irving Caesar)
Der erste Gershwin-Song (*Making of a Girl*, Text: Harold Atteridge) findet Aufnahme in einer Broadway-Show (THE PASSING SHOW OF 1916, Buch und Songtexte: Harold Atteridge, Musik: Sigmund Romberg/Otto Motzan, Premiere am 22. Juni 1916 im New Yorker Winter Garden, 140 Aufführungen). Ebenfalls für diese Show, dann aber nicht verwendet, entsteht der Song *My Runaway Girl* (Text: Murray Roth).

1917 *Rialto Ripples* für Klavier solo (geschrieben zusammen mit Will Donaldson). Erste Komposition Gershwins, die auf Walze für mechanisches Klavier (Piano Roll) aufgenommen wird.
März: Gershwin verläßt den Verlag Remick's, Tätigkeit als Korrepetitor und Tourneebegleiter.
Erster Song nach einem Text von Bruder Ira: *You Are Not the Girl*

1918 Februar: Der Musikverleger Max Dreyfus (er hat bereits Jerome Kern entdeckt, später sollte Richard Rodgers folgen) nimmt Gershwin als Songkomponist in seinem Verlag T. G. Harms unter Vertrag.
Auf Empfehlung von Dreyfus weitere musikalische Studien bei dem Dirigenten Artur Bodanzky
März: Probenpianist bei der Produktion von *Rock-a-Bye Baby* (Musik: Jerome Kern)
April: Probenpianist bei den *Ziegfeld Follies of 1918*. Weitere Aufnahme von Gershwin-Songs in verschiedene Shows: *You-oo, Just You* (Text: Irving Caesar) in HITCHY-KOO OF 1918 (Buch und Songtexte: Glen MacDonough, Musik: Raymond Hubbell, Premiere am 6. Juni 1918 im New Yorker Globe Theatre, 68 Aufführungen);
The Real American Folk Song (Text: Ira Gershwin unter seinem frühen Pseudonym Arthur Frances) und *Some Wonderful Sort of Someone* (Text: Schuyler Greene) in LADIES FIRST (Buch und Songtexte: Harry B. Smith, Musik: A. Baldwin Sloane, Premiere am 24. Oktober 1918 im New Yorker Broadhurst Theatre, 164 Aufführungen);
vier gemeinsam mit Ira geschriebene Songs (*Cupid, Hongkong, Ten Commandments of Love, There's Magic in the Air)* in HALF PAST EIGHT (Revue von Fred Caryll, Premiere am 9. Dezember 1918 im Theater von Syracuse, die Show erreichte den Broadway nicht.)

1919 Gershwin nimmt für zwei Jahre Unterricht bei dem Dirigenten und Komponisten Edward Kilenyi.
Song *O, Land of Mine, America* (Text: Michael E. Rourke). Erneut werden Gershwin-Songs in Broadway-Shows integriert: *I Was So Young, You Were So Beautiful* und *There's More to the Kiss than the X-X-X* (Texte: Irving Caesar) in GOOD MORNING, JUDGE (Buch: Fred Thompson, Musik: Lionel Monckton/Howard Talbot, Premiere am 6. Februar 1919 im New Yorker Shubert Theatre, 140 Aufführungen);
Something about Love (Text: Lou Paley) und *Some Wonderful Sort of Someone* (Text: Schuyler Greene) in THE LADY IN RED (Buch und Songtexte: Anne Caldwell, Musik: Robert Winterberg, Premiere am 12. Mai 1919 im New Yorker Lyric Theatre, 48 Aufführungen)

April/Mai: Gershwin komponiert erstmals alle Nummern einer Broadway Comedy, LA-LA-LUCILLE (Buch: Fred Jackson, Songtexte: Arthur Jackson/B. G. DeSilva, Premiere am 26. Mai 1919 im New Yorker Henry Miller Theatre, mit 104 Aufführungen ein mittlerer Erfolg). Darin enthalten die Songs: *From Now On, Nobody But You, Somehow It Seldom Comes True, Tee-Oodle-Um-Bum-Bo, The Best of Everything, It's Great to Be in Love, It's Hard to Tell, When You Live in a Furnished Flat.* Vier ebenfalls für diese Produktion geschriebene Songs wurden nicht verwendet: *Kisses, Money, Money, Money, Our Little Kitchenette* und *The Love of a Wife.*

Oktober: Gershwins erster Hit entsteht. In die CAPITOL REVUE zur Eröffnung des New Yorker Capitol Theatre am 24. Oktober 1919 werden die beiden Songs *Swanee* (Text: Irving Caesar) und *Come to the Moon* (Text: Ned Waybourn/Lou Paley) eingefügt. Kurz darauf begegnet er dem populären Show-Star Al Jolson und spielt diesem *Swanee* vor. Jolson integriert den Song in seine bereits laufende Show SINDBAD im Winter Garden. Innerhalb kürzester Zeit wird *Swanee* zum Riesenerfolg und auch zur ersten Schellack-Plattenaufnahme eines Gershwin-Songs (bei Columbia Records).

Dezember: Nächste Broadway-Premiere MORRIS GEST'S MIDNIGHT WHIRL (Buch und Songtexte: B. G. DeSylva/John Henry Mears, Premiere am 27. Dezember 1919 im New Yorker Century Grove Theatre, 110 Aufführungen). Darin enthalten die Songs *Limehouse Nights, Poppyland, Baby Dolls, Doughnuts, Let Cutie Cut Your Cuticle* und *The League of Nations.*

Lullaby für Streichquartett (Uraufführung erst postum am 19. Oktober 1967 durch das Juilliard String Quartet).

1920 Begegnung mit George White, dessen jährliche »Scandals« (konkurrierend mit Florenz Ziegfelds »Follies«) zu den wichtigsten Broadway-Ereignissen gehören. Gershwin wird als Komponist verpflichtet und schreibt bis 1924 die Musik zu fünf Produktionen.

7. Juni: Premiere der GEORGE WHITE'S SCANDALS OF 1920 (Buch: Andy Rice/ George White, Songtexte: Arthur Jackson) im New Yorker Globe Theatre, mit 318 Aufführungen ein großer Erfolg. Enthalten sind die Songs *Idle Dreams, My Lady, On My Mind the Whole Night Long, Scandal Walk, The Songs of Long Ago, Tum On and Tiss Me, Everybody Swat the Profiteer,* nicht aufgenommen wurde *My Old Love Is My New Love.* Daneben weitere Aufnahme von Gershwin-Songs in andere Produktionen:

We're Pals, Yan-Kee und das inzwischen populäre *Swanee* (alle Texte: Irving Caesar) in DERE MABLE (Premiere in der Academy of Music von Baltimore am 2. Februar 1920, die Show erreichte den Broadway nicht);

Oo, How I Love To Be Loved by You (Text: Lou Paley) in ED WYNN'S CARNIVAL (Buch und Musik: Ed Wynn, Premiere am 5. April 1920 im New Yorker New Amsterdam Theatre, 64 Aufführungen);

Waiting for the Sun to Come Out (Text: Arthur Frances, d. i. Ira Gershwin) in THE SWEETHEART SHOP (Buch und Songtexte:

Anne Caldwell, Musik: Hugo Felix, Premiere am 31. August 1920 im New Yorker Knickerbocker Theatre, 55 Aufführungen); *Lu Lu, Snow Flakes* und *Spanish Love* (Texte: Irving Caesar) in BROADWAY BREVITIES OF 1920 (Buch: Blaire Traynor, Musik: Archie Gottlier, Premiere am 29. September 1920 im New Yorker Winter Garden, 105 Aufführungen).

1921 Für die GEORGE WHITE'S SCANDALS OF 1921 (Premiere am 11. Juli 1921 im New Yorker Liberty Theatre, 97 Aufführungen) entstehen alle Songs gemeinsam mit Bruder Ira: *Drifting along with the Tide, I Love You, She's Just a Baby, South Sea Isles* und *Where East Meets West.*

Bereits im März hatten George und Ira die Songs zu der Musical Comedy A DANGEROUS MAID (Buch: Charles W. Bell, Premiere am 21. März in Atlantic City, die Produktion erreichte den Broadway nicht) geschrieben: *Boy Wanted, Dancing Shoes, Just to Know You Are Mine, Some Rain Must Fall, The Simple Life* und (nicht verwendet) *Anything for You* sowie *The Sirens.*

Sommer: Gershwin belegt zwei musikalische Sommerkurse an der Columbia University in New York (Grundkurs Orchestration/Musikalische Romantik des 19. Jahrhunderts) bei dem Komponisten Rosetter G. Cole. In diesem Umkreis schreibt er als Übung u. a. einen mehrstimmigen *Choral* für Klarinette, zwei Oboen, zwei Hörner, Cello und Kontrabaß.

Zwei Songs nach Texten von »Buddy« DeSilva: *Swanee Rose* (eine auf den populären Erfolg spekulierende Textversion des schon früher, mit Irving Caesar, entstandenen *Dixie Rose*) und *Tomale (I'm Hot for You).*

Zwei weitere Songs nach Texten von Irving Caesar werden in die Musical Comedy THE PERFECT FOOL aufgenommen (Buch und Musik: Ed Wynn, Premiere am 7. November 1921 im New Yorker George M. Cohan Theatre, 256 Aufführungen), *My Lodge-Cabin Home* und *No One Else but That Girl of Mine.*

1922 Bei der Produktion der GEORGE WHITE'S SCANDALS OF 1922 erste Begegnung mit dem Orchesterleiter Paul Whiteman, dessen »Jazzband« (dirigiert von Max Steiner) dieses Jahr für die SCANDALS engagiert ist (Buch: George White und der bekannte Komiker W. C. Fields/Songtexte: B. G. DeSilva/E. Ray Goetz, Premiere am 28. August 1922 im New Yorker Globe Theatre, 88 Aufführungen). Gershwin komponiert dafür folgende Songs: *Across the Sea, Argentina, Cinderelatives, I Found a Four Leaf Clover, I'll Build a Stairway to Paradise, Oh, What She Hangs Out, Where Is the Man of My Dreams, I Can't Tell Where They're From* und *Just a Tiny Cup of Tea.*

Für diese Produktion schrieb Gershwin die einaktige Jazzoper BLUE MONDAY, die bei der Premiere durchfiel und daraufhin bei den weiteren Aufführungen gestrichen wurde.

Erneut werden Gershwin-Songs in Broadway-Produktionen integriert:

Do It Again (Text: B. G. DeSilva) in THE FRENCH DOLL (Buch: E. A. Thomas, Premiere am 20. Februar 1922 im New Yorker Lyceum Theatre, 120 Aufführungen);

Somewhat und *Tra-La-La* (Texte: Arthur Frances, d. i. Ira Gershwin) in FOR GOODNESS SAKE (Buch: Fred Jackson, Musik: William Daly/Paul Lannin, Premiere am 20. Februar 1922 im New Yorker Lyric Theatre, 103 Aufführungen);
Yankee Doodle Blues (Text: Irving Caesar/B. G. DeSilva) in SPICE OF 1922 (Buch: Jack Lait, Premiere am 6. Juli 1922 im New Yorker Winter Garden, 73 Aufführungen).
4. Dezember: Premiere von OUR NELL im New Yorker Nora Bayes Theatre (Buch: E. A. Thomas/Brian Hooker, 40 Aufführungen). Gershwin und William Daly haben die Songs komponiert (Texte: Brian Hooker). Von Gershwin stammen *By and By, My Old New England, Walking Home With Angeline, The Cooney Country Fair* und *We Go to Church on Sunday.*

1923 Frühjahr: Erste Reise nach London, wo Gershwin mit der Komposition einer Revue beauftragt ist, THE RAINBOW (Buch Courville/Wallace/Scott, Songtexte: Clifford Grey, Premiere am 3. April 1923 im Londoner Empire Theatre, 113 Aufführungen). Dafür entstehen die Songs *Beneath the Eastern Moon, Good-Night, My Dear, In the Rain, Innocent Lonesome Blue Baby, Moonlight in Versailles, Oh! Nina, Strut Lady With Me, Sunday in London Town, Sweetheart* und *Any Little Tune.*
April: Dreiwöchiger Aufenthalt in Paris. Gershwin sammelt intensive Eindrücke in der französischen Hauptstadt.
18. Juni: Im New Yorker Globe Theatre Premiere der diesjährigen GEORGE WHITE'S SCANDALS OF 1923 (Buch: G. White/William K. Wells, Songtexte: B. G. DeSilva/E. Ray Goetz, 168 Aufführungen) mit den Gershwin-Songs *Let's Be Lonesome Together, Lo-La-Lo, How've You Been?, The Life of a Rose, There Is Nothing Too Good for You, Throw Her in High!, Where Is She?, You and I, Katinka, Love Your Cares Away, Little Scandal Dolls* und *Look in the Looking Glass.* Auch in diesem Jahr Aufnahme von Gershwin-Songs in andere Broadway-Produktionen:
That American Boy of Mine (Text: Irving Caesar) in THE DANCING GIRL (Buch: Harold Atteridge/Irving Caesar, Musik: Sigmund Romberg, Premiere am 24. Januar 1923 im New Yorker Winter Garden, 126 Aufführungen);
I Won't Say I Will But I Won't Say I Won't (Text: B. G. DeSilva/Ira Gershwin) in LITTLE MISS BLUEBEARD (Buch: Avery Hopwood, Premiere am 28. August 1923 im New Yorker Lyceum Theatre, 175 Aufführungen);
At Half Past Seven (Text: B. G. DeSilva) und *Nashville Nightingale* (Text: Irving Caesar) in NIFTIES OF 1923 (Buch: William Collier/Sam Bernard, Premiere am 25. September 1923 im New Yorker Fulton Theatre, 47 Aufführungen).
Herbst: Erste Berührung mit dem Medium Film. Für die Begleitmusik zu dem Stummfilm THE SUNSHINE TRAIL (Regie: James W. Horne) schreiben George und Ira Gershwin einen gleichnamigen Titelsong.
1. November: Bei einem Liederabend mit zeitgenössischen Stücken präsentiert die bekannte Sängerin Eva Gauthier, begleitet von Gershwin, in der New Yorker Aeolian Hall drei Songs des Komponisten.

1924 21 Januar: Gershwins nächste

Musical Comedy SWEET LITTLE DEVIL (Buch: Frank Mandel/Laurence Schwab, Songtexte: B. G. DeSilva) hat im New Yorker Astor Theatre Premiere (und erreicht 120 Aufführungen). Darin enthalten die Songs *Hey! Hey! Let'Er Go!, Mah-Jongg, Pepita, Someone Believes in You, The Jijibo, Under a One-Man Top, Virginia Don't Go Too Far, Hooray for the U. S. A., Just Supposing, Strike, Strike, Strike, The Matrimonial Handicap* und *Quite a Party.*
Januar/Anfang Februar: Im Auftrag von Paul Whiteman arbeitet Gershwin an einem »Jazzkonzert«.
12. Februar: Uraufführung der *Rhapsody in blue* durch das Orchester Paul Whiteman und Gershwin in der New Yorker Aeolian Hall. Das Konzert wird des großen Erfolges wegen am 7. März und am 21. April wiederholt.
Juni: Erste Schallplatteneinspielung der *Rhapsody in blue* (wieder mit Gershwin als Solist) für die Firma Victor.
30. Juni: Die GEORGE WHITE'S SCANDALS OF 1924 (Buch: G. White/William K. Wells, Songtexte: B. G. DeSilva) haben im New Yorker Apollo Theatre Premiere und erreichen 192 Aufführungen. Enthalten sind die Songs *Just Missed the Opening Chorus, I Need a Garden, Night Time in Araby, I'm Going Back, Year after Year, Somebody Loves Me, Tune In, Lovers of Art, Rose of Madrid, I Love You, My Darling* und *Kongo Kate.* Damit endet Gershwins Mitarbeit an den SCANDALS.
Sommer: Auftrag für eine neue Produktion in London, zweite Englandreise. Es entsteht die Musical Comedy PRIMROSE (Buch: George Grosmith/Guy Bolton, Songtexte: Desmond Carter/Ira Gershwin, Premiere am 11. September 1924 im Londoner Winter Garden Theatre, 155 Aufführungen). Darin enthalten die Songs *Leaving Town While We May, Till I Meet Someone Like You, Isn't It Wonderful?, This Is the Life for a Man, When Toby is Out of Town, Some Far-away Someone, The Mophams, Can We Do Anything?, Roses of France, Four Little Sirens, Berkeley Square and Kew, Boy Wanted, Wait a Bit, Susie, Isn't It Terrible What They Did to Mary, Queen of Scots?, Naughty Baby, It Is the Fourteenth of July, I Make Hay While the Moon Shines, That New-Fangled Mother of Mine* und *Beau Brummel.*
Oktober/November: George und Ira Gershwin arbeiten mit den Buchautoren Guy Bolton und Fred Thompson an ihrem ersten (vollständigen) gemeinsamen Musical.
1. Dezember: Triumphaler Premierenerfolg von LADY, BE GOOD! im New Yorker Liberty Theatre, gleichzeitig der erste ganz große Erfolg für die beiden Hauptdarsteller Fred und Adele Astaire. Die Produktion läuft 330mal und wird danach 1926 in London als Gastspiel gezeigt. Enthaltene Songs: *Oh, Lady Be Good!, Fascinating Rhythm, Hang on to Me, Little Jazz Bird, So Am I, The Half of It, Dearie, A Wonderful Party, Juanita, Seeing Dickie Home, Swiss Miss, The End of a String, The Robinson Hotel, We're Here Because.* Ausgeschieden wurde während der »Tryout«-Vorstellungen außerhalb New Yorks u. a. der spätere Welterfolg *The Man I Love.*
Für die Londoner Produktion entstehen 1926 zusätzlich die Songs *I'd Rather Char-*

leston, Something About Love und *Buy a Little Button from Us.*

1925 8. Februar: Uraufführung von *Short Story* für Violine und Klavier (Bearbeitung zweier *Noveletten* für Klavier solo durch Samuel Dushkin) im New Yorker University Club.

Frühjahr: Gershwin erhält den Auftrag, für das New York Symphony Orchestra ein Klavierkonzert zu schreiben, arbeitet aber zunächst mit Bruder Ira an einem neuen Stück für den Broadway.

13. April: Premiere von TELL ME MORE (Buch: Fred Thompson/William K. Wells, Songtexte: B. G. DeSilva/Ira Gershwin) im New Yorker Gaiety Theatre. 100 Aufführungen, parallel dazu wird bereits eine Produktion in London vorbereitet. Enthalten sind die Songs *Tell Me More, Mr. and Mrs. Sipkin, When the Debbies Go By, Three Times a Day, Why Do I Love You?, How Can I Win You Now?, Kickin' the Clouds Away, Love Is in the Air, My Fair Lady, In Sardinia, Baby!, The Poetry of Motion* und *Ukulele Lorelei.*

Mai: Aufenthalt in London, Vorbereitung der Produktion von TELL ME MORE (Premiere am 26. Mai)

Juni: Zweiter, einwöchiger Parisaufenthalt

Juli – Oktober: Gershwin arbeitet an seinem neuen Konzert. Gleichzeitig Vorbereitung zweier neuer Broadway-Produktionen.

Ende August: Die Familie Gershwin kauft das vierstöckige Haus Nr. 316 West 103rd Street, zwischen Amsterdam Avenue und Riverside Drive.

3. Dezember: Uraufführung des *Concerto in F* in der New Yorker Carnegie Hall (New York Symphony Orchestra, George Gershwin, Klavier, Dirigent: Walter Damrosch)

28. Dezember: Premiere von TIP-TOES im Liberty Theatre (Buch: Guy Bolton/Fred Thompson, Songtexte: Ira Gershwin). Die Produktion erreicht 194 Aufführungen und geht danach erneut als Gastspiel nach London. Folgende Songs sind enthalten: *Looking For a Boy, Nice Baby!, Nightie-Night, Sweet and Low-Down, That Certain Feeling, These Charming People, When Do We Dance?, Harbor of Dreams, Lady Luck, Our Little Captain, Tip-Toes* und *Waiting for the Train.* Nicht verwendet wurden *It's a Great Little World, Dancing Hour, Harlem River Chanty* und *Life's Too Short to be Blue.*

29. Dezember: Konzertante Aufführung des Operneinakters BLUE MONDAY von 1922 (jetzt unter dem Titel 135TH STREET) in der New Yorker Carnegie Hall, Dirigent: Paul Whiteman.

30. Dezember: Premiere von SONG OF THE FLAME im New Yorker 44th Street Theatre (Buch und Songtexte: Oscar Hammerstein II/Otto Harbach, Musik: George Gershwin/Herbert Stothart). Mit 219 Aufführungen erneut ein Erfolg. Folgende Gershwin-Songs sind enthalten: *Midnight Bells, The Signal, You are You* und *Far Away.*

1926 Januar – März: Aufenthalt in London, während der Vorbereitung der Produktion von LADY, BE GOOD! Begegnung mit der Schauspielerin Gertrude Lawrence, für die Gershwin ein neues Broadway-Musical schreiben will.

April: Dritter Parisaufenthalt, Gershwin plant eine Komposition über die Stadt.
Sommer: Erste Pläne für OH, KAY!
26. Juli: Erneut wird ein Gershwin-Song, integriert in eine »fremde« Broadway-Produktion, zum Erfolg – *That Lost Barber Shop Chord* (Text: Ira Gershwin) in AMERICANA (Buch: J. P. Evoy, Belmont Theatre, 224 Aufführungen).
Oktober: Gershwin liest den 1925 erschienenen Roman *Porgy* von Du Bose Heyward und ist stark beeindruckt. Bei einer Begegnung mit dem Autor schlägt er ihm eine musikalische Fassung vor, doch Heyward verhandelt bereits über die Dramatisierung.
8. November: Premiere von OH, KAY! im New Yorker Imperial Theatre (Buch: Guy Bolton/P. G. Wodehouse, Songtexte: Ira Gershwin). Die Produktion, mit Gertrude Lawrence in der Titelrolle, wird zum großen Erfolg, erreicht 256 Aufführungen und geht danach als Gastspiel nach London. Folgende Songs sind enthalten: *Clap Yo' Hands, Dear Little Girl, Do, Do, Do, Fidgety Feet, Heaven on Earth, Maybe, Oh, Kay!, Someone to Watch over Me, Bride and Groom* und *The Woman's Touch.* Nicht verwendet wurden: *Show Me the Town, Ain't it Romantic?, Stepping with Baby* und *What's the Use?*
4. Dezember: Im Rahmen eines Konzerts der Sängerin Marguerite d'Alvarez im New Yorker Hotel Roosevelt Uraufführung der *Préludes für Klavier* durch Gershwin.
1927 Frühjahr bis Sommer: George und Ira haben in Ossining, einige Stunden von New York entfernt, ein Farmhaus gemietet, wo sie gleichzeitig arbeiten und ihrem Hobby Malerei nachgehen. Gemeinsam mit dem Librettisten George S. Kaufman Arbeit an einem satirisch-politischen Musicalstoff.
26. Juli: Erster Auftritt in der riesigen New Yorker Freilichtarena Lewisohn Stadium, der Komponist spielt mit dem New York Philharmonic Orchestra die *Rhapsody in blue.*
5. September: Erster Mißerfolg eines Gershwin-Musicals. STRIKE UP THE BAND (Buch: George S. Kaufman) fällt bereits bei den Tryouts durch und wird in Philadelphia abgesetzt.
10. September: In New York hat die Dramatisierung des Romans *Porgy* von Du Bose Heyward erfolgreiche Premiere. Das Stück läuft über ein Jahr lang und erreicht 367 Aufführungen.
Oktober/November: Gemeinsam mit Ira Arbeit an zwei neuen Broadway-Produktionen.
22. November: Premiere von FUNNY FACE im New Yorker Alvin Theatre (Buch: Fred Thompson/Paul Gerard Smith, Songtexte: Ira Gershwin), erneut mit Fred und Adele Astaire in den Hauptrollen. Die Produktion erreicht 244 Aufführungen und geht danach als Gastspiel nach London. Folgende Songs sind enthalten: *Dance Along with You, Funny Face, He Loves and She Loves, High Hat, Let's Kiss and Make Up, My One and Only, 'S Wonderful, The Babbitt and the Bromide, The World is Mine, Birthday Party, Come Along, Let's Gamble, If You Will Take Our Tip, Tell the Doc, The Finest oft the Finest* und *When You Are Single.* Nicht verwendet wurden *How Long Has This Been Going On?, Acrobats* und *Sing a Little Song.*

1928 10. Januar: Premiere von ROSALIE im New Yorker New Amsterdam Theatre (Buch: Guy Bolton/William A. McGuire, Songtexte: Ira Gershwin/P. G. Wodehouse, Musik: George Gershwin/Sigmund Romberg). Die Produktion erreicht 335 Aufführungen und enthält folgende Gershwin-Songs: *Show Me the Town, Say So!, Let Me Be a Friend of You, Oh Gee! Oh Joy!, New York Serenade, How Long Has This Been Going On?, Ev'rybody Knows I Love Somebody.* Nicht verwendet wurden *Rosalie, Beautiful Gypsy, Yankee Doodle Rhythm, Follow the Drum* und *I Forget What I Started to Say.*
Januar: Gershwin beginnt die Arbeit an einem neuen sinfonischen Werk mit dem Titel *An American in Paris.*
7. März: Auf einer Party bei Eva Gauthier in New York erste Begegnung mit Maurice Ravel.
Mitte März – Mitte Juni: Europareise mit den Stationen London, Paris, Berlin und Wien. Begegnungen mit zahlreichen Komponisten (u. a. erneut Maurice Ravel, Nadia Boulanger, Sergej Prokofjew, Darius Milhaud, Kurt Weill und Alban Berg), Besuch von Konzerten und Opernaufführungen. Währenddessen Weiterarbeit an *An American in Paris.*
Sommer: Beginn der Arbeit an zwei neuen Musicalprojekten, darunter ein neues Stück für Gertrude Lawrence
November: Fertigstellung von *An American in Paris*
8. November: Premiere von TREASURE GIRL im New Yorker Alvin Theatre (Buch: Fred Thompson/Vincent Lawrence, Songtexte: Ira Gershwin) mit Gertrude Lawrence in der Hauptrolle. Die Produktion erreicht 68 Aufführungen. Enthalten sind die Songs *Skull and Bones, I've Got a Crush on You, Oh, So Nice, According to Mr. Grimes, Place in the Country, K-ra-zy for You, I Don't Think I'll Fall in Love Today, Got a Rainbow, Feeling I'm Falling, Where's the Boy? Here's the Girl!* und *What Causes That?*
13. Dezember: Uraufführung *An American in Paris* in der New Yorker Carnegie Hall (New York Symphony Orchestra, Dirigent: Walter Damrosch)
Gershwin erwirbt ein Penthouse Apartment am Riverside Drive, Ecke 75th Street, mit Blick über den Hudson River. Bruder Ira bezieht ein benachbartes Penthouse im gleichen Gebäude.

1929 Frühjahr: Broadway-König Florenz Ziegfeld beauftragt die Brüder Gershwin mit den Songs für seine neue Produktion EAST IS WEST. Dafür entstehen *Embraceable You, Sing Song Girl, We Are Visitors, China Girl, Lady of the Moon* und *Under the Cinnamon Tree* sowie ein Blues für Klavier, der unter dem Titel *Impromptu in Two Keys* gedruckt wird. Doch Ziegfelds geplante Produktion kommt nicht zustande.
Als Ersatz plant Ziegfeld nun die Bearbeitung eines Stoffes von J. P. McEvoy, erneut mit den Gershwins als Songproduzenten.
2. Juli: Premiere von SHOW GIRL (Buch: William A. McGuire/J. P. McEvoy) im New Yorker Ziegfeld Theatre. Die Produktion (begleitet von Duke Ellington und seinem Orchester) erreicht nur 111 Aufführungen. Enthalten sind folgende Gershwin-Songs: *Do What You Do!, Harlem Serenade, I Must*

Be Home by Twelve O'Clock, Liza, So Are You!, Black and White, Follow the Minstrel Band, Happy Birthday, Home Blues, Lolita, My Sunday Fella und *One Man.* Außerdem enthielt die Aufführung eine Ballettszene *Blues Ballet*, die Musik dafür stellte Gershwin aus *An American in Paris* zusammen.
26. August: Nach zahlreichen Auftritten als Pianist folgt nun das Debüt als Dirigent. Gershwin leitet im New Yorker Lewisohn Stadium eine Aufführung von *An American in Paris*, das Konzert wird im November im Mecca Temple wiederholt.
Herbst: Produzent Edgar Selwyn regt eine Überarbeitung des 1927 in Philadelphia durchgefallenen Musicals STRIKE UP THE BAND an. Morrie Ryskind schreibt daraufhin das Buch von George S. Kaufman um, die Brüder Gershwin arbeiten neue Songs ein.
1930 14. Januar: Erfolgreiche Premiere der neuen Fassung von STRIKE UP THE BAND im New Yorker Times Square Theatre (Gershwin dirigiert erstmals die Uraufführung eines seiner Musicals, in den folgenden 190 Aufführungen abgelöst von Hilding Anderson). Gegenüber der Fassung von 1927 enthält das Stück folgende neue Songs: *I Mean To Say Soon, A Typical Self-Made American, A Man of High Degree, Three Cheers for the Union!, This Could Go on for Years, If I Became the President, Hanging Around with You, Mademoiselle in New Rochelle, I've Got a Crush on You* und *Ding Dong.*
Mai: Premiere des Universal-Tonfilms KING OF JAZZ (Regie: John Murray Anderson, ein Film über Paul Whiteman, der u. a. in einer großen Szene die *Rhapsody in blue* enthält.) Gershwin spielt im New Yorker Kinopalast »Roxy« zwei Wochen lang mit dem Orchester Paul Whiteman vor dem Film live die *Rhapsody.*
Sommer: Arbeit an einer neuen Musicalproduktion für den Broadway
14. Oktober: Erfolgreiche Premiere von GIRL CRAZY im New Yorker Alvin Theatre (Buch: Guy Bolton/Jack McGowan, Songtexte: Ira Gershwin, in einer Hauptrolle Ginger Rogers, 272 Aufführungen). Enthalten sind die Songs *I Got Rhythm, Embraceable You* (ursprünglich für das gescheiterte Ziegfeld-Projekt EAST IS WEST geschrieben), *The Lonesome Cowboy, Bidin' My Time, Could You Use Me?, Broncho Busters, Bary Coast, Goldfarb! That's I'm, Sam and Delilah, But Not for Me, Treat Me Rough, Boy! What Love Has Done to Me!* und *When It's Cactus Time in Arizona.*
November: Erste Reise nach Hollywood. Die Brüder Gershwin sind von der Fox Corporation für einen Musicalfilm unter Vertrag genommen worden. Drei Monate Arbeit an der Musik und den Songs von DELICIOUS. Für eine große Sequenz, die in den belebten Straßen von New York spielt, schreibt Gershwin eine instrumentale Begleitmusik, die er zu einem weiteren Werk für den Konzertsaal ausarbeiten will.
1931 Februar: Rückkehr nach New York. Gershwin arbeitet bis Mai an der *Second Rhapsody.*
Juni: Probeaufführung der *Second Rhapsody* in einem Rundfunkstudio von CBS
Herbst: Arbeit mit Morrie Ryskind und George S. Kaufman an einem neuen Musicalprojekt.

3. Dezember: Premiere von Gershwins erstem Film DELICIOUS (Regie: David Butler), darin enthalten die Songs *Delishious, Welcome to the Melting Pot, Somebody From Somewhere, Katinkitschka, Blah-Blah-Blah* und *You Started It.*
26. Dezember: Premiere des Musicals OF THEE I SING im New Yorker Music Box Theatre (Buch: George S. Kaufman/Morrie Ryskind, Songtexte: Ira Gershwin, mit 441 Aufführungen Gershwins größter Theatererfolg zu Lebzeiten). Darin enthalten die Songs *Wintergreen for President, Who Is the Lucky Girl to Be?, The Dimple on My Knee, Because, Because, Never Was There a Girl so Fair, Some Girls Can Bake a Pie, Love Is Sweeping the Country, Of Thee I Sing, Here's a Kiss for Cinderella, I Was the Most Beautiful Blossom, Hello, Good Morning, Who Cares?, The Illegitimate Daughter, Posterity Is Just Around the Corner* und *Trumpeter, Blow Your Golden Horn.*

1932 29. Januar: Uraufführung der *Second Rhapsody for Orchestra with Piano* in Boston (Boston Symphony Orchestra, George Gershwin, Klavier, Dirigent: Serge Kussevitzky). Die zweite Aufführung folgt am 5. Februar in New York.
Februar: Vierwöchige Urlaubsreise nach Kuba, Gershwin studiert bei Straßenmusikern authentische lateinamerikanische Instrumente.
Frühjahr: Beginn regelmäßigen Unterrichts in Kompositionstechnik und Kontrapunkt bei Joseph Schillinger (bis 1936).
Ende März: Gershwin schlägt Du Bose Heyward erneut brieflich eine musikalische Fassung von PORGY vor, diesmal reagiert der Autor positiv und »sieht einer künftigen Zusammenarbeit gern entgegen.«
Mai: OF THEE I SING erhält den begehrten Pulitzer-Preis für die beste dramatische Produktion des Jahres.
Mai: Im Verlag Random House erscheint in limitierter Auflage *George Gershwin's Song Book*, enthaltend seine bis dahin erfolgreichsten 18 Songs (von *Swanee,* 1919 bis *Who Cares?*, 1932) in Klavierbearbeitungen des Komponisten. Gershwin widmet die Sammlung seiner engen Freundin Kay Swift.
14. Mai: Gershwins Vater stirbt.
Juli: Gershwin verarbeitet seine kubanischen Impressionen in einem sinfonischen Orchesterstück mit dem Titel *Rumba* (später umbenannt in *Cuban Ouverture*).
16. August: Uraufführung von *Rumba* beim ersten »All Gershwin Concert« im New Yorker Lewisohn Stadium vor 16 000 Zuhörern (New York Philharmonic Orchestra, Dirigent: Albert Coates). Im weiteren Programm spielen u. a. Gershwin die *Rhapsody in blue* und Oscar Levant das *Concerto in F.*
Herbst: Erfolgreiche Premiere der ersten Hollywoodverfilmung eines Gershwin-Musicals (GIRL CRAZY, RKO 1932, Regie: William A. Seiter).
Herbst: Arbeit an einem neuen Musicalprojekt für den Broadway
1. November: Bei einem Konzert in der New Yorker Metropolitan Opera spielt Gershwin das *Concerto in F.* Außerdem wird *Rumba* erstmals unter dem neuen Titel *Cuban Ouverture* aufgeführt.

1933 20. Januar: Premiere von PARDON

MY ENGLISH im New Yorker Majestic Theatre (Buch: Herbert Fields, Songtexte: Ira Gershwin, mit nur 46 Aufführungen ein Mißerfolg). Enthalten sind die Songs *Pardon My English, In Three Quarter Time, Lorelei, Dancing in the Streets, So What?, Isn't It a Pity?, My Cousin in Milwaukee, Hail the Happy Couple, Lackiest Man in the World, What Sort of Wedding Is This?, Tonight, Where You Go I Go* und *He's Not Himself.*

Frühjahr: Gershwin bezieht ein luxuriöses Duplex-Apartment (mit 14 Räumen) in der East 72th Street. Bruder Ira folgt ihm und wohnt auf der anderen Straßenseite direkt gegenüber.

Sommer: Gemeinsam mit Ryskind und Kaufman arbeiten die Gershwins an einer Fortsetzung des erfolgreichen Musicals OF THEE I SING.

21. Oktober: Premiere von LET 'EM EAT CAKE im New Yorker Imperial Theatre (Buch: G. S. Kaufman/M. Ryskind, Songtexte: Ira Gershwin, mit 90 Aufführungen und schlechten Kritiken keine Wiederholung des Erfolgs von OF THEE I SING). Enthalten sind die folgenden Songs: *Let 'Em Eat Cake, Blue, Blue, Blue, Mine, On and On and On, Union Square, A Hell of a Hole, Hanging Throttlebottom in the Morning, Oyez, Oeyz, Oyez, No Better Way to Start a Case, That's What He Did, Why Speak of Money?* und *Who's the Greatest?*. Nicht verwendet wurde *Till Then.*

Dezember: Vierwöchiger Aufenthalt in Florida, auf der Reise dorthin Begegnung mit Du Bose Heyward in Charleston. Beide haben mit der Theatre Guild inzwischen einen Vertrag über die Opernfassung von PORGY geschlossen. In Palm Beach, Florida, Arbeit an sinfonischen Variationen über den Song *I Got Rhythm* von 1930.

1934 Januar/Februar: Anläßlich des 10. Jahrestages der Uraufführung von *Rhapsody in blue* USA-Tournee Gershwins mit dem Reisman Symphonic Orchestra, Dirigent: Charles Previn. Dabei am 14. Januar in Boston Uraufführung der *Variationen über 'I Got Rhythm'.*

Februar: Gershwin moderiert für einige Monate zweimal wöchentlich bei der New Yorker Station WJZ das Radioprogramm »Musik by Gershwin«.

26. Februar: Nachdem Heyward die ersten Szenen des Opernlibretto geschickt hatte, schreibt ihm Gershwin, er habe intensiv »mit der Komposition begonnen«.

Juni – August: Gershwin reist zu Heyward in South Carolina. In Folly Beach gemeinsame weitere Arbeit an der Oper PORGY.

Herbst/Winter: Kompositions- und Orchestrierungsarbeit für die Oper. Daneben Fortsetzung des Radioprogramms in New York.

1935 Januar – März: In Palm Beach, Florida, weitere Arbeit an der Orchestrierung von PORGY, danach Fortsetzung in New York.

Frühjahr: Die Theatre Guild beginnt mit der Vorbereitung der Produktion und engagiert die Besetzung.

Juni: In einem Studio von CBS New York erster Probedurchlauf der Oper.

23. August: Fertigstellung der Partitur.

26. August: Probenbeginn für die Uraufführung. Um Verwechslungen mit der Dramatisierung auszuschließen, entscheiden sich Gershwin und Du Bose

Heyward für den endgültigen Titel PORGY AND BESS.
30.September: Erste Tryout-Aufführung in Boston
10. Oktober: Uraufführung von PORGY AND BESS im New Yorker Alvin Theatre (Oper in drei Akten, Libretto von Du Bose Heyward, Songtexte von Heyward und Ira Gershwin, Regie: Rouben Mamoulian, Dirigent: Alexander Smallens, 124 Aufführungen).
14. Oktober: Aufnahme von vier Schellackplatten »Highlights from Porgy and Bess« durch Victor Records.
Dezember: Dreiwöchige Erholungsreise nach Mexiko, Begegnung mit dem Maler Diego Rivera.
1936 Januar: Gershwin stellt eine Orchestersuite aus PORGY AND BESS zusammen.
27. Januar: Uraufführung der *Porgy and Bess-Suite* in Philadelphia (1958 von Ira Gershwin mit dem heute gebräuchlichen Titel *Catfish Row. Suite in fünf Sätzen* versehen).
Frühjahr: Verschiedene Filmangebote aus Hollywood.
Juni: Die Gershwins nehmen das Angebot von RKO an, einen Musicalfilm mit Fred Astaire und Ginger Rogers zu machen.
9./10. Juli: Erneut zwei äußerst erfolgreiche »All Gershwin«-Konzerte im Lewisohn Stadium, Gershwins letzte Auftritte in New York
10. August: George und Ira Gershwin verlassen New York und siedeln an die Westküste um. Nach zwei Wochen im Hotel mieten sie ein geräumiges Haus am North Roxbury Drive in Beverly Hills.
September: Beginn der Kompositionsarbeit für den Film WATCH YOUR STEP (der Titel wird später in SHALL WE DANCE geändert).
Oktober: Erste Begegnung mit Arnold Schönberg, es folgen regelmäßige Kontakte.
Dezember bis Februar 1937: Konzerttätigkeit als Dirigent und Pianist in verschiedenen Großstädten der USA und Kanadas
1937 11. Februar: Während eines Konzerts mit dem Los Angeles Symphonic Orchestra erste Anzeichen der Krankheit.
März: Verträge mit RKO und MGM für zwei weitere Musicalfilme. Die Gershwins beginnen mit der Kompositionsarbeit für A DAMSEL IN DISTRESS und THE GOLDWYN FOLLIES.
April: Erfolgreiche Premiere des Films SHALL WE DANCE (Regie: Mark Sandrich, Hauptrollen: Fred Astaire und Ginger Rogers). Darin enthalten die Songs *Shall We Dance, Beginner's Luck, Let's Call the Whole Thing Off, Slap That Bass, The All Laughed* und *They Can't Take That Away from Me.* Nicht verwendet wurden *Hi-Ho* und *Wake Up, Brother, and Dance.*
Anfang Juli: Gershwin liegt mehrere Tage mit heftigen Kopfschmerzen in einem verdunkelten Zimmer.
10. Juli: Er fällt ins Koma, Einlieferung in das Hospital Cedars of Lebanon, Diagnose: Gehirntumor. Gershwin wird in der Nacht zum 11. Juli fünf Stunden lang operiert.
11. Juli: Der Komponist erwacht nicht mehr aus dem Koma und stirbt vormittags um halb elf. Der Leichnam wird nach New York gebracht.
15. Juli: Trauerfeier im New Yorker

Emanu-El Temple (parallel im B'nai B'rith Temple von Hollywood) unter großer Anteilnahme der Öffentlichkeit. Anschließend wird Gershwin auf dem Friedhof Mount Hope, unweit New York beigesetzt.
8. August: Gedenkkonzert für Gershwin im New Yorker Lewisohn Stadium.
8. September: Gedenkkonzert für Gershwin in der Hollywood Bowl.
November: Premiere des Films A DAMSEL IN DISTRESS (Regie: George Stevens, Hauptrollen: Fred Astaire und Joan Fontaine). Darin enthalten die Songs *A Foggy Day, I Can't Be Bothered Now, The Jolly Tar and the Milkmaid, Stiff Upper Lip, Things Are Looking Up, Sing of Spring* und *Nice Work If You Can Get It.*

1938 Februar: Premiere des Films THE GOLDWYN FOLLIES (Regie: George Marshall, Hauptrollen: Adolphe Menjou, Kenny Baker und The Ritz Brothers). Darin enthalten die Songs *I Love to Rhyme, Love Walked In, I Was Doing All Right* und *Love Is Here to Stay.*

(Für Aufführungsstatistiken und Songzuschreibungen wurden die Angaben von Jablonski und Schwartz benutzt; siehe Bibliographie.)

Gershwin-Bibliographie

Die internationale Literatur zu Gershwin ist möglichst vollständig verzeichnet. Aus dem umfangreichen Material zur Entwicklung des amerikanischen Musiktheaters sowie zu Mitarbeitern und Zeitgenossen Gershwins wurde eine repräsentative Auswahl aufgenommen. Verzichtet wurde auf den großen Fonds von Einzelaufsätzen und Beiträgen in Zeitschriften und Sammelbänden, deren nahezu komplette Auflistung der interessierte Leser in der Bibliographie von Charles Schwartz finden kann.

1) Der Komponist George Gershwin

Armitage, Merle (Hrsg.): George Gershwin. New York 1938 (gekürzte deutsche Ausgabe: George Gershwin – Wort und Erinnerung. Zürich 1959)

Armitage, Merle: George Gershwin. Man and Legend. New York 1958

Chalupt, René: George Gershwin, le musicien de la Rhapsody in blue. Paris 1948

Ewen, David: The Story of George Gershwin. New York 1943 (deutsche Ausgabe: George Gershwin – Leben und Werk. Zürich 1954)

Ewen, David: A Journey to Greatness. New York/London 1956

Ewen, David: George Gershwin – His Journey to Greatness. Englewood Cliffs 1970, 2., erw. Aufl. 1986 (deutsche Ausgabe: George Gershwin – Vom Erfolg zur Größe. Wien 1988)

Gauthier, André: Gershwin. Paris 1973

Goldberg, Isaac: George Gershwin. A Study in American Music. New York 1931, erw. Reprint New York 1958

Grigorjew, Lew/Platek, Jakow: George Gershwin. Moskau 1956
Jablonski, Edward/Stewart, Lawrence: The Gershwin Years. New York 1958, 2., erw. Aufl. 1973
Jablonski, Edward: Gershwin. A Biography. New York 1987
Jeambar, Denis: George Gershwin. Paris 1982
Kimball, Robert/Simon, Alfred: The Gershwins. New York 1973
Krellmann, Hanspeter: George Gershwin, Reinbek 1988
Lacombe, Alain: George Gershwin. Une Chronique de Broadway. Paris 1980
Longolius, Christian: George Gershwin. Berlin 1959
Mingotti, Antonio: Gershwin. Eine Bildbiographie. München 1958
Pasi, Mario: George Gershwin. Parma 1958
Payne, Robert: Gershwin. New York 1960
Rosenberg, Deana: Fascinating Rhythm. The Collaboration of George and Ira Gershwin. New York 1991
Rushmore, Robert: The Life of George Gershwin. New York 1966
Schipke, Brigitte: George Gershwin und die Welt seiner Musik. Freiburg i. Br. 1955
Schoorl, Bob: George Gershwin. Amsterdam 1952
Schwartz, Charles: Gershwin – His Life and Music. Indianapolis 1973
Schwartz, Charles: George Gershwin. A Selective Bibliography and Discography. Detroit 1974
Schwinger, Wolfram: Er komponierte Amerika. George Gershwin – Mensch und Werk. Berlin 1960
Schwinger, Wolfram: Gershwin. Eine Biographie. Mainz/München 1983

2) Mitarbeiter, Zeitgenossen, Musiktheaterszene der USA 1900–1940

Astaire, Fred: Steps in time. New York 1959
Atkinson, Brooks: Broadway. New York 1974
Behrman, S. N.: People in a Diary. A Memoir. Boston 1972
Bernstein, Leonard: The Joy of Music. New York 1959 (deutsche Ausgabe: Freude an der Musik. München 1963)
Bordman, Gerald: American Musical Theatre. New York 1978
DeLong, Thomas A.: Pops – Paul Whiteman, King of Jazz. Piscataway 1983
Dietz, Howard: Dancing in the Dark. New York 1974
Duke, Vernon: Passport to Paris. Boston 1955
Durham, Frank: Du Bose Heyward – The Man who wrote Porgy. Washington 1965
Fordin, Hugh: The World of Entertainment. Garden City 1975
Gershwin, Ira: Lyrics on Several Occasions. New York 1959
Gershwin, Ira: The Complete Lyrics of Ira Gershwin (hrsg. von Robert Kimball). New York 1993
Goldberg, Isaac: Tin Pan Alley. New York 1930
Goldwyn, Samuel: The Samuel Goldwyn Motion Picture Production of Porgy and Bess. New York 1959
Green, Abel/Laurie jr., Joe: Show Biz – from Vaude to Video. New York 1971

Green, Abel/Laurie jr., Joe: Encyclopedia of the Musical Theatre. New York 1976
Green, Stanley: Encyclopedia of the Musical Film. New York 1981
Green, Stanley: The World of Musical Comedy. San Diego 1980
Green, Stanley/Goldblatt, Burt: Starring Fred Astaire. New York 1973
Lawrence, Gertrude: A Star Danced. New York 1945
Levant, Oscar: A Smattering of Ignorance. New York 1941
Lipmann, Eric: L'Amérique de George Gershwin. Paris 1982
Marx, Henry: Die Broadway Story. Eine Kulturgeschichte des amerikanischen Theaters. Düsseldorf 1986
Mason, Daniel G.: Tune In, America. New York 1931
Osgood, Henry O.: So This Is Jazz. Boston 1926
Perrett, Geoffrey: America in the Twenties. New York 1982
Rosenfeld, Paul: Discoveries of a Music Critic. New York 1936
Slonimsky, Nicolas: Music Since 1900. New York 1938
Sonderhoff, Joachim/Weck, Peter: Musical – Geschichte, Produktionen, Erfolge. Braunschweig 1986
Springer, John: All Talking! All Singing! All Dancing! A pictorial history of the movie musical. Secaucus 1966
Swift, Kay: Who Could Ask for Anything More? New York 1943
Whiteman, Paul/McBride, Mary M.: Jazz. New York 1926
Wilder, Alec: American Popular Song. New York 1972
Wilk, Max: They're Playing Our Song. New York 1973

Auswahldiskographie

Aus der Vielzahl vorliegender Aufnahmen mit Musik von George Gershwin werden die authentischen historischen Einspielungen sowie – in chronologischer Reihenfolge der Kompositionen – künstlerisch herausragende Aufnahmen verzeichnet.
Nicht aufgenommen wurde der nahezu unübersehbare Bereich von Adaptionen Gershwinscher Songs in den Bereichen von Jazz, Pop und Tanzmusik.
Mit der stürmischen Entwicklung der CD liegen die meisten der verzeichneten Aufnahmen als Wiederveröffentlichungen vor.

1) George Gershwin am Klavier – Historische Aufnahmen

Gershwin: The Piano Rolls. USA: Nonesuch/East West Records 7559-79287-2
Enthält wesentliche Piano Roll-Einspielungen Gershwins aus dem Zeitraum von 1916 bis 1933, darunter die *Rhapsody in blue, An American in Paris* und verschiedene Songs.

Gershwin Plays Gershwin. USA: RCA Victrola AVM1-1740; England: Pearl/Pavilion CDS 9483
Enthält die erste Schellackaufnahme der *Rhapsody in blue* vom Juni 1924 (Orchester Paul Whiteman), eine Einspielung des *American in Paris* von 1929 (mit Gershwin an der Celesta), den dritten Satz des *Concerto in F* (1933), Auszüge aus *Porgy and Bess* (1936) sowie Songeinspielungen mit Fred und Adele Astaire (London 1926) und die *Préludes für Klavier* (London 1928).

Gershwin by Gershwin. USA: Marc 56 Records 641
Enthält eine frühe Piano Roll-Aufnahme der *Rhapsody in blue*, eine Probenaufzeichnung der *Second Rhapsody* (1932), zwei Rundfunksendungen mit Gershwin (1934/35, u. a. mit den *Variationen über „I Got Rhythm"*) sowie verschiedene Songinterpretationen.

George Gershwin Conducts Excerpts from *Porgy and Bess.* USA: Mark 56 Records 667
Probeaufnahmen vom Juli 1935 mit den Protagonisten der Uraufführung, Gershwin am Klavier dirigierend und die einzelnen Nummern ansagend und erläuternd. Außerdem enthält die Platte drei frühe Songs in Piano Roll-Aufzeichnungen und Ausschnitte aus einer Rundfunksendung von 1932.

2) Authentische Aufnahmen mit Weggefährten Gershwins

»Nice Work« Fred Astaire sings Gershwin. England: Conifer Records CDSVL 199
Enthält 18 Songs, re-recorded von Schellackaufnahmen der Jahre 1926 bis 1937 (darunter 4 Songs aus *Lady, Be Good!* mit Gershwin am Klavier).

Levant Plays Gershwin. USA: Columbia PMT 42514
Enthält Aufnahmen mit Oscar Levant aus den vierziger Jahren *(Rhapsody in blue, Second Rhapsody, Concerto in F, Variationen über „I Got Rhythm"* sowie die *Préludes).*

George Gershwin Memorial Concert. USA: Citadel CT 7025
Aufzeichnung des Gedenkkonzerts in der Hollywood Bowl, 8. September 1937. Mitwirkende sind u. a. Otto Klemperer, Charles Previn (Dirigenten), Oscar Levant (Klavier), Al Jolson, Fred Astaire, Ruby Elzy und Todd Duncan (Gesang).

Toscanini dirige Gershwin. Italien/England: Hunt CD 534
Arturo Toscanini dirigiert das NBC Symphony Orchestra.
Enthält: *Rhapsody in blue* (1942, Earl Wild, Klavier, Benny Goodman, Klarinette), *Ein Amerikaner in Paris* (1943, Benny Goodman, Klarinette) sowie *Concerto in F* (1944, Oscar Levant, Klavier).

3) Instrumentalwerke

LULLABY (für Streichquartett, 1919)
Juilliard String Quartet. USA: Columbia M-32596

RHAPSODY IN BLUE (1924)/
EIN AMERIKANER IN PARIS (1928)
Leonard Bernstein, Klavier und Dirigent, New York Philharmonic Orchestra. USA: Columbia M-37242
Andre Prévin, Klavier und Dirigent, London Symphony Orchestra (enthält zusätzlich das Concerto in F). USA: Angel SFO-36810

CONCERTO IN F (1925)
Werner Haas, Klavier, Edo de Waart, Dirigent, Monte Carlo Orchestra (enthält zusätzlich: *Second Rhapsody* und *Cuban Ouverture*). Holland: Philips 6500118

Die von Gershwin selbst angefertigte Fassung des Werkes für 2 Klaviere findet sich auf:
Katia & Marielle Labeque, Klavier.
Holland: Philips 5322135

SECOND RHAPSODY für Klavier und Orchester (1931)
Michael Tilson Thomas, Klavier und Dirigent, Los Angeles Philharmonic (enthält außerdem u. a. die *Préludes* für Klavier).
USA: Columbia IM 39699

CUBAN OUVERTURE (1932)
Lorin Maazel, Dirigent, Cleveland Orchestra (enthält außerdem *Ein Amerikaner in Paris* und *Variationen über ›I Got Rhythm‹*).
England: Decca 413-204

GEORGE GERSHWIN'S SONGBOOK (1932)
Pianofassung von 18 Songs
William Bolcom, Klavier. USA: Nonesuch 71283
Leonard Pennario, Klavier. USA: Angel 37359
(Beide Platten enthalten zusätzliche Songbearbeitungen sowie die *Préludes* für Klavier)

VARIATIONEN ÜBER ›I GOT RHYTHM‹ für Klavier und Orchester (1934)
Jeoffrey Siegel, Klavier, Leonard Slatkin, Dirigent, Chicago Symphony Orchestra.
USA: Turnabout 34703

CATFISH ROW (1936)
Suite aus *Porgy and Bess*
Leonard Slatkin, Dirigent, Chicago Symphony Orchestra. USA: Turnabout 32114

4) Bühnenwerke

a) Opern

BLUE MONDAY (1922)
Einakter
Soli, Chor, Orchester, Dirigent: Gregg Smith. USA: Turnabout 34638

Soli, Chor, Concordia Ensemble, Dirigent: John Alsop. England: EMI 29641

PORGY AND BESS (1935)
Oper in drei Akten

Gesamtaufnahmen:

Soli, Chor, Cleveland Orchestra, Dirigent: Lorin Maazel. USA: London 13116; England: Decca 25101

Soli, Chor, Houston Opera Orchestra, Dirigent: John DeMain. USA: RCA Viktor 19321

Auszüge, Querschnitte:

Soli, Chor, Orchester, Dirigent: Alexander Smallens. USA: MCA 2035 a (Aufnahme von 1942 mit dem Ensemble der zweiten Broadway-Aufführung).

Soli, Chor, Orchester, Dirigent: Lehman Engel. USA: Odyssey 32360018 (sehr authentische Aufnahme aus den fünfziger Jahren).

Roberta Alexander, Simon Estes, Rundfunk-Sinfonieorchester Berlin, Dirigent: Leonard Slatkin. Holland: Philips 34215.

b) Musicals

PRIMROSE (1924)
Ein Schellackquerschnitt mit dem Ensemble der Londoner Aufführung ist re-recorded auf:
George Gershwin. An American in London. England: Monmouth MES-7071

LADY, BE GOOD! (1924)
Ein Schellackquerschnitt mit dem Ensemble der Londoner Aufführung ist re-recorded auf:
Lady, Be Good! England: Monmouth MES-7076
Die rekonstruierte vollständige Fassung des Stückes erschien 1992:
Soli, Chor, Orchester, Dirigent: Eric Stern. USA: Nonesuch 7559-79308

TIP-TOES (1925)
Schellackaufnahmen (1926) von Songs aus dem Stück sind re-recorded auf:
Tip-Toes. England: Monmouth MES-7052

OH, KAY! (1926)
Schellackaufnahmen mit der Hauptdarstellerin der Uraufführung sind re-recorded auf:
Gertrude Lawrence. England: Monmouth MES-7043

Ein Querschnitt wurde in den fünfziger Jahren produziert:
Soli, Chor, Orchester, Dirigent: Lehman Engel. USA: Columbia ACL 1060

FUNNY FACE (1927)
Ein Schellackquerschnitt mit dem Ensemble der Londoner Aufführung ist re-recorded auf:
Funny Face. England: Monmouth MES-7076

STRIKE UP THE BAND (1930)
1991 erschien die rekonstruierte vollständige Fassung des Stückes:
Soli, Chor, Orchester, Dirigent: John Mauceri. USA: Nonesuch 7559-79273

GIRL CRAZY (1930)
1990 erschien die rekonstruierte vollständige Fassung des Stückes:
Soli, Chor, Orchester, Dirigent: John Mauceri. USA: Nonesuch 9 79250

OF THEE I SING (1931)
LET 'EM EAT CAKE (1933)
Die rekonstruierten musikalischen Nummern beider Stücke wurden 1987 aufgenommen:
Soli, Chor, Orchester, Dirigent: Michael Tilson Thomas. USA: Columbia 42522

5) Filmmusiken, Verfilmungen

a) Original-Filmmusiken von Gershwin

SHALL WE DANCE (1937)
A DAMSEL IN DISTRESS (1937)
Auszüge und Songs (vom Original-Filmton abgenommen), enthält:
Gershwins in Hollywood. USA: Ariel KWH 345
Songs aus den beiden Filmen enthält auch das Re-recording von 1937 aufgenommenen Schellackplatten mit Fred Astaire:
Starring Fred Astaire. USA: Columbia SG-32472

b) Verfilmungen von Werken Gershwins

LADY BY GOOD (1941)
Auszüge und Songs (vom Original-Filmton abgenommen), enthält:
Lady, Be Good! USA: Howards International 5010

PORGY AND BESS (1959)
Ein Querschnitt aus dem Soundtrack erschien parallel mit dem Film:
Soli, Chor, Orchester, Dirigent: André Previn. USA: Columbia OS 2016

Inhalt

Fotonachweis

Sammlung Edward Jablonski,
New York (109)
Sammlung Jürgen Schebera,
Berlin (27)
Sammlung Mordecai Bauman,
New York (8)
Archiv für Kunst und Geschichte,
Berlin (2)
Sächsische Landesbibliothek Dresden,
Abteilung Deutsche Fotothek (1)

Das Foto auf dem Haupttitel ist eine Porträtaufnahme vom August 1936.